Journalistische Praxis

Gegründet von
Walther von La Roche

Herausgegeben von
Gabriele Hooffacker

Der Name ist Programm: Die Reihe Journalistische Praxis bringt ausschließlich praxisorientierte Lehrbücher für Berufe rund um den Journalismus. Praktiker aus Redaktionen und aus der Journalistenausbildung zeigen, wie's geht, geben Tipps und Ratschläge. Alle Bände sind Leitfäden für die Praxis – keine Bücher über ein Medium, sondern für die Arbeit in und mit einem Medium. Seit 2013 erscheinen die Bücher bei SpringerVS (vorher: Econ Verlag).

Die gelben Bücher und die umfangreichen Webauftritte zu jedem Buch helfen dem Leser, der sich für eine journalistische Tätigkeit interessiert, ein realistisches Bild von den Anforderungen und vom Alltag journalistischen Arbeitens zu gewinnen. Lehrbücher wie „Sprechertraining" oder „Frei sprechen" konzentrieren sich auf Tätigkeiten, die gleich in mehreren journalistischen Berufsfeldern gefordert sind. Andere Bände begleiten Journalisten auf dem Weg ins professionelle Arbeiten bei einem der Medien Presse („Zeitungsgestaltung", „Die Überschrift"), Radio, Fernsehen und Online-Journalismus, in einem Ressort, etwa Wissenschaftsjournalismus, oder als Pressereferent/in oder Auslandskorrespondent/in.

Jeden Band zeichnet ein gründliches Lektorat und sorgfältige Überprüfung der Inhalte, Themen und Ratschläge aus. Sie werden regelmäßig überarbeitet und aktualisiert, oft sogar in weiten Teilen neu geschrieben, um der rasanten Entwicklung in Journalismus und Neuen Medien Rechnung zu tragen. Viele Bände liegen inzwischen in der dritten, vierten, achten oder gar, wie die „Einführung" selbst, in der neunzehnten völlig neu bearbeiteten Auflage vor. Allen Bänden gemeinsam ist der gelbe Einband. Er hat den Namen „Gelbe Reihe" entstehen lassen – so wurden die Bände nach ihrem Aussehen liebevoll von Studenten und Journalistenschülern getauft.

Gegründet von
Walther von La Roche

Herausgegeben von
Gabriele Hooffacker

Björn Staschen

Mobiler Journalismus

 Springer VS

Björn Staschen
Hamburg, Deutschland

Journalistische Praxis
ISBN 978-3-658-11782-5   ISBN 978-3-658-11783-2   (eBook)
DOI 10.1007/978-3-658-11783-2

Die Deutsche Nationalbibliothek verzeichnet diese Publikation in der Deutschen National-
bibliografie; detaillierte bibliografische Daten sind im Internet über http://dnb.d-nb.de abrufbar.

Springer VS

Gedruckt auf säurefreiem und chlorfrei gebleichtem Papier

Springer VS ist Teil von Springer Nature
Die eingetragene Gesellschaft ist Springer Fachmedien Wiesbaden GmbH
Die Anschrift der Gesellschaft ist: Abraham-Lincoln-Str. 46, 65189 Wiesbaden, Germany

Inhaltsverzeichnis

Mobile Reporting

Ein Überblick

Zusammenfassung

Einleitende Bestandsaufnahme – wer setzt „mobile journalism" wie ein? Mit welchen Erfahrungen, Erfolgen und Misserfolgen? Hilft #Mojo, wenn es darum geht, Inhalte für die mobile Nutzung auf Smartphones zu produzieren? Taugt #Mojo vor allem dazu, Geld zu sparen? Wie verändert sich das Berufsbild des Journalisten?

Es war eine radikale Entscheidung: Der Schweizer Regionalsender „Léman Bleu" aus Genf stellte seine Produktion im Sommer 2015 komplett auf Smartphones um. Alle Reporter wurden mit iPhones und Reporter-Kits ausgestattet. Chefredakteur Laurent Keller erklärte den Schritt in einem Zeitungsinterview mit „Le Temps" so: „Wir haben uns auf die Suche nach mehr Leichtigkeit und schnellerer Reaktionsfähigkeit begeben. Aber natürlich geht es auch darum, die Kosten von Nachrichtenprogrammen zu reduzieren."

„Live in 90 seconds" – fast ebenso radikal ist die Nachrichtenphilosophie des britischen Fernsehsenders „SkyNews": 90 Sekunden, nachdem ein Reporter den Ort eines Ereignisses erreicht, soll er bereits live auf Sendung sein. Neben der Frage, wie er sich in so kurzer Zeit die nötigen Informationen für seine Liveschalte verschaffen kann, ist dies vor allem eine technische Herausforderung. SkyNews (wie auch einige andere Sender) löst sie seit einigen Jahren per iPhone: Die Reporter benutzen eine besondere App, die für Liveschalten mehrere Übertragungswege bündelt (vgl. Kapitel 7.11.), und bauen ihr Equipment selbst auf, wie beispielsweise die Sky-Reporterin Harriet Hadfield während einer Flugzeugentführung auf dem Flughafen von Genf *(Abb. 01-01)*.

Abbildung 01-01 „Live in 90 seconds": SkyNews schaltet schon seit Jahren Reporter per iPhone, Screenshot: Björn Staschen

Mehr Leichtigkeit, eine schnellere Reaktionsfähigkeit und die Hoffnung, Kosten zu reduzieren – sind dies die Hauptargumente für „Mobilen Journalismus"? Ein Wesensmerkmal von Bewegtbildjournalismus war in den vergangenen Jahrzehnten, dass er extrem aufwändig zu produzieren war. Video und Fernsehen waren in der Regel (zumindest, bis die ersten VJs eingesetzt wurden), kein Ein-Mann- oder Ein-Frau-Geschäft. Zudem war – selbst für VJs – die Technik teuer, eine echte Investition. Nur wenige freie Journalisten leisteten sich eine eigene Ausrüstung. Videoproduktion war (fast) immer arbeitsteilig organisiert.

Doch mit immer leistungsfähigeren Smartphones und immer besseren Telefon-Kameras hat ein Paradigmenwechsel eingesetzt: Manches Telefon dreht schon 4K-Auflösung, während die meisten Fernsehsender noch in einer Auflösung von 1920 x 1080 Pixeln (wenn überhaupt!) produzieren. Fernsehtechnik wird erschwinglich und beherrschbar. Das Heer von Fachleuten in Arbeitsteilung (Kamera, Ton, Schnitt, Reporter) wird – zumindest im Nachrichtenjournalismus – zunehmend abgelöst von kleineren Teams, die mobil, vor Ort arbeiten und jeden Teil des Produktionsprozesses beherrschen. Nicht bei jedem Thema, nicht in jedem Umfeld – aber zunehmend.

1.1 Was ist „Mobiler Journalismus"?

Geprägt haben den Begriff „Mobiler Journalismus" #Mojo-Urväter wie der australische Journalist Ivo Burum (siehe 1.6.), Autor des Buches „The Mobile Journalism Handbook", oder Glen B. Mulcahy, der beim irischen öffentlich-rechtlichen Sender RTÉ als Technik-Innovator arbeitet und 2015 die „Mobile Journalism Conference" in Dublin ins Leben gerufen hat. Mulcahy schult seit Jahren im Rahmen des europäischen Rundfunkanbieter-Zusammenschlusses „Circom" Journalisten und hat auf diesem Feld Pionierarbeit geleistet. Der Ausdruck „Mobile journalism" führt jedoch ein wenig in die Irre: Selbstverständlich ist jeder Journalist mobil, „mobile" war guter, engagiert „journalism" entsprechend dem international gebräuchlichem Branchenbegriff schon immer. Es gehört zur journalistischen Arbeit, ein Ereignis nach guter Recherche vor Ort direkt zu begleiten, sich mit dem Ereignis zu bewegen und „mobil" zu bleiben. Vor allem Video- und Fernsehjournalisten stoßen dabei jedoch in herkömmlichen Produktionsprozessen häufig an ihre Grenzen.

Wer einen langen Demonstrationszug begleiten und gleichzeitig berichten will – sei es live, sei es in geschnittenen Fernsehbeiträgen –, der kämpft mit großen logistischen Problemen: Wo kann der Übertragungswagen für die Liveschalte positioniert werden, wenn sich ein Demonstrationszug bewegt? Denn ein Übertragungswagen kann in der Regel nicht senden, während er fährt, weil er seine Satellitenschüssel genau ausrichten muss und Arbeitsschutz und Verkehrsordnung dem entgegenstehen. Noch komplizierter: Wo und vor allem wann kann ein Reporter seinen Beitrag für die stündliche Nachrichtensendung schneiden, wenn ein Demonstrationszug sich weiterbewegt? Eine aufwändige, teure Logistik aus Producern, Kurieren, Kamera- und Schnittmobil-Positionen ist oft die Antwort. Und weil sich aktuelle Ereignisse eben nicht an Drehbücher halten, ist das Ergebnis zudem noch häufig unbefriedigend, weil ein Reporter eben doch zur falschen Zeit am falschen Ort ist.

Vor allem geht es bei „mobile journalism" um „mobile reporting" – also den gesamten Produktionsprozess. Journalisten mussten bisher in der Regel „back to base", zurück zu Redaktion oder Ü-Wagen, um zu produzieren. Beim „mobile reporting" nehmen sie alle Produktionsmittel mit und arbeiten unterwegs. Das erlaubt neue Beweglichkeit, neue Formen. Der NDR hat – anders Léman Bleu in der Schweiz – seinen Produktionsprozess für das lineare Fernsehen noch nicht (Stand Herbst 2016) umgestellt. Wir haben jedoch gute Erfahrungen mit Multimedia-Projekten gemacht, für die für „mobile reporting" eingesetzt haben.

Abbildung 01-02 Das NDR-Projekt #politag, Screenshot: Björn Staschen

Ein Beispiel ist das Projekt „#politag" *(Abb. 01-02)*: Sechs Reporterteams, in der Regel aus zwei Kolleginnen und Kollegen, haben sechs Politiker einen Tag lang begleitet und über ihre Alltagsarbeit vor einer Bürgerschaftssitzung berichtet, die in Hamburg in der Regel am späten Nachmittag und Abend stattfindet – ein „Feierabendparlament". Die Aufgabe der Reporter war, von unterwegs mehrere Fernsehberichte zu liefern und zudem soziale Medien, vorrangig Twitter, Periscope und Snapchat, zu bedienen.

Es war eine Aufgabe, die mit herkömmlichen Produktionsmitteln nicht zu bewältigen gewesen wäre: Zum einen wäre die Umsetzung schlichtweg astronomisch teuer geworden. Zum anderen wäre sie logistisch kaum zu lösen gewesen: Sechs Reporterteams, die irgendwo in der Stadt unterwegs sind und Beiträge schneiden, vertonen und zudem live berichten wollen, während die Protagonisten, die sie begleiten, schon auf dem Weg zum nächsten Termin sind. Wo hätten Ü-Wagen, Schnittmobile etc. platziert werden sollen? Die Entscheidung, nur per Smartphone zu produzieren, war insofern die einzig denkbare. Oder andersherum: Dieses Projekt wäre nicht realisierbar gewesen, hätten wir nicht per Smartphone produzieren können.

Das Ergebnis kann sich sehen lassen: Wir haben mehr als 20 Videoberichte von ein bis zwei Minuten Länge produziert, deren Qualität größtenteils so hoch war, dass wir sie auch im linearen Fernsehen hätten senden können. Wir haben zudem viele Livestreams auf Periscope produziert und waren den Tag über „Trending Topic" in Twitter-Deutschland – auch wenn das möglicherweise vor allem zeigt, wie klein die Twitter-Welt doch ist.

Wichtig sind auch die Erkenntnisse „hinter den Kulissen": Wir haben zwölf fernseherfahrenen Kolleginnen und Kollegen aus Redaktion und Technik an einem halben Tag die Grundzüge des „mobile reportings" per iPhone beigebracht. Die Technik ist also nach kurzer Einführung zumindest in Grundzügen beherrschbar. Dies legt es nahe, darüber nachzudenken, ob nicht die „Mobile Reporting"-Ausbildung am Smartphone aufgrund niedriger technischer Hürden der erste Schritt sein sollte auf dem Weg, Videojournalisten an Kameras auszubilden – denn selbst an kleineren VJ-Kameras sind die Hürden ungleich höher.

Eine weitere Erkenntnis: Wir haben an diesem Projekt nicht nur Kollegen aus dem aktuellen Fernseh-Newsroom beteiligt, sondern auch Kameraleute, Mitarbeiter der technischen Abteilung Außenübertragung, Redakteure aus der Unterhaltungsredaktion und eine Hörfunkkollegin. Weil Berufsbilder sich verändern, und „mobile reporting" ein Puzzlestein des Medienumbruchs ist, ist es aus meiner Sicht sehr wichtig, anstehende Veränderungen, Chancen und Risiken, gemeinsam zu erproben und zu erfahren.

Es mag auch darum gehen, günstiger zu produzieren – dies bezieht sich aber vor allem auf niedrigere Ausgaben für die Hardware. Ich glaube nicht daran, dass wir denselben Nachrichteninhalt künftig statt von Drei-Mann-Teams nur noch von Smartphone-Reportern erwarten dürfen, die als Einzelkämpfer allein unterwegs sind. Beim „#politag" haben wir auch deswegen Zweierteams eingesetzt, die sich in ihren Tätigkeiten häufig abgewechselt haben: Während der eine für den kommenden Film gedreht hat, hat der andere aus dem vorhergehenden Ereignis einen Bericht geschnitten. Es geht auch darum, die Chancen des „mobile reportings" zu begreifen und zu nutzen, um andere, neue Inhalte zu produzieren.

Denn „mobile Reporting" ist eine Erweiterung journalistischer Möglichkeiten: Das ist für mich der Kern der Entwicklung, und das treibt mein Interesse. Ich will nicht verleugnen, dass mich auch die technischen Details interessieren, der wirkliche Vorteil aber sind die inhaltlichen Chancen im Nachrichtenjournalismus. Ich habe selbst einige Jahre als Hörfunkreporter gearbeitet. Seit meinem Wechsel zum Fernsehen habe ich die Radiokollegen darum beneidet, wie flexibel sie von vor Ort berichten können, wie klein der technische Aufwand geworden ist. Notfalls reichte ein Griff zum Telefon, um „Live On Air" zu gehen. „Mobile Reporting" per Smartphone versetzt Fernsehreporter nun fast in dieselbe Lage. Es braucht nicht viel mehr als ein Smartphone und ein wenig Zubehör (siehe Kapitel 3), um dicht am Ereignis zu berichten. Und ein Reporter kann viel länger vor Ort bleiben, wenn er per Smartphone unterwegs produziert.

Es geht nicht um „Entweder – Oder": Wir werden nicht alle Kameras verkaufen und von heute auf morgen nur noch per Smartphone drehen. Es geht darum, dieses neue Produktionsmittel in unsere Produktionsprozesse einzugliedern und herauszufinden, an welchen Stellen sie uns nutzen, und an welchen nicht. Es lohnt, das Smartphone beispielsweise auch beim klassischen Dreh als „zweite Kamera" für die Totale aus der Vogelperspektive oder eine Zeitrafferaufnahme einzusetzen. Und wenn ein Reporter mit Team einen Bericht für die 20-Uhr-Tagesschau produziert, kann er nun zuvor per Smartphone schon die ersten Bilder für die Online-Seite oder Facebook liefern.

Bisher haben sich die Online-Kollegen oft hinten anstellen müssen und die Berichte aus dem linearen Fernsehen *nach* deren Ausstrahlung online gestellt. So bitter es ist: Auch, wenn viele Redaktionen „online first" zur Strategie erklärt haben, sind unsere Produktionsprozesse oft noch darauf ausgerichtet, zum Sendetermin im linearen Fernsehen fertig zu sein. Das Smartphone kann also auch helfen, in einem zweiten, parallelen Produktionsprozess – neben dem herkömmlichen – schnell erste Bilder von vor Ort online zu stellen: einen O-Ton, der nach dem Fernsehinterview zusätzlich aufgenommen wird, einen kurzer Aufsager des Reporters, der die Situation vor Ort erklärt, oder ein kurzes zusätzliches Interview mit dem Protagonisten im Livestream.

1.2   Die Vor- und Nachteile von „Smartphone-Reporting"

Manchmal belächeln mich Kolleginnen und Kollegen, wenn ich über „mobile reporting" spreche. Für sie bin ich ein Kollege, die viele Worte macht über zukünftige Produktionsprozesse, an deren Umsetzung sie aber nicht wirklich glauben. Ich bin dazu übergegangen, erst nach der Ausstrahlung eines Berichtes darüber zu sprechen, wie ich ihn produziert habe. Das führt dann zu Überraschung oder Staunen – denn Bildqualität und Schnitt unterscheiden sich zwar vom herkömmlichen Produktionsprozess, und ein Kameramann oder Cutter sieht Unterschiede. Er sieht aber oftmals keine Unterschiede, die aus seiner Sicht dazu führen sollten, den Beitrag nicht zu senden.

Was wäre gewesen, hätte Steve Jobs sein iPhone auf den Markt gebracht und es nicht als Massenprodukt definiert, sondern als hochspezialisiertes Hybrid-Produkt für Bild, Ton und Übertragung, das nur Kameraleute benutzen dürfen? Eine hypothetische Frage, die aber zugespitzt ein wenig zur Erklärung beiträgt: Viele Smartphones können viel mehr, als man ihnen zutraut. Denn selbstverständliche Dinge werden leicht übersehen: Eine TV-Kamera kann Bilder aufnehmen. Aktuelle Modelle können sie per WiFi oder mit Zusatzgeräten per LTE übertragen – aber selbst das ist nicht die Regel. Ein Smartphone kann dagegen Bilder aufnehmen, es ist aber auch ein Computer, mit dem ich sie schneiden kann, und ein Sendemast, mit dem ich sie übertragen kann.

Das Smartphone ist eine Art Schweizer Messer: Diese Metapher hat Mark Egan, britischer #Mojo-Trainer und -Reporter, einmal bemüht, und sie trifft aus meiner Sicht ins Schwarze: Es ist zwar nicht das beste Messer für jede Anwendung, es ist aber die beste Kombination von Werkzeugen für aktuelle journalistische Arbeit.

Smartphone-Bilder sind weitwinklig aufgrund der Kamera-Spezifikation. Sie sind weitwinkliger als die Bilder vieler VJ- oder Fotokameras, was im Umkehrschluss zweierlei bedeutet: Zum einen ist es schwer, Pressekonferenzen, Politikerstatements mit großem Andrang oder Fußballspiele zu drehen, weil das Smartphone verhältnismäßig dicht am Protagonisten platziert sein muss. Das ist vielfach nicht möglich, wenn den Kamerateams beispielsweise eine Tribüne am Ende eine Raumes zugewiesen wird. Smartphones haben zudem größere Probleme, mit anspruchsvollen Lichtsituationen umzugehen – sei es Dunkelheit, seien es große Unterschiede zwischen grellem Licht und Schatten. Das gilt übrigens sowohl für die Smartphone-Kamera als auch das Display: In extremen Lichtsituationen ist es schwer, auf dem Display Bildkomposition und -einstellung vorzunehmen.

Abbildung 01-03, 04   iPhone-Material in einem Tagesthemen-Bericht (links); ein Livestream des BBC-Reporters Nick Garnett von der Fußball-EM in Frankreich, Screenshot: Björn Staschen (rechts)

Auf der anderen Seite haben Smartphones einen großen Vorteil: Sie gehören zum Alltag. Viele Menschen sprechen in ihre Telefone, machen Selfies, nehmen sich und Freunde oder Familienmitglieder auf Video auf. Für uns Journalisten müssen sie nichts anderes tun: Sie werden von einem Telefon beobachtet – und sprechen in ein Telefon. Das baut nach den Erfahrungen vieler #Mojos Hürden ab. Insbesondere medienunerfahrenen, „normalen" Menschen kommt der Smartphone-Reporter näher, weil er sein Gegenüber sehr viel weniger einschüchtert als ein großes Kamerateam.

Auch in schwierigen Drehsituationen können sich Reporter die Vorteile des Smartphones zunutze machen: Als die Hamburger Innenbehörde beispielsweise im Sommer 2015 dauerhaft den Dreh in Erstaufnahmelagern für Flüchtlinge untersagte, überwog aus unserer Sicht das öffentliche Interesse an Berichterstattung, zumal in einigen Lagern die Krätze ausgebrochen war. Wir haben daher – nach Abstimmung mit dem Justitiariat im NDR – vor Ort Flüchtlinge besucht und per iPhone gedreht *(Abb. 01-03)*.

Ein Smartphone-Reporter fällt weniger auf: Er liefert Bilder in bester Fernsehqualität, wirkt aber bisweilen wie ein Tourist, Schaulustiger oder Besucher. Als der BBC-Reporter Nick Garnett (siehe Interview nach Kapitel 4) während der Fußball-Europameisterschaft 2016 in Frankreich über die Fan-Krawalle in Lille berichtete, half ihm seine mobile, wenig sichtbare Ausrüstung. Er schrieb danach auf Facebook:

> "Sums up mojo for me – I was able to get really close to what was happening (so close we got hit by the shockwaves of some of the CS canisters exploding) and yet – to all intents and purposes – I looked like everyone else with a mobile phone. Camera crews were set upon and attacked, reporters punched, equipment wrecked."

(Übersetzt: Dieser Einsatz fasst für mich die wesentlichen Vorteile von #Mojo zusammen: Ich konnte sehr dicht an das Geschehen herankommen, so dicht, dass wir die Schockwellen der explodierenden Tränengas-Patronen spürten, und trotzdem sah ich aus wieder jeder andere, der mit einem Smartphone filmte. Kameracrews wurden gejagt und angegriffen, Reporter geschlagen, Ausrüstung zerstört.) *(Abb. 01-04)*

Ein Smartphone-Reporter wird nicht ohne Weiteres erkannt. Das hat auch andere Folgen, beispielsweise für seinen Schutz bei Demonstrationen, wenn Polizisten zwischen Demonstranten und Journalisten unterscheiden müssen. Hier kann der Vorteil schnell zum Nachteil werden. Ein Smartphone-Reporter muss über den Umgang mit Privatsphäre und Rechten am eigenen Bild der aufgenommenen Personen nachdenken, weil er beim Dreh – anders als ein großes Kamerateam – möglicherweise nicht erkannt wird und er so nicht von einer „stillschweigenden Zustimmung" der Gefilmten zu seinen Dreharbeiten ausgehen kann (siehe auch Kapitel 7.1.).

Das Smartphone ist klein und handlich: Es taugt dazu, aus ganz anderen Perspektiven zu filmen als eine große Kamera. Man kann es in Behälter legen, die gefüllt werden, man kann Smartphones auf Regale stellen, per Magnetstativ aus ungewohnter Perspektive aufnehmen lassen – der Fantasie sind keine Grenzen gesetzt. Das Smartphone ist aber auch eben „nur" ein Massenprodukt: Akkulaufzeit und Speicherplatz sind begrenzt, begrenzter als beim Dreh mit einem Kamerateam, das im VW-Bus noch massenhaft Akkus und leere Speichermedien bereithält. Auch das will bedacht sein.

1.3   Mobile Reporting und Nachrichtennutzung

„Mobile Reporting" geschieht nicht im luftleeren Raum: #Mojo tritt nicht als zusätzlicher Produktionsweg auf einen Markt, der ansonsten unverändert bliebe. Im Gegenteil: Der Medienmarkt durchläuft einen tiefgreifenden Veränderungsprozess – vielleicht so folgenreich wie die Erfindung der Druckerpresse. Mit Leichtigkeit ließe sich damit ein eigenes Buch füllen: Nachrichten werden nicht mehr vor allem über klassische Infrastruktur (Sendemast, Kabel, Satellit) verbreitet, sondern über Internetprotokolle („IP News"). Die Netze gehören kommerziellen Konzernen, und die größten Plattformen für die Verbreitung (wie Twitter, Instagram, Google oder Facebook) sind ebenso (US-)Konzerne. Sie folgen (fast) ausschließlich ökonomischen Gesetzen und entziehen sich weitgehend der über Jahre gewachsenen traditionellen Medienaufsicht, beispielsweise durch Rundfunkräte oder Landesmedienanstalten. Werden diese Konzerne allen Anbietern immer offenen Zugang zu ihren Plattformen gewähren, und Inhalte nicht diskriminieren? Zweifel sind zumindest angebracht.

IP-News bedeutet auch: Binnen Stunden lassen sich aus einem Pop-Up-Büro Nachrichten produzieren. Das hat auch Folgen für die Inhalte. Manchmal erreichen die Bilder die Redaktion, aber auch die Zuschauer vor den Fakten. Das stellt alte Regeln und die Organisation redaktioneller Verantwortung sowie allgemein Arbeitsprozesse in Frage. Neue Nachrichtenanbieter erscheinen auf dem Markt:

Das US-Portal „Vice News" beispielsweise sammelte gerade erst 500 Millionen Euro Investitionen ein, um sein Angebot weltweit auszubauen, und bietet auch auf dem deutschen Markt ungewohnte Inhalte an. Interessant für dieses Buch ist jedoch vor allem die Rolle, die das Smartphone auch auf der anderen Seite, beim Konsumenten unserer Inhalte, spielt.

Nachrichtennutzung wird mobil. Das belegen alle aktuellen Studien, wenn sich die Zahlen auch leicht unterscheiden. In einer Untersuchung des Reuters-Instituts, für die mehr als 50.000 Menschen aus 26 Ländern befragt wurden, die Onlinenachrichten nutzen, sagt mittlerweile mehr als die Hälfte (53 Prozent) der Befragten, dass sie Nachrichtenangebote vor allem per Smartphone konsumieren. Deutschland hinkt der Entwicklung mit 40 Prozent etwas hinterher, auch hier ist der Trend aber deutlich: Seit 2013 hat sich die Nachrichtennutzung vom Mobiltelefon von damals 22 Prozent auf heute 40 Prozent fast verdoppelt. Das Publikum wartet nicht mehr auf die Abendnachrichten, sondern bezieht Nachrichten unterwegs, in der U-Bahn, im Meeting zwischendurch. Nachrichten werden allgegenwärtig, und der Bedarf, sie ständig zu aktualisieren, auch im Bewegtbild, wächst weiter. Schon ein Viertel der Nutzer schaut dabei regelmäßig auch Videos. Facebook-Gründer Mark Zuckerberg beschreibt Video als „the new text" – Videos werden aus seiner Sicht zur treibenden Kraft der sozialen Medien.

Das hat Konsequenzen: Ich muss gestehen, mich nervt es, mein Telefon zu drehen, um Videos zu schauen. Und so geht es offenbar auch vielen anderen Nutzern. Ein Trendreport der Investmentfirma Mary Meeker zeigt, dass Nutzer in den USA 2015 schon rund ein Drittel ihrer Zeit damit verbracht haben, Webinhalte vertikal zu nutzen und ihr Mobiltelefon also nicht zu drehen.

Es gibt viele gute Argumente für horizontale Videos – allen voran: unsere Augen sind nebeneinander angeordnet. Zudem produzieren wir (noch) vor allem für das klassische Fernsehen – und Fernseher hängen nun einmal horizontal an den Wänden. Es gibt aber sicher auch Themen, die sich vertikal gut umsetzen lassen. Die englischen Übersetzungen der Formatnamen verraten einiges: „Portrait"-Mode beschreibt das vertikal aufgenommene Bild – ist das Hochkantformat also vor allem dazu geeignet, im weitesten Sinne Menschen zu porträtieren? Denn auf einem horizontalen Bildschirm verlieren sich Menschen oft in unwichtigem Drumherum. „Landscape" beschreibt dagegen das horizontal aufgenommene Bild – ist das Querformat also vor allem geeignet, das ganze Bild zu zeigen, einen Überblick zu geben?

Ein zweiter Trend ist unverkennbar: Immer mehr Nutzer besuchen soziale Medien, um Nachrichten zu finden. Fast die Hälfte (46 Prozent) nutzen Facebook & Co., um sich zu informieren. Facebook fördert Nachrichten- und Bewegtbildinhalte und bietet ein immer breiteres Angebot. Die Homepage von Nachrichtenanbietern verliert dagegen an Gewicht.

Was bedeutet das für die Inhalte, die wir produzieren? Wie müssen Nachrichten aussehen, die Menschen vor allem mobil konsumieren? „Al Jazeera plus", der junge Ableger des arabischen Nachrichtenkanals, hat in den USA viel mit Videos experimentiert, die von Mobiltelefonen für die Nutzung auf Mobiltelefonen produziert wurden. AJ+ hat beispielsweise intensiv über die Unruhen in Ferguson nach dem Tod von Michael Brown 2014 berichtet. Die AJ+-Producerin Shadi Rahimi hat die Prinzipien ihrer Arbeit in Ferguson bei einem Vortrag auf der Mobile Journalism Conference 2015 in Dublin so zusammengefasst:

> „Wir haben ausschließlich für soziale Medien und mobile Nutzung produziert. Wir haben ausschließlich mit iPhones gefilmt und geschnitten. Geschwindigkeit ging über Qualität, sehr dynamisch. Und: Wir haben mit Texteinblendungen gearbeitet, nicht mit Overvoice-Kommentar."

Einige dieser Regeln finden sich auch in den Tipps wieder, die ich für Videos in sozialen Medien in Kapitel 8 zusammengefasst habe.

Die Ferguson-Videos wirken wie Rohmaterial, sehr wackelig, oft mit schlechtem Ton, manchmal unscharf, manchmal schlecht belichtet. Ich habe sie in einem Seminar an der Universität Hamburg Studenten gezeigt und sie gefragt, wie sie die Videos bewerten. Die Antwort hat mich überrascht: Die Videos kamen gut an – vor allem, weil sie authentisch wirkten. In einer Welt, in der Menschen selbst per Mobiltelefon immer mehr Videos produzieren, wandeln sich Sehgewohnheiten. Und offenbar werden zumindest zum Teil auch im Nachrichtenbereich Videos geschätzt, die den Zuschauer selbst in die Lage versetzen, zu urteilen: Videos, die wie Rohmaterial unkommentiert oder mit wenig Erläuterung daherkommen. Dazu passt die zweite Aussage der Studenten: Ihnen gefiel, dass eben kein „allwissender Reporter" im Bild auftauchte und die Welt erklärte. Kurzum: Smartphones erlauben es, mit geringem Aufwand Videos zu produzieren, die in sozialen Medien möglicherweise besser funktionieren als klassische Nachrichtenfilme aus dem linearen Fernsehen. Aber auch letztere lassen sich per Smartphone professionell produzieren.

Es ist kein Zufall, dass das Mobiltelefon gleichzeitig sowohl für die Nachrichtenproduktion als auch deren Konsum zunehmend an Bedeutung gewinnt. Mit der Einführung von 5G, dem LTE-Nachfolger beim Mobilfunk, wird sich dieser Trend beschleunigen. Es lohnt sich, „Mobile Reporting" auch in dieser Hinsicht als Chance zu begreifen – als Chance, schneller Inhalte zu liefern, die sich von dem unterscheiden, was wir bisher produzieren. Man könnte also sagen: Es lohnt sich, dem Smartphone ein wenig zuzuhören und zuzuschauen bei der Nachrichtenproduktion. Vielleicht verrät es auch einige Weisheiten, welche Inhalte bei der mobilen Nutzung gut funktionieren.

1.4   Schaffen wir unsere Kollegen ab?

Die Debatte über die Folgen von „Mobile Journalism" wiederholt letztendlich die erbitterte Diskussion zu der Zeit, als die ersten Journalisten zur VJ- oder Spiegelreflex-Kamera griffen: Zu Recht haben viele Kameraleute diese Entwicklung mit Sorge gesehen – weil sie auf der einen Seite den eigenen Arbeitsplatz bedrohte, auf der anderen Seite aber auch zunächst Ergebnisse lieferte, die den eigenen qualitativ unterlegen waren. „Geben wir uns jetzt mit so etwas zufrieden?" war die oft gehörte Frage. „Da kommst du wieder mit deinem Mäusekino," höre ich noch heute – meist scherzhaft – im NDR, wenn ich die VJ-Kamera durch die Flure trage.

Diesen Sorgen begegnen wird ein Unternehmen nur, wenn es den Wandel gestaltet, Stichwort: „change management". Denn wir werden den Wandel nicht aufhalten, nur, weil er uns nicht gefällt. Wir werden nicht in zehn Jahren noch klassisch Fernsehnachrichten produzieren, während alle anderen ähnliche Ergebnisse schneller per Mobiltelefon produzieren. Das ist die eine Seite. Die andere Seite ist aber ebenso wichtig: Wir müssen darauf achten, dass wir auf dem Weg nicht Talent, Wissen und Handwerk verlieren. Wir versuchen im NDR, alle Abteilungen zu beteiligen, Kollegen „mitzunehmen", wenn wir „mobile journalism" erproben. Am Projekt „#politag" (siehe 1.1.) waren Kollegen sowohl aus der Redaktion als auch der Produktion beteiligt. Und wir profitieren voneinander: Der Kameramann kann dem Journalisten sehr viel besser erklären, wie er ein Bild aufbaut oder wie er mit einer schwierigen Lichtsituation umgeht. Ebenso kann der Journalist dem Kameramann Tipps geben, wie er ein Interview führt. Denn auch das wird geschehen: Wir bewegen uns aufeinander zu, zumindest im Nachrichtengeschäft. So wie es in der Redaktion Kollegen geben wird, die ihre Finger nach technischen Geräten ausstrecken, so wird es Produktionskollegen geben, die ihre Schwerpunkte in journalistische Felder verlagern. Am Ende wandeln sich so alle Berufsbilder.

Braucht man weniger Personal? Sicherlich wird mancher Intendant oder Programmdirektor diese Frage mit „Ja" beantworten. Wenn Produktion weniger aufwändig ist, wenn Berufsbilder sich einander nähern, entstehen *auch* Freiräume. Es sind aber Freiräume, die wir dringend benötigen, um unsere Inhalte weiterzuentwickeln. Denn heute produzieren wir in hoher Arbeitsverdichtung viele Minuten lineares Fernsehen. Wenn wir unsere Qualität im „klassischen Fernsehen" erhalten, aber auch in sozialen Medien stattfinden wollen, brauchen wir neue Freiräume.

„Al Jazeera Plus" hat seine Ferguson-Berichte beispielsweise ausschließlich von Smartphones für Smartphones produziert. Andere Reporter haben die Berichterstattung für den klassischen TV-Nachrichtenkanal Al Jazeera übernommen. Diese Trennlinie hat sicherlich auch keine Zukunft. Aus meiner Sicht werden künftig Teams von Reportern (Kameraleuten, Technikern) vor Ort arbeiten, die in enger Kooperation verschiedene Plattformen bedienen und auch den Erfordernissen dieser unterschiedlichen Ausspielwege gerecht werden. Wollen wir beispielsweise Geschichten vertikal auf Snapchat erzählen (vgl. Kapitel 8. 4.), wird sich parallel nicht auch noch livestreamen und ein eigener horizontaler Film fürs lineare Fernsehen machen lassen. Neu zu klären sind beispielsweise auch Honorarfragen: Ein Reporter wird nicht mehr für „den einen Film" honoriert werden können, den er liefert. Denn als „mobile reporter" wird er mehrere, unterschiedliche Berichte von einem Ereignis, zu einem Thema liefern.

Das Spektrum der Formen und Plattformen wird breiter – und auch das Publikum fragmentiert sich. Wir werden mehr Inhalt produzieren müssen, um weiter dieselbe Zahl von Zuschauern, Hörern oder Lesern erreichen zu können. Daher wäre es fahrlässig, „mobile journalism" wie auch andere neue Produktionsformen vor allem als Chance zu sehen, Geld und Personal zu sparen. Es ist vor allem eine Chance, anders zu berichten, die neue Möglichkeiten eröffnet und daher auch zusätzliche Energie erfordert.

1.5   Schaffen wir uns selbst ab?

Weil viele Smartphone-Hersteller und Internet-Anbieter Video für immer wichtiger halten, werden die Kameras immer besser. Und nicht nur das: Die Apps, mit denen sich Videos und Fotos bearbeiten und online stellen lassen, werden immer einfacher und für jeden beherrschbar. Smartphones sind Massenware, erschwinglich für jedermann. Bei „mobile journalism" setzen wir also auf Produktionsmittel, die jeder kaufen und beherrschen kann. Wir geben damit einen entscheidenden

Vorsprung auf: Professionelles Fernseh- (und eingeschränkt auch Hörfunkequip-
ment) konnte sich eben nicht jeder leisten. Schon daher brauchte es zunächst ge-
meinschaftlich öffentlich-rechtlich, dann auch kommerziell finanzierte Fernsehsender, um Fernsehen zu produzieren. Fernsehen war eine Investitionstechnik. Das
ist zumindest teilweise Geschichte.

Kann jetzt jedermann Fernsehen? Michael Rosenblum, einer der ersten Lehrer
der weltweiten VJ-Bewegung, ist dieser Auffassung. Er ist der festen Überzeugung,
dass „Mojos" noch nicht begriffen haben, dass sie der Anfang vom Ende sind.

> „We make it, you watch it – it´s the dumbest thing you can do to believe
> that will work in the future."

Übersetzt: „Wir produzieren, ihr schaut. Es ist dumm, zu glauben, dass das in
Zukunft noch funktionieren wird." Für Michael Rosenblum erschafft der Smart-
phone-Boom eine „Welt voller Kameralinsen". „Hört auf die Technik", rief er den
Teilnehmer der Mobile Journalism Konferenz 2015 in Dublin zu: „Bald gibt es 3
Milliarden Inhalteproduzenten."

Journalisten werden Kuratoren: Nach Rosenblums Überzeugung wird sich die
Aufgabe von Journalisten vor allem darauf beschränken, die Inhalte dieser „3 Milliarden Smartphone-Produzenten" zu kuratieren. Ich bezweifele das: Rosenblum
hat recht damit, dass die Technik für jedermann zugänglich wird. Journalistisches
Handwerk jedoch ist sehr viel mehr als Technik. Recherche, Aufbau eines Be-
richts, die „gute Story" zu erzählen, bedeutet sehr viel mehr als die nackte Möglichkeit, Video aufzunehmen oder zu streamen.

Die Konkurrenz wächst allerdings: Journalisten sind teuer, Amateure, die Inhalte liefern, sind günstig oder kosten gar nichts. Internetdienste wie Google, Facebook oder Youtube setzen daher viel daran, Inhalte ihrer Nutzer zu kuratieren
und für andere nutzbar zu machen, sie bieten mit Diensten wie Googles „Youtube
Newswire" sogar kuratiere Portale mit Video zu nachrichtlichen Ereignissen an,
deren Inhalt zur weiteren Nutzung lizensiert werden kann. Insofern spielt „mobile
journalism" denen in die Hände, die bisher keinen Bewegtbildinhalt produzieren.
Die Konkurrenz auf dem Videomarkt wird deutlich größer werden.

Auch viele Verlage erkennen die Chancen: Video ist wichtig für den Erfolg
einer Website, aber sehr teuer zu produzieren. Smartphones versetzen die Reporter
von Tageszeitungen und Magazinen nun erstmals in die Lage, ohne große Investi-

tionen Bewegtbild einzusetzen. Alle größeren Printmedien in Deutschland produzieren mittlerweile Videos, einige mit mehr, andere mit weniger Erfolg. Auffällig ist, dass es vor allem die Verlage und gerade nicht die klassischen Bewegtbilderanbieter wie die Fernsehsender sind, die Pionierarbeit im „mobile reporting" leisten: In diesem Buch wird die Rede von stern.de- und BILD-Reportern sein, die erfolgreiche Livestreams produzieren. BILD hat zudem erfolgreich mit vertikalen Videomagazinen experimentiert. Smartphone-Journalismus hat viel in Bewegung gebracht – neue Wettbewerber auf dem Videomarkt, die die klassischen Bewegtbild-Produzenten herausfordern.

1.6 Neue Freiheit durch Mobile Journalism

In entwickelten Ländern bedeutet Mojo vor allem neue Konkurrenz, zudem: eine Erweiterung der Möglichkeiten, mehr Flexibilität, vielleicht ein Weg, Kosten zu sparen. Anderswo hat Smartphone-Journalismus eine sehr viel höhere Relevanz, vielleicht Brisanz: nämlich aktiv ein Land (mit) zu verändern.

Nehmen wir als Beispiel Myanmar, das in den Jahren 2015/2016 einen spannenden Transformationsprozess durchmachte. Nach jahrzehntelanger Herrschaft des Militärs demokratisiert sich das Land, die Macht kommt langsam (für einige zu langsam) zurück zum Volk. Das hat auch Folgen für die Medien. Jahrelang war der staatliche Fernsehsender MRTV die einzige Stimme der Burmesen. Schon früh haben Medienentwicklungs-Stiftungen wie BBC Media Action damit begonnen, Journalisten auszubilden, die parallel zum staatlichen Rundfunk unabhängig Hörfunk und Fernsehen produzieren. Das Problem: Insbesondere die Fernsehtechnik, selbst VJ-Kameras, kann sich in Myanmar kein unabhängiger Journalist leisten. 2014 begann die damalige Programmleiterin von BBC Media Action in Myanmar, Clare Lyons, damit, ein „Moeljo"-Programm zu entwerfen: „Mobile Election Journalism" (*Abb. 01-05*).

Android-Smartphones waren und sind weit verbreitet in Myanmar, und seit kurzem sind auch sie gut genug, um TV-Berichte zu produzieren. In Myanmar versetzt „mobile journalism" Journalisten (darunter viele Blogger) also überhaupt erst in die Lage, sich zu einer freien, unabhängigen Stimme neben dem staatlichen Rundfunk zu entwickeln. Ich hatte die Gelegenheit, einige Tage mit dem Team von BBC Media Action in Yangon zusammenzuarbeiten und sie in ihrem Moeljo-Projekt zu beraten. Andere #Mojos haben in afrikanischen Ländern (Kenya) mit Journalisten gearbeitet und ähnliche Erfahrungen gemacht: Smartphone-Journalismus macht dort einen riesigen Unterschied. Er macht die theoretische Freiheit, zu berichten, erst praktisch nutzbar.

Ein Urgestein der #Mojo-Bewegung, Ivo Burum, hat nach jahrelanger Arbeit für den australischen Sender ABC die ersten Schritte dieser Medienentwicklungs-arbeit in Australien geleistet: In dem Projekt „NT Mojo" hat er neun Angehörigen indigener Gemeinschaften „mobile journalism" beigebracht und ihnen damit die Möglichkeit gegeben, ihre Themen und Belange mit einer größeren Zuschauer-schaft zu teilen. Zudem hat Burum in anderen Teilen Australiens und im indonesi-schen Timor Angehörige von Minderheiten und ausgebildet. Auch hier hat erst das Smartphone die Teilnehmer seiner Projekte in die Lage versetzt, in Bild und Ton zu berichten. Seine #Mojo-Projekte richten sich nicht nur an ausgebildete Journa-listen: Burum sieht auch „Citizen journalism", also Bürgerjournalismus, als viel-versprechenden Ansatz.

„Mobile Journalism" ist mehr als iPhone-Jouralismus: Dieser Satz ist mit Blick auf sich entwickelnde Länder besonders wichtig. In den vergangenen Jahren hat das iPhone die Entwicklung vorangetrieben. Es ist nun jedoch ebenso wichtig, die Entwicklung auf Android-Telefonen nachzuvollziehen, die in sich entwickeln-den Ländern sehr viel verbreiteter sind und vielfach die einzige Plattform sind, auf der Journalisten Bewegtbild-Inhalte produzieren können.

Abbildung 01-05   Reporter Phyo Wailin filmt per Smartphone einen Kokosnus-Verkäu-fer in Yangon, Bild: Björn Staschen

Weiterführende Literatur

Burum, Ivo (2016). Democratizing Journalism through Mobile Media: The Mojo Revolution. London: Routledge.

Burum, Ivo & Quinn, Stephen (2015). MOJO: The Mobile Journalism Handbook: How to Make Broadcast Videos with an iPhone or iPad. London: Focal Press.

Goldstein, Taz (2012). Hand Held Hollywood's Filmmaking with the iPad & iPhone. Berkely: Peachpit.

Weiterführende Links

NDR-Projekt „#politag – So tickt Hamburgs Parlament. Zuletzt abgerufen am 19. Juni 2016. http://www.ndr.de/nachrichten/hamburg/So-tickt-Hamburgs-Parlament,politag100.html

Reuters Institute. „Reuters Institute Digital News Report 2016." Zuletzt abgerufen am 19. Juni 2016. http://reutersinstitute.politics.ox.ac.uk/sites/default/files/Digital-News-Report-2016.pdf

Rosenblum, Michael. Blog „The VJ". „Most journalists don´t get it – yet." Zuletzt abgerufen am 19. Juni 2016. https://www.thevj.com/vjworld/most-journalists-dont-get-ityet/

„News Gathering" unterwegs

Die neuen Nachrichtenagenturen

Zusammenfassung

Wie kann sich ein Reporter mobil, unterwegs informieren? Taugen Twitter, Facebook, Snapchat und andere soziale Medien als „Nachrichtenagenturen"? Wer sich auf sie verlässt, muss Regeln beachten: Soziale Medien sind keine Einbahnstraße. Und ihre Inhalte müssen verifiziert werden.

Kein Kontext, (noch) keine Nachricht: Der Pakistaner Sohaib Athar beschreibt sich in seinem Twitter-Account eher bescheiden als „IT-Berater, der sich in den Bergen vor dem Hamsterrad" der Millionenstadt Lahore versteckt. Er berät die Computerabteilungen einiger Firmen in Pakistan, und wenn es ihm zu viel wird, zieht er sich in die Berge bei Abbottabad zurück. Sein Umzug in die Berge war auch Teil einer „Being Safe Strategy", wie er schreibt – eines Versuchs, sich den Gefahren von Anschlägen und Gewalt in Pakistan zu entziehen. Als „@ReallyVirtual" twitterte er von dort auch am Abend des 1. Mai 2011 *(Abb. 02-01)*.

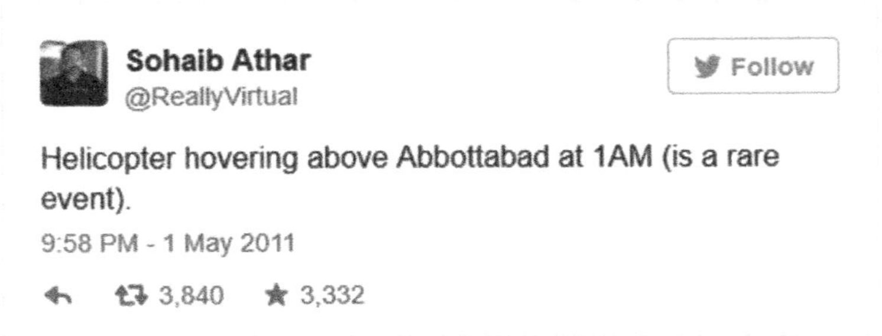

 **Sohaib Athar**
@ReallyVirtual

Helicopter hovering above Abbottabad at 1AM (is a rare event).

9:58 PM - 1 May 2011

↰ ⇄ 3,840   ★ 3,332

Abbildung 02-01   Tweet von Sohaib Athar

„**Hubschrauber über Abbottabad,** nachts um 1 Uhr, ein seltenes Ereignis": Sohaib Athar sollte einige Stunden lang der Erste sein, der etwas beschrieb, was in den kommenden Tagen weltweit die Schlagzeilen beherrschen würde. Denn die Hubschrauber über Sohaib Athar waren amerikanische Militärhubschrauber. Und ihr Ziel war ein von Mauern umgebenes, größeres Grundstück in Abbottabad, das Versteck des damals meist gesuchten Mannes der Welt: Osama Bin Laden. Was Sohaib Athar verbreitete, sollte Teil einer hoch relevanten Nachricht werden – nur wusste Athar davon noch nichts. Und auch keiner seiner Leser ahnte zunächst, welches Ereignis Athar gerade in seinen Tweets beschrieb. Nur im Nachhinein lässt sich feststellen: Eine geheime Militäroperation der USA hatte bereits wenige Minuten nach Beginn ihren Weg ins soziale Netzwerk „Twitter" gefunden.

Die kleine Anekdote offenbart drei wichtige Eigenschaften des Kurznachrichtendienstes „Twitter":

1. Viele, wenn nicht fast alle, Ereignisse finden zumindest *auch* auf Twitter statt, oft sogar zuerst. Twitter ist schnell und fast immer dabei.
2. Twitters 140 Zeichen (plus Links) kurzen Nachrichten fehlt häufig der Kontext: Eine Nachricht gelangt in die Welt, ohne dass ihr Gehalt, ihre Authentizität oder Relevanz genau einzuschätzen wäre.
3. Häufig schreiben Nicht-Journalisten, deren Nachrichten entsprechend nicht unbedingt journalistischen Regeln und Gesetzen gehorchen und auch nicht zu gehorchen brauchen.

Insofern ist das deutsche Wort „Kurznachrichtendienst" nicht präzise: Es sind vor allem „Messages", Botschaften, die Twitter verbreitet. Aber diese Botschaft sind nicht immer auch gleichzeitig „News", Nachrichten, eher selten sogar.

Die englische Bezeichnung „messaging service" trifft Twitters Kern sehr viel besser.

Taugt Twitter dann aber als Quelle für journalistische Arbeit? Wer von unterwegs arbeitet, ist oft auf Twitter und andere Dienste angewiesen, die schnell auf dem Smartphone verfügbar sind (Facebook, Instagram, Snapchat, WhatsApp und viele mehr). Athars Tweets jedenfalls setzten eine Spekulationswelle in Gang: Was passierte da in den pakistanischen Bergen? Erst einige Stunden später gab es in Washington die Ersten, die richtig vermuteten: Gerüchten zu Folge hatten die USA Osama bin Ladens Versteck gefunden und den Al-Qaida-Führer erschossen. Doch eine Bestätigung gab es zunächst nicht – bis sich Keith Urban zu Wort meldete *(Abb. 02-02)*.

Abbildung 02-02   Tweet von Keith Urbahn

Eine Nachricht – aber noch ohne zweite Quelle: Keith Urbahn, seinerzeit Büroleiter des ehemaligen US-Verteidigungsminister Donald Rumsfeld, twitterte, eine glaubwürdige Person habe ihm erzählt, Osama bin Laden sei getötet worden. „Hot damn" – „verdammt heiß" – die Nachricht war draußen. Manche Journalisten mögen Urbahn gekannt haben, seine Quelle aber kannten sie nicht, also: Es gab noch immer keine belastbare Information, dafür aber einen verlässlichen Ansatz für weitere Recherche.

Ein Journalist kann sich heute kaum erlauben, Twitter *nicht* zu verfolgen. Das zeigen schon die Ereignisse dieser ersten Mainacht des Jahres 2011. Dasselbe gilt für andere Nachrichtenquellen, vor allem mit ähnlicher Bedeutung für Facebook, zunehmend aber auch Instagram, Snapchat, WhatsApp oder die vielfältigen Blogs und Nachrichtenseiten jenseits der großen Nachrichtenmedien. Sie alle greifen oft auch Ereignisse auf, die sich unter dem Radar der herkömmlichen Nachrichtenagenturen und –onlineportale entwickeln. Und sie greifen diese Ereignisse oft sehr viel schneller auf, beispielsweise, während eine Demonstration gerade stattfindet, also nahezu in Echtzeit. Für den Reporter vor Ort sind sie entscheidend, nicht nur, weil Nachrichtenagenturen unterwegs oft nicht schnell genug verfügbar sind. Den Umgang mit Twitter & Co. müssen Journalisten vor Ort jedoch den obigen Erkenntnissen anpassen: Denn auf Twitter und Facebook senden nicht immer belastbare Quellen – anders als die meisten Nachrichtenagenturen. Zudem sind die sozialen Dienste keine „Plaudertaschen", die „vor sich hin" senden. Sie sind Kommunikationsmittel, bei denen beide Seiten *senden* und *empfangen*.

Twitter oder Facebook? Twitter und Facebook! Und...! Das "Social Media and Political Participation"-Labor an der New York University hat ein großes Nachrichtenereignis der vergangenen Jahre ausgewählt, um Twitter und Facebook miteinander zu vergleichen. Die Wissenschaftler werteten die Informationen auf Facebook und Twitter während der Proteste auf dem Kiewer Maidan aus[1]. Die Ergebnisse sind interessant:

Facebook wurde aktiver genutzt als Twitter. Die offizielle Euromaidan-Facebookseite hatte nach Beginn der Proteste binnen weniger Wochen mehr als 125.000 „Likes" und damit entsprechend viele Menschen, die regelmäßig Informationen von dieser Seite verfolgten. Der Großteil der Informationen war jedoch in ukrainischer Sprache verfasst – ein Beleg dafür, dass sich das Facebook-Angebot vor allem an lokale und regionale Zielgruppen richtete und im Wesentlichen das Ziel verfolgte, den Protest zu koordinieren, organisatorische Hinweise weiterzugeben und vor Ort zu mobilisieren. Viele Nachrichten enthielten auch logistische Informationen darüber, beispielsweise, wo auf dem Maidan Tee zu bekommen war, oder wo sich Demonstranten zwischendurch aufwärmen konnten.

Twitter dagegen wurde etwas weniger intensiv genutzt, wenn auch nicht wirklich wenig: 120.000 Tweets mit dem Hashtag #euromaidan in wenigen Wochen. Nur ein Drittel der Tweets war jedoch in ukrainischer Sprache verfasst, fast ebenso viele (28 Prozent) dagegen in englischer, 24 Prozent in russischer. Diejenigen Tweets, die mit Ortungs-Daten („Geolocation") verfasst wurden, zeigen dennoch, dass die meisten dieser nicht landessprachlichen Tweets aus der Umgebung des Maidan versendet wurden. Die Verfasser der Studie interpretieren dies so: Wäh-

---

1   http://www.washingtonpost.com/blogs/monkey-cage/wp/2013/12/04/strategic-use-of-facebook-and-twitter-in-ukrainian-protests/)

rend sich Facebook also vor allem logistischen Aufgaben widmet und eine lokale Zielgruppe bedient, transportiert Twitter eher politische Botschaften vom Maidan an ein internationales Publikum.

Generalisieren lässt sich diese Erkenntnis sicher nicht: Weder Twitter noch Facebook wird immer das bessere Medium sein. Auch Dienste wie Snapchat oder WhatsApp haben an Gewicht gewonnen. Whatsapp wird beispielsweise bei Demonstrationen immer häufiger zur direkten Kommunikation (peer to peer) zwischen Teilnehmern oder Organisatoren genutzt, wenn Informationen für die Polizei oder Medien nicht ohne Weiteres verfügbar sein sollen. Im Folgenden soll exemplarisch vor allem die Nutzung von Twitter im mobilen Journalismus beschrieben werden. Die Erkenntnisse können aber auch auf andere soziale Medien übertragen werden, die bei vergleichbarer Handhabung ähnlichen Nutzen entfalten können – wenn auch jeder Dienst seine eigenen Spezifika, seine eigenen Anforderungen an Nutzer mit sich bringt.

Wie soziale Medien mobilen Journalismus unterwegs helfen können, illustriert dieses Kapitel: Es erläutert jedoch nicht umfassend oder abschließend, welche „Social Media Strategy" Journalisten entwickeln sollten. Hierfür ist beispielsweise „Social Media für Journalisten – Redaktionell arbeiten mit Facebook, Twitter & Co" aus der Reihe Springer „Journalistische Praxis" von Stefan Primbs (2016) zu empfehlen.

2.1 Empfangen: Persönlicher Nachrichtenticker

Alle wichtigen Tageszeitungen twittern – Nachrichtenportale wie spiegel.de und -sendungen wie die Tagesschau und heute. Zudem schicken manche Mitarbeiter und Korrespondenten im In- und Ausland auf eigenen Accounts zusätzlich ihre Botschaften über Twitter. Wer ein wenig Zeit darauf verwendet, die Twitter-Accounts zu identifizieren, denen zu folgen sich lohnt, der hat schnell eine kompakte Nachrichtenagentur auf dem Smartphone.

Auch viele „Objekte" der Berichterstattung nutzen Twitter und Facebook als Informationsträger – nicht nur die Berichterstatter. Als zum Beispiel Anfang 2014 die Proteste auf dem Maidan ihren Höhepunkt erreichten, versuchte Noch-Präsident Janukowitsch, die Lage mit einem Kompromissangebot in den Griff zu bekommen. Er bat einige der Oppositionsvertreter zum Gespräch. Dass sie darauf nicht eingehen würden, erfuhren Twitter-Nutzer zuerst: Einer der Oppositionsführer, Arseniy Yatsenyuk, der später Ministerpräsident seines Landes werden sollte, tippte „No Deal" in sein Smartphone *(Abb. 02-03).* „Wir beenden, was wir begonnen haben. Das Volk entscheidet über seine Anführer, nicht Sie."

Abbildung 02-03   Tweet von Arseniy Yatsenyuk

Seine Nachrichtenquellen abhängig vom eigenen Fachgebiet zusammenzustellen – diese Chance bietet Twitter. Wer zum Beispiel viel über Hamburger Lokalpolitik berichtet, wird dem Abendblatt und den handelnden Politikern und Parteien, dazu einigen Bürgerinitiativen und –gruppen, beispielsweise rund um die Rote Flora oder Gruppen, die sich für und gegen Flüchtlingsunterkünfte engagieren, folgen. Wer dagegen über die Weltwirtschaft berichtet, wird größere Unternehmen, Wirtschaftswissenschaftler, die wichtigen Wirtschaftsnachrichtendienste und den einen oder anderen Kollegen in sein Portfolio aufnehmen.

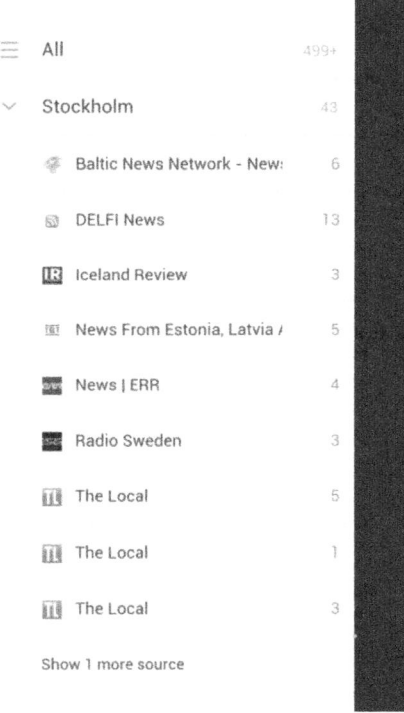

Abbildung 02-04 Beispielhafte Zusammenstellung von RSS-Feeds im Feedreader „Feedly"

Auch der Einsatz eines Feed-Readers lohnt sich – neben Twitter und dem regelmäßigen Blick auf die Seiten der Handelnden bei Facebook – beispielsweise Feedly *(Abb. 02-04)*, mit dem sich alle größeren und kleineren Nachrichtenportale, aber auch Blogs im Internet abonnieren lassen. Als ich zum Beispiel kurzfristig zwei Wochen im ARD Studio Stockholm den Korrespondenten vertrat, habe ich mir die wichtigsten englischsprachigen Nachrichtenquellen des Berichtsgebietes zusammengestellt, vom estnischen und schwedischen Rundfunk über die „Baltic Times" bis zum Isländischen Katastrophenschutz, letzteres, weil ein Ausbruch des Vulkans Bardarbunga drohte. Mit ein paar Klicks hatte ich die wichtigsten Nachrichtenquellen abonniert und konnte beruhigt auf Drehreise in Mittelschweden gehen – in dem Wissen, dass ich bei Ausbruch des Vulkans schnell davon erfahren würde. Bis Redaktionsschluss ist der Bardarbunga übrigens nicht ausgebrochen.

2.2   Empfangen: Aktueller Seismograph

Über die persönlich ausgewählten Nachrichtenquellen hinaus können Twitter, Facebook & Co. auch solche Themen an den Strand der Redaktion spülen, die die Journalisten noch nicht im Blick hatten. Twitter nennt regelmäßig die wichtigsten Twitter-Trends („Suche") und zeigt, was unsere Nachrichtenquellen und deren Quellen so tun.

Darüberhinaus machen *Hashtags* **(#) Twitter zu „Gemeinschaften auf Zeit".** Ein Beispiel: Weil der NDR Newsroom im Sommer 2013 viel über das Elbe-Hochwasser in Mecklenburg-Vorpommern, Schleswig-Holstein und Niedersachsen berichtete, hat der @NDRReporter zu diesem Thema auch viel getwittert. Der NDR wurde zur glaubwürdigen Quelle beim Thema „#Hochwasser". Und so erfuhren die Reporter im Newsroom Dinge, die sie ohne Twitter nicht erfahren hätten. Eine Twitter-Nutzerin fragte beispielsweise, direkt an @NDRReporter adressiert (*Abb. 02-05*):

> „Was ist los in Bleckede? Mein Mann wurde grade angerufen, ALARM... alle Soldaten, die gestern nach hause durften, müssen nu hin."

Abbildung 02-05   Tweet von Sabrina Mehnert

Der Tweet war Ansatz für eine Recherche, mit einem schnellen Ergebnis: Die Hochwasser-Prognose für Bleckede war gerade nach oben korrigiert worden. Die Deiche würden dem mit den bisher aufgeschichteten Sandsäcken nicht standhalten können, also wurden Helfer angefordert, um weitere Sandsäcke zu füllen. Die Medien waren noch nicht darüber informiert worden, die Rettungskräfte aber wurden schon alarmiert, weil jede Minute zähle. Ohne Twitter hätte der NDR-Newsroom die Meldung möglicherweise nicht zuerst gesendet, sondern erst Stunden später.

2.3 Empfangen: Crowdsourcing

Die sozialen Medien eignen sich auch dazu, aktiv Recherchen anzustoßen. Das geht weit über den Facebook-Aufruf „Schicken Sie uns ihre Fotos vom Schneechaos!" hinaus, wie das folgende Beispiel aus Großbritannien belegt.

Der englische Zeitungsverkäufer Ian Tomlinson war auf dem Heimweg. Normalerweise würde er eine knappe halbe Stunde unterwegs sein auf seinem Weg durch den Londoner Finanzbezirk, die „City". Doch an diesem 1. April 2009 musste er viele Polizeiabsperrungen passieren und Umwege nehmen: Die Staatschefs der G20-Ländern trafen sich zum Gipfel in London. Auf den Straßen waren tausende Demonstranten und viele Berichterstatter aus aller Welt. Ich berichtete für die ARD aus dem Polizeikessel vor der Bank Of England. Ian Tomlinson jedoch hatte mit den Protesten wenig am Hut, und wir Journalisten sollten von ihm erst einige Tage später hören. Denn zunächst war nur vage von einem Mann die Rede, der offenbar ohne Fremdeinwirkung zusammengebrochen wäre. So berichtete auch der Guardian-Journalist Paul Lewis zunächst über den Vorfall:

> „Die Polizei berichtet, bei dem Toten handelt es sich um Ian Tomlinson, 47, der auf dem Heimweg von der Arbeit als Zeitungsverkäufer war, als er zusammenbrach."

Abbildung 02-06   Tweet von Guardian-Reporter Paul Lewis

Doch Paul Lewis ließ den tragischen Tod nicht aus den Augen und rief in späteren seinen Tweets dazu auf, Fotos, Videos und Informationen von Ian Tomlinsons Tod einzusenden. Über Tage bekam er Material und Informationen, das ihm half, das Geschehen zu rekonstruieren.

Crowdsourcing – Lewis stützte seine Recherche auf die Augenzeugenberichte vom G20-Protest. Entsprechend twitterte er zunächst unter dem #g20-Hashtag. Nach und nach entstand dabei ein Bild, wonach Tomlinson zunächst von einem Polizei-Schlagstock getroffen und dann von einem Beamten umgestoßen wurde. Lewis hat Twitter aktiv genutzt, um seine Recherche voranzutreiben. Er konnte schließlich nachweisen, dass Tomlinson nach einem übermäßig harten Zugriff der Polizei stürzte und daraufhin starb. Seine Twitter-Recherche brachte Licht ins Dunkel der Ereignisse am Rande der G20-Proteste: Ian Tomlinson, der nur zufällig in der Nähe der Demonstrationen war, wurde Opfer von Polizeiwillkür.

2.4   Senden: Distribution der eigenen Nachrichten

Eigene Nachrichten zu verbreiten, ist für Journalisten Alltagsgeschäft. Hier fühlen sie sich sicher, zu „senden" sind sie gewohnt. Viele aber machen dies auf Twitter und Facebook, ohne auch zuzuhören und die Relevanz des Dienstes für Nachrichtensichtung (siehe oben) zu erkennen. Doch nur, wer zuhört und reagiert, wird auch als Absender von Nachrichten ernst genommen. Twitter funktioniert nur auf diese Weise, als Geben und Nehmen, Senden und Zuhören. Insofern wird nur der seine Nachrichten erfolgreich verbreiten, der auch schaut, ob eigene Nachrichten noch aktuell oder von anderen schon lang verbreitet wurden, der antwortet, wenn er direkt angesprochen wird.

Unter diesen Voraussetzungen eignet sich Twitter sehr gut dazu, auf einem weiteren Verbreitungsweg mit dem eigenen Absender präsent zu sein – für einzelne Reporter mit persönlichen Accounts, für Sendungen, Sender oder andere Medien mit einem Funktionsaccount wie @NDRReporter.

Björn Staschen @BjoernSta · 22. Feb.

Mit dem Fernbus nach Kiew für die @tagesthemen: Abfahrt Hannover ZOB. In 30 Stunden sollen wir da sein. #euromaidan

↩   ♺ 1   ★ 3   🖬   • • •   Mehr Fotos und Videos anzeigen

Abbildung 02-07   Tweet von Björn Staschen

Als die Proteste auf dem Maidan ihren Höhepunkt erreichten, fuhr ich für die Tagesthemen mit einem Fernbus von Hannover nach Kiew *(Abb. 02-07)*. An Bord: viele Exil-Ukrainer auf dem Weg in die Heimat. Ihre Meinung, ihre Ängste und Hoffnungen interessierten uns.

Stefan Keilmann @tagesschauder · 22. Feb
Road to Freedom? Was kommt nach #Janukowitsch? Folgt ARD-Reporter
@BjoernSta auf seiner Fahrt nach #Kiev. #euromaidan
pic.twitter.com/KEW28BuJYD

Öffnen   ★ Favorisiert

Abbildung 02-08   Tweet von Stefan Keilmann

In der Nacht unserer Busfahrt kam Julia Timoschenko frei. Die abgeklärte,
desillusionierte Sicht der Menschen im Bus war damals ein kleiner Kontrapunkt
zur (Twitter-)Euphorie über den offenbaren Erfolg der Proteste vom #Euromaidan.
Als mobiler Reporter war ich über die Ereignisse in Kiew informiert und konnte
die Sicht meiner Protagonisten von der Basis zum Gesamtbild beisteuern. In dieser
Nacht gewann ich einige neue Follower, auch wenn ich aufgrund des schlechten
Mobilfunknetzes in der Ukraine immer wieder längere Twitterpausen einlegen
musste. @tagesthemen und @Weltspiegel konnten einige meiner Tweets weiter-
reichen und damit signalisieren, dass einer ihrer Reporter im Land unterwegs ist.

Als weiterer Ausspielweg für klassische Newsprodukte eignen sich Twitter,
Facebook & Co. hervorragend: @NDRReporter tweetet in der Regel den Link
zum Tagesthemenbericht, den ein Reporter des NDR beigesteuert hat. Zudem gehen viele Kollegen dazu über, vermehrt auch kurze Videos zu twittern, die sie
eigens für soziale Netzwerke produzieren. Als beispielsweise SPD und Grüne in
Hamburg im April 2015 ihren Koalitionsvertrag vorstellten, fragten sich viele Zuschauer, ob die Grünen genügend ihrer Wahlversprechen durchsetzen konnten. In
einem kurzen, komplett per iPhone produzierten Video habe ich meine Kollegen
befragt, wen sie als Gewinner und Verlierer sehen. Das einminütige Video habe
ich auf „Vimeo" gespeichert (damals erlaubte Twitter nur maximal 30-sekündige
Videos) und vertwittert *(Abb. 02-09)*. Bewegtbild ist beliebt – das Video wurde
hunderte Mal abgerufen.

Björn Staschen   ·☎ Folgen
@BjoemSta

Koalitionsvertrag @spdhh
@GRUENE_Hamburg Wer gewinnt, wer
verliert? NDR-Journalisten wie @J_Kreller
bewerten #rghh vimeo.com/124401187

RETWEETS   FAVORITEN
10   3

04:59 - 8. Apr. 2015

Abbildung 02-09   Tweet von Björn Staschen

2.5   Senden: Kuratieren der Nachrichten anderer

Kein Reporter kann zu jeder Zeit an jedem Ort sein, beispielsweise bei Recherchen
im Umfeld einer Demonstration. Insofern kann er auf Twitter nur einen Ausschnitt
des Erlebten präsentieren. Wer die eigenen Nachrichten dann durch Retweets um
die Beobachtungen anderer Teilnehmer ergänzt, der liefert seinen Followern ein
vollständigeres, wenn auch wohl selten vollständiges Bild und gewinnt dadurch
wiederum Glaubwürdigkeit und ggf. weitere Follower. Es lohnt sich jedoch, darüber nachzudenken, wie glaubwürdig eine Quelle erscheint (siehe Quellenkontrolle
weiter unten). Und viele Twitter-Nutzer haben ihrem Profil den Hinweis hinzugefügt, dass „RT" nicht gleich „Endorsement" sei – also: Eine Meinung oder Be-
wertung, die weitergetweetet wird, wird nicht auch gleichzeitig inhaltlich geteilt.
Denn Retweets können einen Absender, schlimmstenfalls eine Medienmarke,
auch gefährden.

NDR Reporter @NDRreporter · 21. Dez. 2013
RT @BjoernSta: Wohlwillstasse Richtung Reeperbahn: Böller, Pflastersteine.
Angespannt. @NDRreporter #hh2112

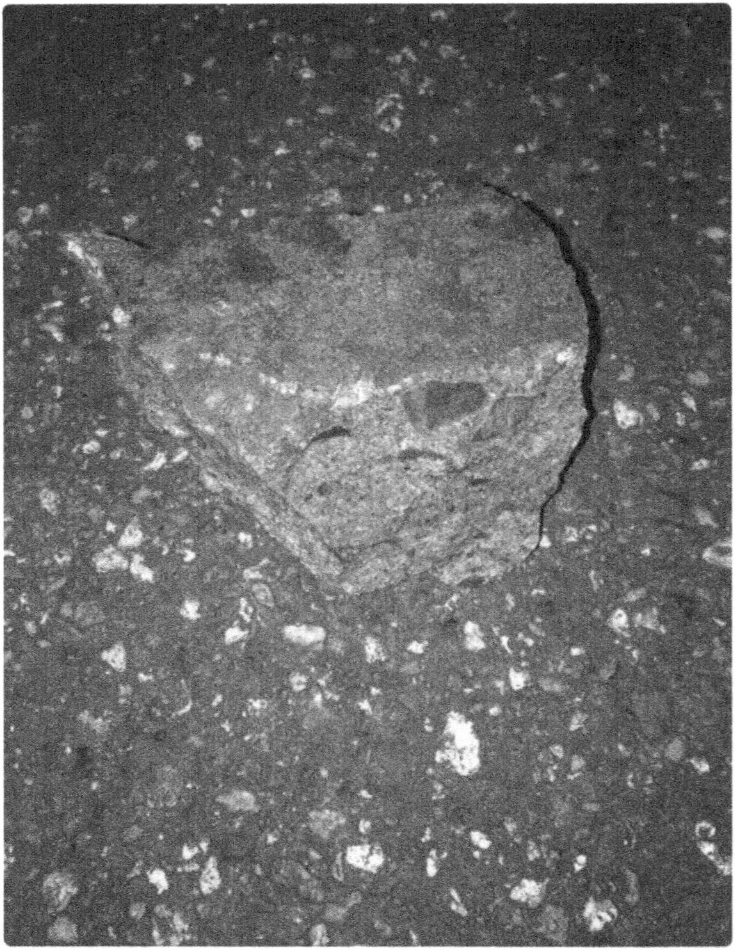

09:26 - 21. Dez. 2013 · Details

Abbildung 02-10   Retweet von „NDR Reporter"

Viele Medienunternehmen pflegen sogenannte „Dachaccounts". Im Newsroom beim NDR-Fernsehen wurde beispielsweise der Account @NDRReporter
eingerichtet, von dem hier schon häufiger die Rede war. Neben eigenen Tweets
verbreitet @NDRReporter auch die Nachrichten der Kollegen vor Ort, wie beispielsweise bei den Demonstrationen im Hamburger Schanzenviertel *(Abb. 02-10)*.
Authentizität, der Reporter vor Ort, stärkt die Dachmarke. Für mich als Reporter
hat der kuratierte Dachaccount den Vorteil, dass ich mitten im Geschehen nicht
bei jeder Twitter-Botschaft entscheiden muss, ob sie für alle Follower – in diesem
Fall beispielsweise auch außerhalb Hamburgs – interessant ist. Der Kollege im
Newsroom entscheidet, welche Tweets er durchreicht. Wer mehr will als diesen
Ausschnitt der Twitter-Botschaften, der weiß, bei wem er nachschaut: nämlich bei
dem Reporter, den der Dachaccount regelmäßig wieder retweetet.

2.6   Senden: Community-Building

Wer einmal sendet, weckt Erwartungen: Wer einen Twitter-Account nutzt, der sollte dazu bereit sein, dies auch langfristig zu tun. Als @NDRReporter im Herbst
2013 damit begann, mehr und mehr aus dem Hamburger Newsroom zu twittern,
braute sich im Hamburger Schanzenviertel gerade eine explosive Mischung zusammen. Die Hausbesetzer der Roten Flora hatten europaweit zu einer Demonstration
mobilisiert, die tausende gewaltbereite Teilnehmer anzog – auch, weil Hamburg
parallel über den Abriss der ikonografischen „Esso-Häuser" auf der Reeperbahn
und den Umgang mit einer Flüchtlingsgruppe stritt, die aus Afrika über Lampedu-
sa nach Hamburg gekommen war. Die Demonstration am 21. Dezember eskalierte,
mit hunderten Verletzten Polizisten und Demonstranten. In der Folge richtete die
Hamburger Polizei ein „Gefahrengebiet" ein, in dem Menschen anlassunabhängig
kontrolliert werden konnten.

Medien werden als Akteure „angefordert": Bei der Berichterstattung über dieses Gefahrengebiet ist uns das regelmäßig wiederfahren *(Abb. 02-11)*: „Seid Ihr
auch vor Ort und macht Euch ein eigenes Bild?" Eine neue Qualität in der Be-
ziehung zwischen Publikum und Medium – ein Gespräch darüber, ob Berichterstattung sinnvoll ist.

Abbildung 02-11   Konversation mit „@forza"

Auch in dieser Hinsicht hilft Twitter, die eigene Medienmarke zu stärken –
Gespräche auf Metaebene: nicht über die Inhalte an sich, sondern darüber, wie
Berichterstattung zu Stande kommt. Letzteres findet in unseren Programmen nur
selten statt, nimmt in den sozialen Netzwerken jedoch einen großen Raum ein.
Dieser „Blick hinter die Kulissen", die Erklärung, wie Berichte auf unseren klassischen Kanälen zu Stande kommen, findet großes Interesse – wie hier beim „mobile
reporting" aus der Stadt für unsere Regionalnachrichten *(Abb. 02-12)*.

Abbildung 02-12   Tweet von „NDR Reporter"

Wozu taugen Facebook, Twitter und andere soziale Medien?
Empfangen: - Persönlicher Nachrichtenticker
                  - Aktueller Seismograph
                  - Crowdsourcing
Senden: - Distribution der eigenen Nachrichten
                  - Kuratieren der Nachrichten anderer
                  - Community Building

2.7 Quellencheck

Die strategische Bedeutung von Twitter für internationale Politik hat eine Kehrseite, wie die Autoren von „Blogs and Bullets: New Media in Contentious Politics" belegen: Aus „Information" wird oft „Influence"[2]. Nicht zuletzt die ISIS-Terroristen haben Twitter, Facebook und Youtube für Propaganda-Zwecke eingesetzt. Und während einer Demonstration nutzen Demonstrierende wie Anwohner, Polizei wie Feuerwehr Twitter durchaus interessengeleitet. Zuletzt beschränkte sich die Frankfurter Polizei bei den gewalttätigen Ausschreitungen im Bankenviertel zur Eröffnung der neuen Zentrale der Europäischen Zentralbank im Februar 2015 nicht darauf, Informationen zu verbreiten: Sie rief friedliche Demonstranten auf, sich bewusst von den Gewalttätern fernzuhalten – und stellte diese in fragwürdiges Licht *(Abb. 02-13)*. Einige Tweets verletzten aus Sicht von Kritikern die Neutralitätspflicht der Polizei.[3]

---

2   http://www.usip.org/sites/default/files/pw65.pdf
3   http://www.metronaut.de/2015/03/twittern-zur-aufstandsbekaempfung/

 **Polizei Frankfurt** ✓   +🙎 **Folgen**
@Polizei_Ffm

Mit farbenfrohem Protest in #Frankfurt hat DAS nichts mehr zu tun / #EZB #Blockupy #18M #18nulldrei

RETWEETS   FAVORITEN
176   88   🖼🖼🙎🖼🖼🖼🖼🖼🖼

23:09 - 17. März 2015

Abbildung 02-13 Tweet der Polizei Frankfurt

Die Polizei Oberbayern Süd wurde für Ihre eher anbiedernden, fast anfeuernden Tweets anlässlich der Proteste gegen den G7-Gipfel im bayerischen Elmau kritisiert *(Abb. 02-14)*. Nach dem Amoklauf im Olympia-Einkaufszentrum in München im Sommer 2016 nutzte die Münchner Polizeidirektion ihren Twitter-Account dagegen äußerst professionell: Sie informierte die Bürger, bat um Mithilfe, warnte

davor, Fotos von Polizeieinsätzen zu veröffentlichen – und all dies gleich mehr-
sprachig. Ein Reporter, der über den Amoklauf berichtete, war auf Twitter dadurch
besonders schnell informiert.

Abbildung 02-14   Tweet der Polizei Oberbayern-Süd

Eine weitere Kehrseite: Auch, dass Jedermann auf Twitter zum Sender wird,
macht die journalistische Arbeit nicht leichter: Die Absender taugen per se nicht
als journalistische Quelle, weil sie oft unbekannt sind, parteiisch sein könnten oder
schlimmstenfalls bloße „Fakes", Unwahrheiten verbreiten. Nachdem der German-
wings-Airbus im März 2015 in den französischen Alpen zerschellt war, gab es binnen Stunden zahlreiche Falschmeldungen, fabrizierte Lügen – angebliche Fotos
und Videos vom Absturz und vom unzugänglichen Trümmerfeld *(Abb. 02-15)*

Storyful @Storyful · 24. März
This photo being shared as **A320** crash site actually shows an incident in Turkey in 2007 #dailydebunk
Übersetzung anzeigen

RETWEETS   FAVORITEN
140   48

05:24 - 24. März 2015 · Details

Abbildung 02-15   Tweet von Storyful

Wie lassen sich Twitter-Botschaften verifizieren? Die Kollegen am Social Media Desk von ARD Aktuell in Hamburg (hier werden Tagesschau, Tagesthemen, Nachtmagazin, Tagesschau24, der Wochenspiegel sowie tagesschau.de produziert) haben mittlerweile einen festen Fahrplan, dem sie bei unklarer Quellenlage folgen. Für Michael Wegener, den Leiter des Social Media Desks, gleicht das Vorgehen einem „Indizienprozess".

Die Redaktion beginnt mit der sogenannten „redaktionellen Verifikation". Sie folgt den klassischen W-Fragen: Was beinhaltet der Tweet, was ist auf etwaigen Bildern oder Videos zu sehen? Wo und wann ist der Tweet entstanden? Hier helfen oft auch die Ortungsdaten (Geotagging) von Twitter und Facebook. Wenn Tweets oder Facebook-Einträge beispielsweise Bilder aus Syrien enthalten, dann gibt es von diesen Orten oft Vergleichsbilder. ARD Aktuell zieht sie heran, um festzustellen, ob es sich wirklich um den Ort handelt, der dort gezeigt sein soll. Zudem kommt ein Tweet selten allein: Wird dieselbe Information auch von anderen Quellen getwittert, stammen ähnliche Aufnahmen von anderen Accounts? Oder gibt es etwa nur einen Tweet, ein Bild, das oft geteilt wird?

Zudem muss die Quelle überprüft werden: Ist sie bekannt, persönlich, oder weil beispielsweise der Twitter-Account über das blaue Häkchen verifiziert wurde (ein etwas undurchschaubarer Prozess, bei dem Twitter aktiv ausgewählte Nutzer auffordert, zu belegen, dass sie der sind, für den sie sich ausgeben)? Wurde mit der Quelle bereits zusammengearbeitet? Wie vertrauenswürdig ist die Quelle, hat sie viele oder wenige Follower, was sagen andere zu dieser Quelle?

Dann versucht die Redaktion, den Absender direkt zu kontaktieren: Zum einen, um ein paar Fragen zur Verifikation direkt stellen zu können, aber auch, um das Recht zu erhalten, ein Bild oder Video beispielsweise auch senden zu dürfen. Liegt eine solche Genehmigung nicht vor, erlaubt das Rechtsinstitut der „aktuellen Berichterstattung" allerdings oft dennoch den Abdruck, kurz zusammengefasst:: Ist eine Information relevant und kommt ohne den Tweet nicht aus, darf er auch gezeigt werden.

Ein weiterer wichtiger Schritt ist die Verifikation mit Hilfe von Experten – das sind für die Kolleginnen und Kollegen bei ARD Aktuell manchmal ARD-Korrespondenten in den In- und Auslandsstudios oder beispielsweise Wissenschaftler sowie offizielle Quellen wie die Polizei, Feuerwehr etc., die sich mit einem Thema oder vor Ort auskennen und helfen können, zu entscheiden, ob Bilder „echt" und Informationen zutreffend sind. Stimmen Details, das Datum, der Ort, der Kontext?

Ganze Bücher sind über die Verifikation von Inhalten aus Sozialen Medien verfasst worden. Weil es in diesem Buch um mobilen Journalismus und die Nutzung von sozialen Medien als „Nachrichtenagenturen vor Ort" geht, soll auf das Thema nicht noch detaillierter eingegangen werden. Wichtig ist jedoch, sich auch vor Ort nicht zum Transporteur von Falschinformationen zu machen. Twitter, Facebook und Co. können vor allem Anlass zu weiterer Recherche vor Ort sein. Sehr selten jedoch taugen sie dazu, um in einem Bericht direkt zitiert zu werden.

Die wichtigsten Schritte bei der Verifikation

1. Inhaltliche Verifikation mit Hilfe journalistischer W-Fragen, Geo-Tags oder Vergleiche mit anderen Quellen
2. Überprüfung der Quelle
3. Kontakt zum Absender
4. Kontakt zu Experten

Weiterführende Literatur

Stefan Primbs, Social Media für Journalisten: Redaktionell arbeiten mit Facebook, Twitter & Co. (Wiesbaden: Springer VS, 1. Aufl. 2015)

Weiterführende Links

Sean Aday, Henry Farrell, Marc Lynch, John Sides, John Kelly and Ethan Zuckerman, Blogs and Bullet. New Media in Contentious Politics. http://www.usip.org/sites/default/files/pw65.pdf

John F. Nebel, Twittern zur Aufstandsbekämpfung. http://www.metronaut.de/2015/03/twittern-zur-aufstandsbekaempfung/

Craig Silverman, Verification Handbook. An Ultimate Guideline On Digital Age Sourcing For Emergency Coverage." http://verificationhandbook.com/downloads/verification.handbook.pdf

Reporter-Set für die Handtasche

Ausstattung für „Mobile Journalism"

Zusammenfassung

Die richtigen Telefone, das richtige Zubehör: Stative, Aufsatzlinsen, Mikrofone, externe Batterien, Licht etc. Wie sich das Smartphone zum Ü-Wagen ausbauen lässt (für wenig Geld)

Zentral für mobilen Journalismus ist die Auswahl der richtigen Ausrüstung. Sie definiert den „mobilen Journalisten": Er oder sie produziert Journalismus mit dem „Jedermann-Smartphone" – und eben nicht mit dem Profi-Mikrofon, der Profi-Kamera oder dem Super-Notebook. Das Smartphone symbolisiert nicht nur den Wandel, den Journalisten derzeit durchmachen – es steht auch für den Wandel *im* Journalismus allgemein. Denn Nachrichteninhalte werden mehr und mehr nicht nur mobil produziert, sondern auch konsumiert. Den Nutzungsgewohnheiten mobiler Nachrichtenpublika wird freilich niemand automatisch dadurch gerecht, dass er auch mobil produziert. Er kommt den Erwartungen und Erfordernissen mobiler Nutzung jedoch hier und da auf die Spur, vielleicht auch näher, wenn er mit dem Gerät produziert, mit dem das Publikum auch konsumiert. Ein Beispiel: Videos im Hochkantformat sind für professionelle Kamerateams oft noch außer Reich- und Denkweite, während der Smartphone-Journalist bei jedem Dreh die Wahl hat, wie er sein Telefon – seine Kamera – hält.

Kaum etwas entwickelt sich schneller als der Markt für Smartphones – und damit verbunden für deren Zubehör. Vor vier oder fünf Jahren war kaum daran zu denken, Nachrichtenfilme per Smartphone zu produzieren, vor sieben oder acht Jahren hätten die Telefone auch den Erfordernissen einer qualitativ hochwertigen Audioaufnahme nicht standgehalten. Insofern sind die folgenden Absätze keine absoluten Weisheiten, sondern lediglich Hinweise, worauf Journalisten beim Kauf von Smartphone und Zubehör achten sollten. Zudem unterscheiden sich Arbeitsweisen von Journalist zu Journalist. Insofern wird sich auch die Ausstattung unterscheiden. Der eine wird bestimmte Telefone vorziehen, der andere schwört auf ein besonderes Mikrofon oder Lichtzubehör.

„Weniger ist mehr", meinen viele #Mojos. Denn was nutzt „mobile journalism", wenn Reporter am Drehort doch mit Taschen, Rucksäcken, Kisten und Gedöns auflaufen? Beim „mobile reporting" geht es auch um Vereinfachung, darum, schnell, flexibel und eben mobil zu bleiben – manchmal auch als „One-Man-Show" oder „One-Woman-Show". Es lohnt sich, das im Hinterkopf zu behalten, wenn man darüber nachdenkt, welches Zubehör man sich anschaffen möchte. Sicher sind ein externes Mikrofon, vielleicht ein leichtes Stativ und Lichtzubehör sinnvoll – ebenso sinnvoll ist es aber auch, Smartphone-Journalismus „pur" auszuprobieren, um herauszufinden, wie sich ohne jedes Zubehör gute Ergebnisse erzielen lassen. Denn dies ist ja eine Chance von „mobile journalism": Ein kleines Gerät, das jeder praktisch immer dabei hat, kann Ton aufnehmen, Fotos machen, Video filmen, schneiden und das Material auch übertragen. Und viele werden vielleicht einmal in die Situation geraten, dass sie plötzlich, in ihrer Freizeit, mitten in einer sich entwickelnden „Breaking News"-Situation konfrontiert werden.

3.1   Netzwerke und Verbindungen

Wichtig für mobile Journalisten ist der Mobilfunkvertrag: Wer mit dem Smartphone insbesondere Videos produzieren und hochladen möchte, sollte unbedingt prüfen, welches Datenvolumen er bei seinem Mobilfunkanbieter gebucht hat. Gegebenenfalls sollte der Vertrag gewechselt werden, damit nicht plötzlich bei „Breaking News" die Übertragungsgeschwindigkeit gedrosselt wird oder horrende Kosten entstehen. Im Ausland empfiehlt sich die Nutzung von lokalen SIM-Karten, möglicherweise über einen mobilen Hotspot (siehe 3.9.).

Eine andere Möglichkeit sind multinationale SIM-Karten, die Zugang in vielen Ländern erlauben, beispielsweise von Truephone oder Skyroam. Zugang zu vielen WLAN-Netzwerken bietet beispielsweise das kostenpflichtige iPass-Netzwerk: Gerade in Krisen- oder Katastrophenfällen sind Mobilfunknetze manchmal überlastet, manchmal vorübergehend ausgeschaltet. In diesem Fall ist der iPass der schnelle, verlässliche Zugang zu vielen W-Lan-Netzwerken weltweit, beispielsweise auf Flughäfen oder in Hotels, möglich. Zudem hat Google 2015 angekündigt, grenzübergreifend einsetzbare SIM-Karten auf den Markt zu bringen.

Auch Datenverkehr über Satellit könnte eine Lösung sein: Kleine Satellitenanlagen, beispielsweise von Cobham (Explorer 510) oder Hughes (9202) erlauben es, von überall Daten zu senden – unabhängig von WLAN- und Mobilfunknetzen. Die Datenraten sind allerdings oft niedrig, die Kosten hoch. Der Versatz zwischen Sender und Empfänger kann bis zu vier Sekunden oder mehr betragen, was Livegespräche, insbesondere im Hörfunk, schwierig macht. Zudem ist die Hardware nicht gerade billig: Kleine Sende- und Empfangsschüssel kosten 2000 Euro und mehr.

3.2 Die Qual der Wahl – welches Telefon?

Zentrale Auswahlkritieren für das #Mojo-Phone werden durch dessen Verwendung bestimmt: Wichtig ist eine gute Kamera, damit Foto- und Videoaufnahmen gelingen. Zudem sollte ein Telefon ausreichend Speicherplatz bieten, im Idealfall erweiterbar durch Speicherkarten, weil Video- und Tonaufnahmen viel Speicher belegen. Wichtig ist auch eine gute Batterieleistung, im Idealfall eine austauschbare Batterie (heutzutage nur selten zu finden), damit das Telefon intensiver Nutzung bei „Breaking News" Stand hält. Ein Display sollte auch in schwierigen Lichtsituationen Arbeitsergebnisse akzeptabel darstellen. Hilfreich ist es zudem, wenn sich schnell und einfach externe Quellen nutzen lassen, um beispielsweise Musik oder Augenzeugenvideos in Berichte einzubauen. Wichtig ist ferner, dass ein Telefon möglichst robust ist, damit es dem Journalistenalltag Stand hält.

Android oder iPhone? Diese Grundfrage teilt die Schar der mobilen Journalisten in zwei Lager. Die einen schwören auf die Apple-Smartphones und ihr iOs – mit klaren Vorteilen: Für ein *einzelnes Telefon*, das sich weltweit verbreitet, lassen sich Apps regelrecht maßschneidern. Und weil es im mobilen Journalismus, insbesondere bei der Videoproduktion, darauf ankommt, die Möglichkeiten eines Telefons bis ins Letzte auszureizen, *war* das iPhone klar im Vorteil. Viele Apps, die heute zentral für mobilen Journalismus sind, erschienen zuerst auf dem iPhone und wurden dort weiterentwickelt. Einige sind bis heute nur für iPhones erhältlich, bei anderen haben die Entwickler Android-Applikationen nachgeschoben. Denn ein großer wirtschaftlicher Vorteil des Android-Marktes lockt viele Entwickler: Deutlich mehr Menschen weltweit nutzen Android-Telefone als iPhones. Das Potential, mit einer für Kleinstbeträge zu erstehenden App viel Geld zu verdienen, bietet sich eher auf dem Android-Markt als beim iPhone.

Das iPhone steht für verlässliche Apps und gute Hardware: Die 5er-Reihe bietet immerhin eine 8-Megapixel-Kamera (MP), das iPhone 6S und 6S Plus sowie das neue iPhone 7 12 MP. Zudem können die rückwärtigen Kameras der 6S- und 7-Iphones Video in 4K-Auflösung drehen, das iPhone 6 und 5S immerhin „Full HD" (mit einer Auflösung von 1920 x 1080). Außerdem bieten die 6S- und 7-iPhones die Möglichkeit, Zeitlupen in „Full HD" mit bis zu 120 Bildern pro Sekunde aufzunehmen, was grandiose „Slo-Mos" (Slow-Motion-Aufnahmen) ermöglicht. Die Frontkameras liefern ab dem iPhone 6 immerhin 5 MP und „kleines HD" (1280 x 720), mit dem iPhone 7 sogar „Full HD", was für Live-Schalten eines Solo-Journalisten, der sein Bild selbst einrichtet, von Bedeutung ist. Mit Blick auf die starke Positionierung des iPhones für Foto und Video ist es auf der anderen Seite überraschend, dass alle iPhones bisher nur Bildraten von 30 oder 60 fps (Frames per Second) aufnehmen – der europäischen TV-Standard PAL dagegen überträgt Bilder mit 25 fps. Werden Videos nicht mit den in Kapitel 5 empfohlenen Kamera-Apps mit 25 fps aufgenommen, werden sie beim Wandeln für die TV-Nutzung oft matschig. (Manche fragen allerdings, wie lange 25 fps noch von Bedeutung sein werden, wenn der Internetstandard 30 fps sind. Möglicherweise setzt auch Apple darauf, dass das lästige PAL-Fernsehen ohnehin bald verschwindet.) Sehr interessant sind die zwei Linsen des iPhone 7: Zum ersten Mal bietet ein iPhone neben der weitwinkligen Linse eine leicht (zweifach) vergrößernde Telephotolinse, mit der eindrucksvolle Aufnahmen mit deutlich mehr Tiefenschärfe und engeren Schärfenbereichen machbar sind. Problematisch ist dagegen beim iPhone 7 der Verzicht auf einen eigenen Kopfhörer-/Mikrofonanschluss: Dies macht die Weiterverwendung von Zubehör, insbesondere Mikrofonen, problematisch: Der Betrieb ist nur mit einem Adapter möglich, der den iOs-Lightning-Eingang in Audio und Lightning splittet.

Eine Alternative zum iPhone ist der iPod Touch 6G: deutlich günstiger als das Smartphone, aber mit ähnlich guten Kamera-Eigenschaften ausgestattet (Full HD für die rückwärtige, „kleines HD" für die Frontkamera). Der Musik-/Videoplayer von Apple bietet zudem bis zu 128 GB Speicherplatz und ist damit ein gutes #Mojo-Werkzeug, wenn der Reporter ihn über einen mobilen Hotspot (entweder über einen Mifi-Router oder das Smartphone, siehe 3.9.) mit dem Internet verbindet.

Android vs. Iphone   Wichtige Eigenschaften im Überblick

Anforderung	iOs	Android
gute Fotokamera	bis zu 12 MP mit 1.22μ Pixelgröße	bis zu 12 MP mit 1.4 μ Pixelgröße (Galaxy S7) oder 23 MP (Sony Xperia Z5)
gute Videokamera	4K mit 30 / 60 fps	4K mit div. Bildraten
ausreichend Speicherplatz	max. 256 GB, keine Speicherkarten	div. Größen, oft SD-Speicherkarten
ausreichend Batterieleistung	ca. 1960 mAh	3000 mAh und mehr
gutes Display	Full HD	4K
offen für externe Medien	begrenzt, manchmal kompliziert	Ja
Robust	Ja	Ja

Android-Telefone sind oft deutlich günstiger als iPhones. In Indien, in vielen asiatischen Ländern oder Afrika spielt das iPhone auch daher kaum eine Rolle. Mobile Journalisten versuchen ihr Glück dort mit Android-Telefonen, oftmals mit günstigen sogenannten „China-Phones" von Herstellern wie Oppo, Elephone oder THL, deren Spezifikationen zum Teil stark von dem abweichen, was größere Android-Marken bieten. Das hat Folgen: Für die große Zahl *unterschiedlicher Android-Modelle* lassen sich Apps nur schwer so verlässlich entwickeln, dass sie auf allen Telefonen gleichermaßen funktionieren. Weil manche Apps beispielsweise die Kamerasteuerung der Telefone bis in tiefste Hardware-Spezifikationen nutzen, sind mobile Reporter manchmal frustriert, weil bestimmte Dinge auf bestimmten Telefonen nicht oder nur eingeschränkt funktionieren.

Das **Android-Telefon gibt es nicht.** Der Markt ist extrem fragmentiert, insbesondere abseits der wenigen großen Player wie Samsung, Sony, Motorola (mit der Moto-Reihe), LG sowie den (von verschiedenen Herstellern nach strengen Hardware-Vorgaben produzierten) Google-Vorzeigetelefonen aus der Nexus-Reihe. Für mobile Journalisten gibt es einige interessante Exoten, wie beispielsweise das LG V10 (und den gerade angekündigten Nachfolger LG V20), das bei Videoaufnahmen manuelle Kamerasteuerung erlaubt. Ältere Modelle wie das Samsung Galaxy K Zoom, das S4 Zoom oder das Asus ZenFone 2 Zoom bieten zudem optische Zooms – echte Außenseiter, bei denen aus heutiger Sicht mit dem Blick auf neuere Smartphones die Abstriche zu groß wären, die den Kauf noch rechtfertigen würden. Gerade bringt Asus ein neues ZenFone Zoom auf den Markt. Auch das 2016 vorgestellte LG G5 markiert möglicherweise eine für Journalisten willkommene Trendwende: Seit langem bietet ein „Flagship"-Telefon wieder austauschbare Batterien. Wie auch Samsung investiert LG in eine Produktlinie rund um das Vorzeige-Telefon, die einen aufsteckbaren Kameraadapter mit mehr manuellen Funktionen sowie zusätzlich 360-Grad-Kamera und 360-Grad-/Virtual-Reality-Brille enthält.

Die Android-Kaufentscheidung ist damit etwas komplizierter: Wer sich für die „großen Marken" entscheidet, wird keine größeren Probleme bei der Nutzung von Videoapps wie FilmicPro (siehe Kapitel 5) haben. Einen Überblick darüber, welche Smartphones gute Kameras bieten, liefert beispielsweise die Überblicksseite „DxO Mark", die die neben Smartphones auch DSLR- und bei andere Kameras die Bildqualität bis ins Detail misst. Wer dagegen Geld spart und ein leistungsfähiges, aber günstiges Telefon kauft, beispielsweise von chinesischen oder indischen Herstellern, sollte auf eine zumindest der Papierlage nach gute Kamera und Batterieleistung achten. Oft zeigt sich erst im Alltag, welche Funktionen verlässlich nutzbar sind.

Die dritte Option sind Windows-Telefone: Die Lumia-Reihe fristet ein Schattendasein mit geringer Marktdurchdringung. Dies hat Folgen: Derzeit ist keine erwähnenswerte Livestreaming-App erhältlich. Auch viele andere Programme, insbesondere für „Digital Storytelling" und Multimedia-Anwendungen, sucht der Besitzer vergeblich. Aus #Mojo-Sicht ist es extrem bedauerlich, dass Windows nicht mehr Energie in die Lumia-Reihe steckt. Denn die Telefone, insbesondere die derzeit erhältlichen Lumia-950-Modelle, bieten eine sehr gute Kamera mit weitgehenden Möglichkeiten zur manuellen Kontrolle. Windows erlaubt beispielsweise – anders als Apple – die Voreinstellung der Bildrate auf 25 fps, und bietet eine Vielzahl von Bildformaten und Auflösungsoptionen.

Weitere Optionen sind Tablets oder Actionkameras wie die GoPro sowie Kombinationen aus DSLR-Kamera und Smartphone. Tablets sind beim Bildschnitt komfortabler zu bedienen, beim Dreh aus meiner Sicht aber unhandlich. Für das iPad gibt es mit dem Padcaster (siehe 3.4.) spezielles #Mojo-Zubehör. Auch eine Actionkamera kann eine gute Ergänzung sein, beispielsweise erlaubt die Livestreaming-App Periscope auch Übertragungen von der mit dem Smartphone verbundenen GoPro. Wer DSLR-Videographie schätzt, wird gern mit der Übertragung von gefilmten Sequenzen auf das Telefon experimentieren, um dort zu schneiden und fertige Filme hochzuladen. Der Drohnenhersteller DJI hat mit der „Osmo" eine Kamera auf den Markt gebracht, die nicht nur 4K dreht und den Stream direkt auf einem Smartphone-Bildschirm zeigt. Die DJI Osmo kommt mit einem Griff, der die Kamera auf drei Achsen stabilisiert – also Kamera und Gimbal (siehe 3.5.) in einem.

3.3 Externe Mikrofone

Wer sich nur *ein* Zubehör-Teil für mobilen Journalismus kaufen möchte, sollte sich aus meiner Sicht ein externes Mikrofon kaufen. Denn die Audioqualität der eingebauten Mikrofone ist für atmosphärische Töne („Atmo") zwar oftmals ausreichend: Wer Straßenlärm, Handwerk oder Konferenzgemurmel aufnimmt, erzielt schon mit dem Smartphone-Mikrofon allein sendefähige, akzeptable Ergebnisse. Die größten Schwierigkeiten macht den internen Mikrofonen allerdings der Wind. Dagegen hilft ein „Windschutz", der sich wie über das Mikrofon auch über ein Smartphone ziehen lässt (oben oder unten, auf der richtigen Seite – dort, wo das angesteuerte Mikrofon eingebaut ist). Mancher Windschutz für größere Mikrofone passt – es gibt auf dem Markt aber auch bereits „Windshields", die auf Smartphones zugeschnitten sind, beispielsweise von Gutmann (ca. 30 Euro), Cubemic (ca. 20 Euro) oder die Windblocker-Schlüsselanhänger (ca. 12 Euro).

Problematisch wird es jedoch für eingebaute Mikrofone oft beim Interviewton: Wenn ein Protagonist mit eingebautem Smartphone-Mikro nicht in einem perfekten Umfeld interviewt wird – ohne Umgebungsgeräusch, ohne Hall – dann werden die Ergebnisse enttäuschen, weil die Interviewpassagen von Atmo überdeckt werden. Für die Hörfunknutzung werden die Töne kaum brauchbar sein. Und auch den Gesamteindruck eines Videofilms verschlechtert die mangelhafte Audioqualität massiv: „Der Ton macht die Musik" ist nicht nur eine Floskel. Hier helfen externe Mikrofone.

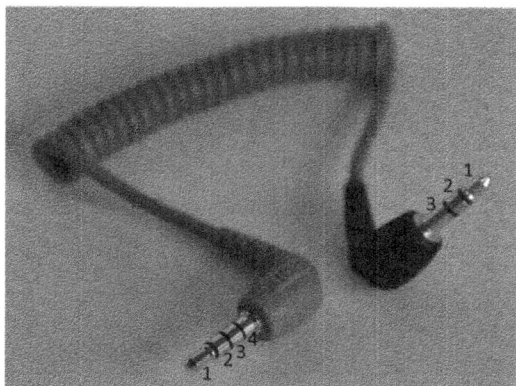

Abbildung 03-01 Der richtige Stecker: Im Smartphone funktioniert der graue „TRRS"-Stecker links. Andernfalls hilft ein Adapterkabel wie dieses. Bild: Björn Staschen

Ein technisches Detail vorweg: Wer Audio-Ausrüstung beispielsweise von seinem Camcorder nutzen möchte, könnte auf Probleme stoßen: iPhone, Android
und Lumia verfügen zwar über einen 3,5-mm-Klinkeneingang, der wie der „normale" Klinkeneingang aussieht, den auch der Camcorder bietet. Beim Anschluss
von Mikrofonen gibt es jedoch etwas zu beachten: Anders als der Camcorder ist
der Smartphone-Eingang in vier „Streifen" unterteilt *(Abb. 03-01)* (links in grau*)*,
während der „normale" Stecker nur drei „Streifen" besitzt (rechts in schwarz). Der
vierstreifige Stecker wird als „TRRS-Stecker" bezeichnet. Mikrofone sollten also
einen TRRS-Stecker mitbringen, damit sie am Smartphone funktionieren. Haben
sie dagegen „nur" einen dreistreifigen TRS- oder gar keinen 3,5mm-Klinkenste-
cker, ist ein Adapter erforderlich, um das Mikrofon nutzen zu können. Und Achtung – auch dieser Adapter muss einen TRRS-Ausgang bieten. Viele Mikrofone,
die für Smartphones angeboten werden, bieten heute (selbstverständlich) einen
TRRS-Stecker.

TRRS hat einen Vorteil: Über denselben Anschluss kann Ton *ins* Smartphone
und gleichzeitig *aus* dem Smartphone gelangen. Dies eröffnet die Möglichkeit,
Ton bei Aufnahmen auch abzuhören (sofern die benutzten Apps dies unterstützen).
Die einfachste Möglichkeit dazu ist ein Adapterkabel – ein sogenannte Y-Kabel,
das den vierstreifigen TRRS-Stecker auf zwei 3,5mm-Buchsen für Mikrofon und
Kopfhörer verteilt. Im Online-Handel laufen diese Adapter oft als „Combo"-Ste-
cker, zum Teil für „Gaming"-Headsets.

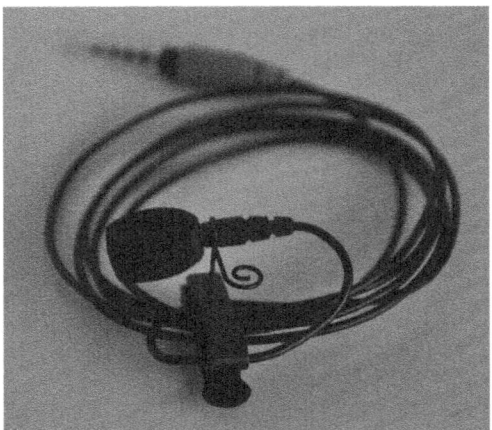

Abbildung 03-02 Das Røde Smartlav-Mikrofon: Anstecker mit TRRS-Stecker, Bild:
Björn Staschen

Am häufigsten nutze ich ein Lavalier-Mikrofon: Denn während mein Smartphone notfalls die Atmo mit den eingebauten Mikrofonen einfängt, verbessert
das Lavalier-Mikrofon den Interviewton nachhaltig. Ein Lavaliermikrofon wird
in etwa 20 cm Abstand vom Mund an die Kleidung angesteckt. Es fängt tiefe
Frequenzen auch dadurch ein, dass es am Körper anliegt. Wichtig ist die Ausrichtung: Das kleine Mikrofon sollte in Mundrichtung zeigen. Kleine Änderungen
können sich hörbar auf den Ton auswirken. Lavaliermikrofone sind empfindlich:
Wenn Kleidung sich bewegt, nehmen sie auch das Rascheln der Stoffe auf. Beim
Anstecken ist also ein wenig Sorgfalt erforderlich. Ein gutes Smartphone-Lava-
liermikrofon wie das „Røde Smartlav+" *(Abb. 03-02)* kostet rund 60 Euro. Weil
mir das Mikrofonkabel zu kurz ist, um gleichzeitig ein gutes Bild einzufangen,
nutze ich das Mikrofon fast ausschließlich mit einer TRRS-Verlängerung (ca. 5
Euro). Der deutsche Hersteller Sennheiser hat eine hochwertigere Reihe von La-
valiermikrofonen für iPhones entwickelt: Das „ClipMic Digital" und das „MKE2
Digital" speisen über ein kleines Adapterteil, das der iPhone-Tonspezialist Apogee
für Sennheiser entwickelt hat, digitalen Ton ins iPhone. Der asiatische Herstelle
BOYA bietet Lavalier-Mikrofone für das Smartphone mit immer noch guter Qualität zu sehr niedrigen Preisen (ab 20 Euro).

Aber auch herkömmliche Mikrofone lassen sich per Adapter nutzen: Wer
eine VJ-Ausrüstung besitzt oder bei seinem Auftrag- oder Arbeitgeber Zugriff auf
technische Geräte hat, kann vorhandene Mikrofone an das Smartphone anschließen. Die Firma IKMultimedia hat eine Reihe von Mikrofonen und Zubehörteilen
für Audioaufnahmen per Smartphone entwickelt. Besonders praktisch ist dabei
aus meiner Sicht das iRig PRE für knapp 40 Euro, ein kleiner Adapter, der sich per
TRRS-Stecker mit dem Smartphone verbinden lässt *(Abb. 03-03)*. Das iRig PRE
lässt sich auch an iPhones anschließen, es gibt aber auch das doppelt so teure iRig
PRO, das sich über den Apple-eigenen Lightning-Anschluß nur mit iOs-Telefonen
verbindet. Die Tonqualität ist minimal besser, weil der Ton digital ins iPhone ein-
gespeist wird. Zudem bleibt bei älteren iPhone-Modellen der Kopfhörereingang
frei, was aber nur von geringem Vorteil ist. Denn das iRig verfügt über einen kleinen Kopfhörerausgang, mit dem sich auch während der Aufnahme Ton abhören
lässt – wenn die entsprechende App dies unterstützt. Mikrofone lassen sich an das
iRig über die üblichen XLR-Stecker anschließen. Das iRig enthält eine 9-Volt-
Blockbatterie, mit der es Kondensatormikrofonen die benötigte Phantomspeisung
zur Verfügung stellt. Es lässt sich aber auch ohne Phantomspeisung betreiben. Ein
kleines Rädchen an der Seite regelt die Audiolautstärke, was insbesondere hilfreich ist, um leise Tonquellen anzuheben.

Abbildung 03-03   Über das iRig PRE können herkömmliche Mikrofone per XLR-Kabel
an das Smartphone angeschlossen werden. Bild: Björn Staschen

Hilfreich sind gerichtete Mikrofone. Sie können Interview-O-Töne einfangen,
wenn ein Ansteck-Mikrofon nicht eingesetzt werden kann: Bei Straßenumfragen
wird man beispielsweise nicht jeden Passanten aufwändig verkabeln. Zudem kann
das kabelgebundene Ansteckmikrofon hinderlich sein, wenn ein Reporter leben-
dige situative O-Töne einfangen möchte, bei denen ein Protagonist beispielsweise
aktiv handelt wie der Automobilbauer, der zwischen Maschinen hin- und herläuft.
Zudem kann ein gerichtetes Mikrofon helfen, die „richtige" Atmo einzufangen.
Ein Beispiel: Während eines Journalistentrainings in Myanmar hat der großartige Kollege Phyo Wailin einen kleinen Beitrag über einen Mann gedreht, der am
Straßenrand nahe der Shwedagon-Pagode in der Hauptstadt Yangon Kokosnüsse
aufschlug und sie zum Trinken verkaufte *(vgl. Abb. 01-05)*. Der Straßenlärm war
enorm. Mit seinem Smartphone konnte Phyo kaum etwas anderes einfangen als
das Geräusch vorbeifahrender Autos. Mit einem gerichteten Mikrofon hätte er das
Schlagen des Messers mutmaßlich einfangen können. Neben dem Anschluss eines
gerichteten Mikrofons über das iRig (siehe oben) ist eine gute Option beispielsweise das „Røde Videomic" für ca. 60 Euro *(Abb. 03-04)*, das mit Windschutz und
Halterung geliefert wird.

Abbildung 03-04   Das Røde Videomic mit Windschutz und Halterung, Bild: Björn Staschen

Daneben gibt es viele weitere Möglichkeiten: Tascam bietet mit dem iM2 ein
gutes Stereomikrofon, das in den Lightning-Adapter der iPhones passt. Zudem
sind gute USB-Mikrofone eine Alternative für guten Klang. Der BBC-Reporter
Nick Garnett beispielsweise schwört auf das Samson Meteor, das er über den
Kamera-Adapter mit seinem iPhone verbindet. Android-Telefone müssen den sogenannten „OTG-Host"-Modus unterstützen (viele neuere Telefone erfüllen diese Anforderung), damit sich Mikrofone an den Mini-USB-Port anschließen und
nutzen lassen. Auch die jeweilige App muss das USB-Mikrofon unterstützen. Eine
Möglichkeit ist das „Røde NTB-USB". Auch das „iRig-Multimedia Mic HD-A"
erzielt gute Ergebnisse. Florian Reichart, der in seinem Blog „smartfilming.com"
viele technische Details für mobile Journalisten sammelt, empfiehlt außerdem das
„t.bone MB 88U Dual" von Thomann für gerade 39 Euro.

Bluetooth-Mikrofone sind eine weitere Option, die ich aber eher kritisch sehe:
Zum einen reicht die Klangqualität von bloßen Telefon-Headset oft nicht für journalistische Zwecke aus – das Mikrofon produziert Aufnahmen, die allenfalls wie
bessere Telefongespräche klingen, ohne Bässe, ohne ein möglichst breites Fre-
quenzspektrum. Zum anderen halte ist das Bluetooth-Pairing zwischen Headset/
Mikrofon und Telefon noch immer für fehleranfällig, insbesondere, wenn (wie bei
„mobile journalism" die Regel) Apps für Ton- und Videoaufnahmen verwendet
werden. Auf der anderen Seite unterstützen viele Apps (wie beispielsweise Easy-
VoiceRecorder, siehe Kapitel 4.2, oder Filmic Pro, siehe Kapitel 5.3.) Bluetooth-
Mikrofone.

Bei Livestreams ist die Kontrolle der Audio-Qualität wichtig (siehe Kapitel 7). Apps wie Facebook Live oder Periscope unterstützen allerdings keine Audio-Rückkanäle, die beispielsweise über das iRigPre abgehört werden können. Dadurch ist die Gefahr bei Nutzung externer Vorverstärker wie dem iRigPre groß, den Ton während des Livestreams entweder zu leise oder zu laut (also verzerrt) ins Telefon zu leiten. IKMultimedia hat für diesen Anwendungsfall das „IKlip A/V" entwickelt, eine Smartphone-Halterung mit XLR-Anschluss für Mikrofone. Schade ist, dass sich der Sendeton auch hiermit nicht kontrollieren lässt. Zudem bietet die zum Teil aus Plastik gefertigte Halterung keinen Blitzschuh, mit dem Licht oder anderes Zubehör genutzt werden könnte.

Eine Lösung für Audio-Monitoring bei Livestreams können kleine Audiomischer sein, die für die Tonaufnahme mit DSLR-Kameras entwickelt wurde. Sie bieten auch die Möglichkeit, mehrere Tonquellen zu nutzen und gegeneinander auszupegeln, beispielsweise ein Lavalier-Mikrofon für den „Moderator" und ein gerichtetes Mikrofon für Interviews.

Abbildung 03-05   Audiokontrolle über den Saramonic-Audiomischer SRPAX-2, Bild: Björn Staschen

Es gibt verschiedene Optionen auf dem Markt, darunter der Saramonic SRPAX-2 *(Abb. 03-05-Saramonic)*, der zwei XLR- und zwei Klinkenanschlüsse sowie Phantomspeisung für Mikrofone anbietet. Zudem bietet das Gerät ein Aufnahmegewinde für eine ¼-Zoll-Stativschraube an der Unterseite sowie eine eigene Stativschraube, um auf der Oberfläche beispielsweise eine Smartphonehalterung (siehe Kapitel 3.4.) anzubringen. An der Seite ist eine Schiene für Blitzschuh-Adapter angebracht. Der kleinere Saramonic „Smartmixer" kommt sogar mit eingebauter Smartphone-Halterung, erlaubt es aber nicht, Mikrofone gegeneinander auszupegeln: Es gibt nur einen Regler für alle Kanäle. Weitere Optionen sind beispielsweise der Tascam DR60D MKII oder der Fostex AR 101. Auch für Videoaufnahmen mit aufwändigerem Ton – beispielsweise Aufnahmen mit zwei Gesprächspartnern oder Ton aus einer Beschallungsanlage – können die vorgeschlagenen Audiomischer sinnvoll sein. Allerdings gilt auch hier wie für #Mojo allgemein: Je einfacher, desto besser. Sicherlich lohnt sich die Anschaffung nur, wenn ein Reporter bei der Benutzung von externen Mikrofonen in anspruchsvolleren Situationen schon häufiger an seine Grenzen gestoßen ist.

3.4 Stative

„Die Natur ist dein Stativ" – diese Faustregel aus vielen Videojournalisten-Schulungen gilt auch für Smartphones. Natürlich lassen sich Smartphones an Steine oder Gläser anlehnen (oder per Haargummi daran befestigen – ein improvisiertes Stativ!), auf das Display legen für einen Schuss in die Wolken – oder in ein Glas, während es mit Kaffeebohnen befüllt wird, für einen „Wow-Shot" (siehe Kapitel 5.3.). Zuviel Zubehör und Technik kann Kreativität auch einengen – schließlich ermöglicht das kleine Smartphone ganz andere Drehsituationen und Blickwinkel, verglichen mit der großen TV-Kamera. „Weniger ist mehr" – an diesen Gedanken sei noch einmal erinnert, gerade, wenn es um schwere Stative geht. Ein Reporter, der sich auf Audioaufnahmen konzentriert, braucht mutmaßlich selten ein Stativ für sein Smartphone, und auch ein Videoreporter würde selbstverständlich ohne Stativ auskommen, wenn er müsste. In Kapitel 5. 2. gibt es einige Hinweise zum „Handstativ", also dazu, wie sich mit dem Smartphone auch ohne Zubehör einigermaßen ruhige Bilder drehen lassen.

Wer sich *ein* Stativ kaufen möchte, dem würde ich zu einem kleinen, in vielen Situationen einsetzbaren Mini-Stativ raten. Es ergänzt die Natur wunderbar – für ein Interview lässt sich das kleine Stativ beispielsweise auf einen Bücherstapel oder ein Autodach stellen, und schon ist das Smartphone in Augenhöhe des

Interviewpartners. Viele #Mojos schwören auf das Manfrotto Dreibei-Tischstativ „Pixi" (ab ca. 25 Euro), das einen sehr stabilen, sicheren Stand gibt. Manfrotto bot bis vor kurzem auch einen faltbaren „Pocket-Tripod" an, der noch gebraucht erhältlich ist. Es gibt eine Vielzahl weiterer kleiner Fotostative, die ausreichend unterstützen können. Ich habe gute Erfahrungen mit dem „Gorillapod magnetic" (ca. 25 Euro) gemacht, einem Stativ mit biegbaren Beinen, das sich wunderbar um Gegenstände schlingen lässt, um ein Smartphone in ungewöhnliche Positionen für einen interessanten Blickwinkel zu bringen. Die magnetischen Stativfüße ermöglichen zudem, den Gorillapod beispielsweise sicher an Straßenschilder oder auf Autodächer zu heften. Kritiker könnten einwenden, dass das Stativ durch die Flexibilität der Beine auch ein wenig instabil wird – Geschmackssache. Bei einer Demonstration zum 1. Mai in Hamburg habe ich mit dem Gorillapod viele Aufsager produziert *(Abb. 03-06)*. Um mich herum haben manche Kollegen und Demonstranten zwar (meist freundlich) gelacht – aber dennoch: Ich war flexibel, konnte überall als One-Man-Show Aufsager für die Internet-Kollegen von NDR. de produzieren, ohne ein großes Stativ auf- und abbauen, geschweige denn mit mir herumtragen zu müssen.

Abbildung 03-06   Reporter spricht mit Straßenschild: Aufsager für NDR.de ab 1. Mai 2015, Bild: Björn Staschen

Auch größere Stative können helfen – insbesondere bei Interviews im Stehen, die im Medienalltag häufig sind. Glen Mulcahy, Innovationstreiber beim irischen

öffentlich-rechtlichen Sender RTÉ und einer der #Mojo-Vordenker, schlägt in seinem Blog „TVVJ" das „Manfrotto 560B"-Einbeinstativ vor (ca. 130 Euro), das
mit drei ausfaltbaren, kleinen Füßen auch allein stehen kann. Zudem empfiehlt er
das „Hähnel C5"-Dreibein-Stativ, das in ein Einbeinstativ umgebaut werden kann.
Es lässt sich klein zusammenfalten, erreicht aber nur eine maximale Arbeitshöhe
von 1,45m. Aus meiner Sicht ist das etwas zu niedrig – für das Interview eines
stehenden Protagonisten sollte das Stativ mindestens 1,75m bis 1,80m erreichen,
damit das Smartphone auf Augenhöhe filmen kann und die Eyeline stimmt (siehe
Kapitel 5.2.). Ich habe gute Erfahrungen mit dem „Rollei C5i"-Stativ *(Abb. 03-07)*
gemacht, das knapp 1,80m Arbeitshöhe erreicht. Dessen Kugelkopf *(Abb. 03-08)*
(3) ermöglicht schnelle Korrekturen des Bildausschnitts (anders als ein 3-Wege-
Neiger, der präzise Einstellungen ermöglicht, aber in der Bedienung auch mehr
Zeit beansprucht). Schwenks sind mit dem Kugelkopf durch die zusätzliche horizontale Drehung (2) dennoch möglich. Per Wasserwaage (1) kann die Stativplatte
zuvor plan ausgerichtet werden. Das C5i hat zudem eine höhenverstellbare Mittel-
säule. Auf diese Weise lässt sich die Arbeitshöhe noch kurzfristig ändern, ohne
jeweils drei Beine ein- oder auszufahren und anschließend mit den eingebauten
Wasserwaagen die Kamera wieder „auf Level" zu bringen. Zudem lässt sich das
C5i-Stativ in einen Monopod (Einbein-Stativ) umbauen. Bei der Nutzung von Ein-
beinstativen sei allerdings vor der Gefahr gewarnt, mit schiefem Horizont zu drehen: Wer nur auf einem Bein steht, gerät leichter in Schieflage.

Abbildung 03-07   Das Rollei Fotopro C5i, Bild: Björn Staschen

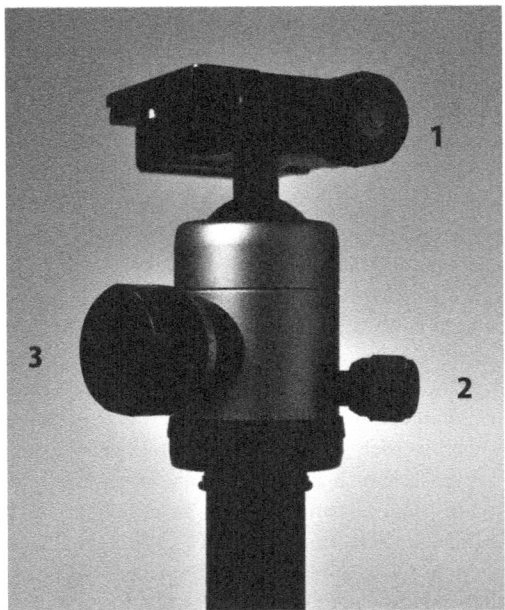

Abbildung 03-08   Der Kugelkopf des C5i , Grafik: Björn Staschen

3.5   Smartphone-Halterungen

Smartphones haben keine Aufnahmegewinde für Stativschrauben wie viele Kameras. Insofern braucht die Verbindung zwischen einem Stativ und einem Smartphone noch einen „Helfer": eine Smartphone-Halterung, ein „Rig" oder „Grip". Der Markt wird davon mittlerweile überschwemmt. Viele wackelige Selfie-Sticks kommen mit ebenso wackeligen Halterungen. Es gibt jedoch auch einige Produkte, die sehr gut für mobilen Journalismus geeignet sind. Professionell nutzbare Halterungen sollten ein Gewinde bieten, das ¼-Zoll-Fotoschrauben aufnehmen kann. Die im folgenden vorgestellten Halterungen erfüllen diese Bedingung.

Abbildung 03-09   Joby Griptight, Bild: Björn Staschen

Abbildung 03-10   Shoulderpod S1, Bild: Björn Staschen

Die günstigste brauchbare Variante ist aus meiner Sicht die Smartphone-Halterung, die der Gorillapod-Hersteller (siehe oben) Joby unter dem Namen „Griptight" (ca. 12 Euro) auf den Markt gebracht hat *(Abb. 03-09-Griptight)*. Mittlerweile gibt es eine XL-Version für größere Smartphones über 5 Zoll. Eine einfach zu öffnende Klammer hält dabei das Smartphone fest. Manche #Mojos berichten, das das „Griptight" schon bei der dritten Benutzung zerbrochen sind, meiner hält jedoch seit Jahren. Wird die Halterung mit dem biegbaren Gorillapod kombiniert, könnte das Ergebnis jedoch in der Tat etwas wackelig werden.

Eine sehr viel schönere und verlässlichere Variante ist der Shoulderpod S1 *(Abb. 03-10)*, nicht nur wegen seiner Geschichte: Zwei großartige katalanische Designer aus Barcelona, Enrique Frisancho und Ana Maria Vicens, hatten kurz vor Beginn der Wirtschaftskrise 2008 ein Designbüro gegründet. Als die Kunden ausblieben, machten sie aus ihrer privaten Leidenschaft für die Smartphone-Fotografie kurzerhand selbst ein Produkt. Sie hatten herausgefunden, dass ihr Smartphone zwar gute Bilder aufnehmen konnte, dass es aber nicht gut zu halten und schon gar nicht mit einem Stativ zu verbinden ist. Sie entwickelten den Shoulderpod S1, der sich per Schraube präzise auf die jeweilige Smartphone-Größe einstellen lässt und ein Telefon sicher hält, ohne zu wackeln. Der S1 kann außerdem als Tischständer für ein Smartphone und mit jedem üblichen Stativ kombiniert werden. Der S1 ist extrem beliebt in der #Mojo-Szene, auch, weil er mit Bedacht und Liebe zum Detail gestaltet wurde. Mittlerweile hat der S1 Brüder und Schwestern bekommen: Es gibt einen hölzernen Handgriff sowie eine Holzschiene (R1 Pro), auf die sich neben dem S1 noch Licht- und Tonaccessoires aufschrauben lassen, so dass ein „Smartphone"-Rig für den aufwändigeren Einsatz entsteht. Die Shoulderpod-Reihe ist besonders flexibel – ein Beispiel für die Nutzung des R1 Pro unter Einbindung eines Audiomischers ist Abbildung 03-05.

Abbildung 03-11   Beastgrip Pro, Bild: Björn Staschen

Rigs bieten Halt für mehr Zubehör – sind jedoch ein Schritt weg vom kompak-
ten Alleskönner Smartphone hin zu aufwändigerem Zubehör. Ein gutes Rig ist aus
meiner Sicht beispielsweise das „Beastgrip Pro" *(Abb. 03-11)*, das aus einer popu-
lären Kickstarter-Kampagne hervorgegangen ist. Im Bild ist es mit Aufsatzlinse
(siehe 3.6.) und Røde Videomic samt Windschutz zu sehen. Der große Vorteil: Alle
drei Geräte lassen sich mit einer Hand halten – und der Halt eines Rigs ist sehr
viel besser als die nackte Hand am Smartphone. Zudem lässt sich das Beastgrip
auf ein Stativ aufschrauben. Neben dem bereits erwähnten Shoulderpod R1 Pro
gibt es weitere Anbieter von Smartphone-Rigs: Populär sind beispielsweise der
Padcaster, der speziell für das iPad entwickelt wurde, sich aber auch mit anderen
Geräten wie einer GoPro kombinieren ließe, der iOgrapher for iOs-Telefone sowie
viele „Cases", die für den Einsatz von Aufsatzlinsen (siehe 3.6.) entwickelt wurden. Neu auf dem Markt ist das Smartphone-Rig des aus Hongkong stammenden
Herstellers Meike, an dem sowohl Aufsatzlinsen als auch ein Ringlicht befestigt
werden können.

3.6   Gimbals

Spätestens bei „Gimbals" beginnt die Kür – Pflicht sind sie keinesfalls. Gimbals helfen, eine Kamera beim Dreh zu stabilisieren, in dem kleine Motoren und Elektronik die Bewegungen der Hand über drei Achsen (links/rechts, oben/unten, seitwärts – „3 axis") ausgleichen. Sie ermöglichen, trotz Bewegung den Horizont gerade zu halten, und folgen Handbewegungen am Griff mit galanten, gleichmäßigen Schwenks des Smartphones. Standard sind Gimbals bei den meisten Kameradrohnen, bei denen sie nicht nur Flugbewegungen und Ausgleichsbemühungen bei stärkerem Wind ausgleichen, sondern auch die dauerhaften Vibrationen. Ohne Gimbal sind Drohnenaufnahmen oft nur nach langer Bearbeitung und Bildstabilisierung nutzbar, unter denen wiederum die Auflösung leidet. Auch im Bereich der Sportvideographie mit „Action Cams" (GoPro etc.) haben Gimbals Einzug gehalten und für sehr stabile, ruhige Bilder auch bei ruckartigen Bewegungen gesorgt.

Im mobilen Journalismus können Gimbals helfen, insbesondere bei bewegter Kamera Ruhe und Stabilität ins Bild zu bringen. Eine Reportage, die einem Protagonisten folgt, der Gang entlang einer Plakatwand oder durch eine Ausstellung, der Aufsager in die Kamera, während der Reporter etwas erlebt – hierbei kann ein Gimbal enorm helfen und Bilder produzieren, die denen einer Steady Cam ähneln. „Steady Cams" sind professionelle TV-Ausrüstung: teuer, schwer und aufwändig zu bedienen. Gimbal sind dagegen – auch, weil mit dem Smartphone als Kamera sehr viel weniger Gewicht stabilisiert werden muss – klein und leicht, aber mit ähnlich großartigem Effekt auf das gedrehte Bild.

Der Nachteil: Gimbals sind kein „kleines Stück Ausrüstung". Sie müssen vorsichtig gehandhabt werden und kommen daher häufig mit eigener Tasche oder kleinem Koffer, der die eigene Ausrüstung insgesamt umfangreicher macht. Eingesteckte Kabel, beispielsweise für externe Mikrofone, behindern oft die Funktionsweise des Gimbals. Ich entscheide von Fall zu Fall, ob ich meinen Gimbal mitnehme: Wenn ich weiß, dass ich in einem geschützten Raum Zeit für „Wow-Shots" (siehe Kapitel 5.3.), packe ich mein Gimbal-Köfferchen gern ein. Wer im Zweierteam zum Dreh startet oder das Auto nahebei parkt, sollte die Mitnahme auch erwägen. Wer jedoch eine Demonstration begleitet und jederzeit mobil und arbeitsbereit sein möchte, der sollte auf die Gimbal-Kür verzichten. Zudem braucht der Gimbal Strom – eine weitere Batterie, die geladen werden muss – und im entscheidenden Moment leer sein kann.

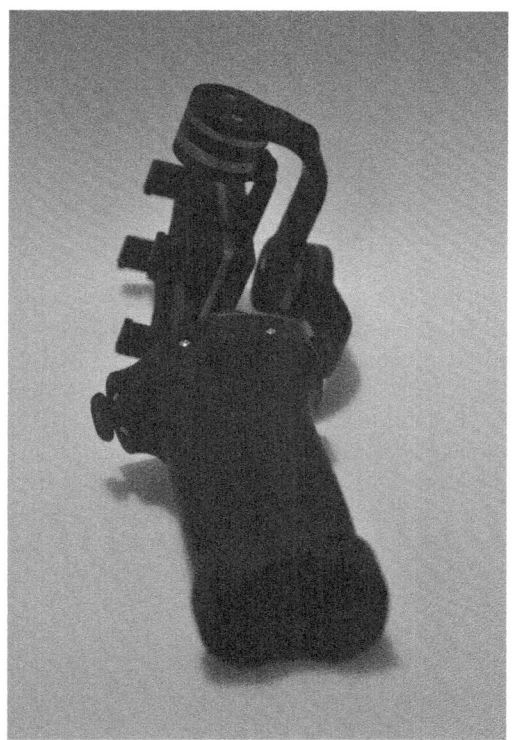

Abbildung 03-12 Der CamOne Gravity Sports 3D, Bild: Björn Staschen

Bei der Auswahl des Gimbals sollte man die Größte des Smartphones im Blick haben. Der CamOne Gravitty Sports 3D für ca. 220 Euro *(Abb. Abb. 03-12)* ist ein solider, robuster Gimbal und nimmt beispielsweise Telefone bis zur Größe eines iPhone 6S+ auf. Ein Nexus 5 ist dagegen zu groß. Eine kleinere Version nimmt GoPros und ähnliche Action Cams auf. Auch Cam One hat seine ersten Gimbals für Flugdrohnen entwickelt und auf Basis dieser Erfahrungen ein gutes Modell für den mobilen Einsatz entwickelt. Beliebt in der #Mojo-Community ist auch der Lanparte HHG01, der mit ca. 300 Euro aber ohne erkennbaren Vorteil etwas teurer ist. Der Markt explodiert derzeit – weitere Hersteller zu ähnlichen Preisen sind iKan (Fly X3 Plus), Feiyu (G4 Plus) oder Husky (HY3M) speziell für größere Smartphones. Auch bei Crowdfunding-Plattformen wie Kickstarter oder Indiegogo tauchen immer wieder vielversprechende Gimbal-Angebote auf, zuletzt der Proview S3 für umgerechnet gerade noch 130 Euro.

Die Kreuzung aus Gimbal und SteadyCam versucht eine Münchener Firma: Der Luuv-Stabilizer richtet sich vor allem an Sport- und Actionfilmer. Der Charme: Die Basis-Version „solid LUUV" (ca. 200 Euro) kommt dank kardanischer Aufhängung ohne Batterien aus (wiegt aber wegen der Ausgleichsgewichte mehr als ein Gimbal). Der „ultra Luuv" (ab 480 €) kombiniert kardanischen Bewegungsausgleich mit einem zusätzlichen elektronischen Gimbal. Das Ergebnis sind noch ruhigere Bilder als bei „einfachen" Gimbal, weil Schritte und Bewegungen noch besser ausgeglichen werden.

Der Drohnenhersteller DJI hat zudem mit der DJI Osmo eine 4K-Kamera auf den Markt gebracht, die direkt mit einem Gimbal verbunden ist. Die dafür verwendete X3-Kamera wird auch in DJI-Drohnen verbaut – der Grund dafür, dass DJI auch den Osmo-Griff allein (ohne Kamera) verkauft. Zudem bietet DJI den Gimbal ohne Kamera, dafür mit Smartphone-Halterung, als „DJI Osmo Mobile". EIn Vorteil: Die Griffbedienung der DJI Osmo Mobile ist mit Dreh-Apps wie „Filmic Pro" (siehe Kapitel 5.4.) kompatibel, so dass ein Dreh „ruckelfrei" ohne Druck auf das Display gestartet und beendet werden kann. Auch die Kameras und Gimbal anderer Drohnen lassen sich per Hand nutzen, darunter die Q500 vom Hersteller Yuneec. Auch GoPro hat mit der Karma-Drohne ein ähnliches Konzept auf den Markt gebracht.

3.7   Aufsatzlinsen

Aufsatzlinsen gibt es mittlerweile für fast alle Smartphone-Modelle in vielen Preisklassen. Ich muss gestehen: Ich setze sie nicht besonders häufig ein. Zum einen geht mir beim Linsen-Auf- und Abschrauben oft der Zeitvorteil verloren, den ich mir vom Smartphone erhoffe. Zum anderen bewege ich mich am Drehort, anstatt per Linse Distanzen zu überbrücken. Hinzu kommt, dass (fast) alle Smartphones per se weitwinklig drehen, sodass Weitwinkel-Linsen eher erlässlich sind. Extreme Weitwinkel setze ich im Journalismus eher selten ein. Dasselbe gilt für Fischaugen-Aufsätze, die sehr beliebt und in fast jedem Linsen-Set enthalten sind, die inhaltlich aber nur zu den wenigstens Themen etwas beitragen: Der buchstäbliche Schlüssellochblick kommt im journalistischen Videobericht eher selten vor. Telephoto-Linsen dagegen verschlucken oft viel Licht, produzieren matschige, unbefriedigende Bilder oder gar (wenn die Modelle nicht Smartphone-kompatibel sind) schwarze Ränder.

Meine Lieblingslinse ist die Makro-Linse, weil sie ermöglicht, Gegenstände sehr dicht abzufilmen und Strukturen, Oberflächen oder Zeichnungen festzuhalten. In-

haltlich kann das relevant sein. Interessant sind zudem Linsen, die anamorph ver-
zerren: Sie nehmen ein Bild auf, das breiter ist als das übliche Weitwinkel-Bild,
indem sie es stauchen. Bestimmte Kamera-Apps wie FilmicPro (s. Kapitel 5.4.)
unterstützen die Nutzung derart produzierter Videos. Der komplett per iPhone gedrehte Kinofilm „Tangerine" über Transsexuelle in Las Vegas ist beispielsweise
per Filmic Pro mit der von der App unterstützen anamorphen Linse von Moodog-
labs aufgenommen worden.

Eine Linse muss vor der Smartphone-Kamera befestigt werden. Dafür gibt
es mehrere Möglichkeiten. Zum einen bauen die Hersteller von Smartphone-Rigs
Gewinde für Aufsatzlinsen in ihre Halterungen ein. Das mit Android-, Windows
und iOs-Smartphone kompatible Beastgrip Pro bietet beispielsweise ein 37mm-
Gewinde und verkauft verschiedene eigene Linsen im Paket *(siehe Abb. 03-11).*
Andere Case-/Rig- oder Linsenhersteller haben sich auf das iPhone konzentriert,
wie beispielsweise Mcam (mit der ALM-Linsen-Reihe), ExoLens, Yopo, Ztylus,
Manfrotto Klyp, Optrix PhotoProX, Moment Mobile Photography Lenses oder
die sehr hochwertigen iPro-iPhone-Linsen von Schneider Optics. Alle bieten eine
Kombination aus Rig/Case mit Gewinde und Linsen an.

Andere Linsen funktionieren ohne Rig: Populär sind die Produkte von Ollo-
clip für iOs-Telefone (ca. 80 €). Sie lassen sich mit einer Klammer direkt auf das
iPhone aufschieben. Das ist praktisch, bedeutet aber auch, dass sie mit einem festen Objektivabstand vom iPhone-Rand arbeiten und damit eben nicht mit anderen
Telefonen kompatibel sind. Zudem sitzen aufgesteckte Linsen nicht so wackelfrei
wie solche, die an einem Case oder Rig angeschraubt werden – eine Fehlerquelle,
wenn beim fordernden Dreh plötzlich die Linse verrutscht. Auch der anamorphe
Adapter von Moondoglabs (siehe oben) lässt sich auf das iPhone aufschieben und
ist damit nicht kompatibel mit anderen Telefonen. Daneben gibt es eine Vielzahl
anderer Hersteller von Clip-Linsen, darunter Makayama, Mobi-Lens, Lensbaby,
Phocus Accent oder XCSource. Zudem gibt es Systeme, die die Linsen magnetisch
am Telefon befestigen, darunter Photojojo, VicTsing oder Wonbsdom.

Einen Schritt weiter gehen Systemkameras, die das Smartphone als Monitor und
zur Kamerasteuerung verwenden: Sony hat mit seiner QX-Reihe Pionierarbeit geleistet *(Abb. 03-13).* Die Linsen lassen sich an verschiedenen Smartphones (auch
Android!) befestigen oder separat nutzen. Über WiFi verbinden sich die QX-Linsen
mit dem Smartphone, dessen Bildschirm nun als Kamerasucher dient. Die „Auf-
satzkamera" bietet manche Vorteile (optischer Zoom, bessere Linseneigenschaf-
ten), aber auch Nachteile (zusätzliche Batterie, langsame WiFi-Verbindung mit zum

Teil mehrsekündiger Verzögerung zwischen Linse und Smartphone). Auf die QX-1
(ca. 270 Euro) lassen sich andere Objektive mit Sony-E-Mount aufsetzen. Kodak hat
mit der SL10 und der SL25 ähnliche Produkte auf den Markt gebracht.

Abbildung 03-13, 14   Die Sony QX-Reihe (Foto © Sony Corporation), links; DXO One
(Foto © DXO), rechts

Nur mit dem iPhone funktioniert dagegen die DXO One *(Abb. 03-14)*. Sie verbindet sich über den Lightning-Adapter mit dem Telefon und kämpft damit nicht
mit langen Latenzen durch die Funkübertragung des Bildes. Der 1-Zoll-Sensor
liefert großartige Bilder, allerdings schießt die Kamera Video wiederum nur mit
30 Bildern pro Sekunde, was mit Blick auf den europäischen TV-Standard PAL
(25 Bilder pro Sekunde) ärgerlich ist. Die DXO One kostet rund 500 Euro. Auch
hier gilt: Diese zusätzlichen Module sind höchstens die Kür, in keinem Fall Pflicht
für mobilen Journalismus. Denn nach wie vor halte ich die Faustregel „Weniger ist
mehr" für kreativitätsfördernd – und schlichtweg praktisch.

3.8   Licht

„Vorhandenes Licht ist Dein Freund": Ich versuche, bei Drehs ohne zusätzliches,
künstliches Licht auszukommen, so lange es geht: Zum einen, weil Licht richtig zu
setzen keine einfache Angelegenheit ist. Dann, weil ich oft ein wenig zu faul bin,
zusätzliche Leuchten mitzubringen. Und schließlich, weil meist dann, wenn ich die
Leuchte benötige, deren Batterien leer sind. Tagsüber wird ein Dreh draußen so gut
wie nie an zu wenig Licht scheitern, eher an zu viel – oder an der falschen Dreh-
richtung im Verhältnis zum Licht. Die Faustregel lautet: Mit dem Rücken zum Licht
stehen (siehe Kapitel 5.3.). In einem Gebäude lässt sich mit Raumlicht und einer
Stehlampe oft schon eine sehr gute Ausleuchtung für ein Interview herstellen. Aber
manchmal reicht das vorhandene Licht nicht aus, beispielsweise bei einem Clubkon-
zert, um Menschen im Publikum zu filmen oder nach dem Konzert zu interviewen.

Dann sind kleine Lichter hilfreich bis nötig, die sich oft an Rigs und Cases (siehe Kapitel 3. 4.) anbringen lassen. Zudem kann das kleine zusätzliche Licht in einer gut mit vorhandenem Licht ausgeleuchteten Situation die Augen eines Interviewpartners zum Leuchten bringen – „a sparkle in the eye" macht oft den Unterschied.

Abbildung 03-15   Der iblazr, Bild: Björn Staschen

Auf Smartphone-Nutzung zugeschnitten ist beispielsweise die iblazr-Produktlinie *(Abb. 03-15)*, die ich sehr schätze. Die iblazr-Leuchte ist kleiner als eine Streichholzschachtel. Die 4 LEDs machen akzeptables Licht auf nicht allzu große Entfernung. Weil Smartphones eher weitwinklig drehen, ist bei Interviews der Abstand zum Protagonisten in der Regel ohnehin nicht besonders groß. Zudem hält die Batterie über viele Drehtage. Das Licht lässt sich per USB in ca. 20 Minuten laden. Ein kleiner 3,5mm-Klinkenstecker verbindet den iblazr sowohl mit dem Ladekabel als auch mit einem Adapter, mit dem das Licht im Licht-/Blitzschuh einer Smartphone-Halterung (Case/Rig) befestigt werden kann. Die erste iblazr-Generation ist schon nicht mehr auf dem Markt. Der iblazr2 ist etwas größer und ausgefeilter. Mit Ladekabel und mehreren Farbfiltern kostet das Komplettpaket im Onlineshop des Herstellers Concepter.Com rund 100 Euro.

Viele Nachahmer bieten ähnliche Produkte: Ab 4 Euro sind im Onlinehandel sogenannte „Selfie"-Lichter erhältlich, die sich bei 3,5mm-Klinkenstecker am Smartphone befestigen lassen. Nicht vergessen: Das belegt (zumindest bei Android-Telefonen) den Eingangsport für externe Mikrofone. Wer also ein Licht mit Klinkenstecker kaufen möchte, sollte darüber nachdenken, wie er es befestigt (ich habe aus einer ¼-Zoll-Stativgewindeschraube und einem Kopfhörer-Adapterstecker mit Kunststoffkleber eine Halterung gebaut, die ich in das ¼-Zoll-Gewinde des Beastgrip schrauben kann). Interessant sind auch die Rock-Smartphone-Leuchten, die modellunabhängig per Clip am Telefon befestigt werden können und mit einem Kreis aus 10 LED viel Licht produzieren.

Klassische Video- und Fotoleuchten, die im Licht-/Blitzschuh einer Halterung befestigt werden, sind ebenso nutzbar. Gute Erfahrungen im mobilen Journalismus haben Kolleginnen und Kollegen unter anderem mit dem Metz Mecalight LED 160 (ca. 20 Euro), der Manfrotto Lumimuse-Reihe (3 LEDs ab 40 Euro, 8 LEDs ab 80 Euro) oder die iKan iLed 120 (150 Euro). Viele Hersteller wie Neewer oder Anbieter ohne Namen bieten online brauchbare, günstige Alternativen an. Beim Kauf sollte man darauf achten, dass die Lampen eigene Batterien oder Akkus enthalten und keine zusätzlichen externen Stromquellen (Akkus) benötigen. Zudem sollten die Lichter stufenlos dimmbar sein. Großartig ist es, wenn sich zudem die Farbtemperatur ändern lässt, damit die Leuchten sich der natürlichen Lichtsituation innen und außen anpassen können und die Aufnahmen „farbecht" (und nicht blau- oder rotstichig) gelingen.

Farbtemperaturen in Kelvin(ca.)	
1600 K	Kerze
2600 K	Glühlampe (40 W)
2800 K	Glühlampe (100 W)
4000 K	Leuchtstofflampe (Neutralweiß)
4120 K	Mondlicht
5000 K	Morgen-/Abendsonne
5500 K	Vormittags-/Nachmittagssonne
5500–5600 K	Elektronenblitzgerät
5500–5800 K	Mittagssonne bei Bewölkung
6500–7500 K	Bedeckter Himmel
7500–8500 K	Nebel, starker Dunst
9000–12.000 K	Blauer Himmel, kurz nach Sonnenuntergang / kurz vor Sonnenaufgang, „Blaue Stunde"

3.9   Batterie und Ladung

Ein Smartphone-Journalist braucht volle Batterien: Das mag metaphorisch für den Menschen mit dem Telefon in der Hand gelten, es gilt in jedem Fall für das Telefon selbst. Die Nachricht kann noch so relevant, die Geschichte noch so gut erzählt sein – ohne Smartphone-Ladung ist „mobile reporting" unmöglich. Ebendieses „mobile reporting" verbraucht zudem überdurchschnittlich viel Batterieladung: Wer Videos dreht und schneidet, wer viel hochlädt und streamt, der geht an die Leitungsgrenzen seines Telefons und strapaziert vor allem die Batterie. Dazu kommt Zubehör, dass Strom frisst – externes Licht, mobile Hotspots, Gimbal etc.

Viele Telefone bieten wenig Leistung: Die iPhones liefern kaum mehr als 2000 Milliampere-Stunden (mAh), manche Android-Telefone enthalten Akkus mit bis zu 6000 mAh. Dennoch wird bei „Breaking News" jedes dieser Smartphone schon nach Stunden an seine Grenzen kommen und leer sein. Unterwegs helfen dann Powerbanks – mobile Ladegeräte, die wiederum zuvor aufgeladen werden sollten. Wer bei „Breaking News" streamt, wird sie schnell anschließen müssen. Es gibt unzählige Modelle – die kleinsten bieten noch nicht einmal eine volle Telefonladung, sind aber leicht und helfen, wenn die letzten Drehminuten in Gefahr sind. Größere Akkublöcke liefern über 20.000 mAh-Stunden, sind aber schwerer. Jeder sollte seine bevorzugte Variante finden: Wer regelmäßig lädt und eher selten streamt, kommt vermutlich mit kleineren Powerbanks aus. Ich vergesse leider zu häufig, meine Geräte zu laden. Daher nutze ich die Anker PowerCore mit 20100 mAh, die ein iPhone rund sechsmal laden kann. Sie verfügt über zwei Ausgänge, sodass ich zeitgleich zwei Geräte laden kann. Allerdings wiegt die Powerbank auch rund 350g – ein schwerer Batzen in der Ausrüstung, der mich aber schon bei mancher Story gerettet hat.

Abbildung 03-16   Ladestation mit fünf USB-Anschlüssen, Bild: Björn Staschen

„Alles immer laden" sollte zur Gewohnheit werden. Das heißt: Ist der Dreh zu Ende, abends im Hotel, sollten alle Geräte geladen werden, damit sie über Nacht wieder volle Leistungsfähigkeit erreichen – inklusive der Powerbank. Wer für jedes Gerät ein einzelnes Ladeteil mitschleppt, wird im Hotelzimmer bei der Steckdosensuche verzweifeln. Ein guter Ersatz für viele einzelne Ladegeräte ist eine Ladestation *(Abb. 03-16)*, die gleichzeitig drei bis zehn Geräte laden kann. Unter anderem „Anker" hat gute Varianten auf den Markt gebracht: Klein genug für die #Mojo-Ausrüstung, aber leistungsfähig genug für #Mojo-Zwecke, ist der Anker PowerPort mit 5 USB-Anschlüssen (40 Watt) für ca. 20 Euro. Es gibt viele andere Modelle auf dem Markt – wichtig ist, beim Kauf auf die Leistung in Watt (W) und die Stromstärke in Ampere (A) zu achten. Alle Ports sollten bei gleichzeitigem Betrieb jeweils mindestens 2 A liefern können, sonst kann die Ladung abhängig vom Gerät ewig dauern oder sogar misslingen. Auch Auto-Ladegeräte, die in den Zigaretten-Anschluss gesteckt werden und bei der Fahrt zum Drehort für letzte Ladung sorgen können, sollten mindestens 2A liefern. Gute Ladegeräte passen die Stromstärke dem zu ladenden Gerät an.

Viele Kabel: Wer gleichzeitig mit Android- (oder Windows-Smartphone) und iPhone hantiert, braucht verschiedene Ladekabel – und wer alle Geräte gleichzeitig laden muss, braucht nicht nur jeweils ein Kabel. Ordnung in der Tasche versprechen Kabel, die optional auf beiden Steckern (Lightning wie Mini-USB) enden *(Abb. 03-17)*. Es gibt Varianten, die sich auf Spulen aufwickeln lassen – Kabelsalat adé.

Abbildung 03-17   Ladekabel für Android/Windows und iPhone, Bild: Björn Staschen

3.10   Drohnen

Drohnen sind zunehmend interessant und nutzbar für Journalisten. In der Regel geht es dabei um Quadrokopter (Fluggeräte mit vier Rotoren) oder Multikopter (Fluggeräte mit mehr als vier Rotoren), die durch die Vielzahl ihrer Motoren relativ stabil in der Luft fliegen. Sie sind groß genug, um kleine Kameras zu befördern. Eigene Stabilisierungsprogramme und kleine Gimbals (siehe Kapitel 3.5.) erlauben mittlerweile sehr ruhige, ruckelfreie Bilder. Einige Drohnen kommen mit eigenen Kameras und Funkverbindungen, die es dem Piloten am Boden erlaube, auf einem Smartphone Bildinhalt und -qualität zu kontrollieren. Andere Drohnen bieten Befestigungen für Action-Kameras, beispielsweise aus der GoPro-Reihe. Zum Teil erlauben auch sie die Bildübertragung zur Kontrolleinheit am Boden.

Abbildung 03-18   DJI Phantom 3 (Foto: obs/DJI)

Auch dieser Bereich hat sich in den vergangenen Jahren rasant entwickelt. Bisher waren Drohnen teuer, schwer zu bedienen und oft nur mit Genehmigung zu fliegen, wenn sie schwerer als 5 kg waren. Mittlerweile sind semi-professionelle Fluggeräte leicht zu bedienen, liefern fantastische Bilder – und sie sind zudem noch bezahlbar. Marktführer ist der Hersteller DJI, der mit der Phantom-Reihe Drohnen *(Abb. 03-18)* auf den Markt bringt, die es Piloten leicht machen, gute Bilder zu drehen. Sie kosten zwischen 800 und 1500 Euro, bieten eine „Coming-Home"-Funktion, sollte die Drohne sich zu weit vom Piloten entfernen oder die Batterie zur Neige gehen, sowie sehr gute Soft- und Hardwarelösungen für einen möglichst ruhigen Flug selbst bei mittleren Windstärken. Gerade hat DJI seine jüngste Drohne vorgestellt: Die „DJI Mavic" lässt sich zusammenfalten und in der Fototasche transportieren. Sie ist wendig, leicht und dreht ruckelfreie Videos in 4K. Der Actionkamera-Hersteller GoPro hat mit seiner „Karma"-Drohne das Konkurrenz-Produkt auf den Markt gebracht, das allerdings in den meisten Spezifika etwas weniger bietet als die DJI Mavic. Andere Hersteller sind Yuneec, Walkera, WLtoys, von denen bisher aber nach meinem Wissen keiner ein ähnlich gutes Rundum-Paket entwickeln konnte.

Lohnt sich die Anschaffung einer Drohne? Luftbilder können Berichte fantastisch ergänzen: Sie können dem Zuschauer einen Überblick geben, Distanzen klar oder Gebäude oder Gelände erfassbar machen. Auch hier gilt grundsätzlich: Ein Luftbild sollte nicht des Luftbilds wegen eingebaut werden – obwohl selbst das manchmal reizvoll sein kann: Ab und an siegt Schönheit über Inhalt. Mit der Drohnen-Schwemme wird sich dieser Effekt mutmaßlich in den kommenden Jahren abnutzen. Wer Spaß an Technik hat, der kann sich mit einer Drohne im journalistischen Wettbewerb für eine verhältnismäßig geringe Investition ein Alleinstellungsmerkmal verschaffen. Jedermann kann eine moderne Drohne fliegen. Erfahrene Piloten geben oft den Rat, zunächst mit einem billigen Quadrokopter ohne Kamera (ab 10 Euro) die Steuerung zu üben, um ein Gefühl für die Flugeigenschaften einer Drohne zu entwickeln, und dann auf das teure Modell mit Kamera umzusteigen.

Zu beachten sind jedoch wichtige Vorschriften: Zum einen sollte jeder Pilot – unabhängig davon, ob er die Drohnen als Hobby fliegt oder beruflich Bilder produziert – seine Haftpflichtversicherung prüfen. Die meisten herkömmlichen Versicherungen decken Schäden durch Drohnen nicht ab. Hier ist der Abschluss einer gesonderten Versicherung vorgeschrieben – seit 2005 gilt Versicherungspflicht für unbemannte Flugobjekte.

Eine Aufstiegsgenehmigung für Drohnen ist erforderlich, wenn die Drohne schwerer als 5 kg ist oder für kommerzielle Zwecke genutzt wird. Letzteres ist bei Dreharbeiten für die journalistische Nutzung in der Regel der Fall. Zuständig sind die Landesluftfahrtbehörden, in Hamburg beispielsweise die Innenbehörde. Die Regeln in den einzelnen Bundesländern sind unterschiedlich. Hamburg gilt als eines der strengsten Bundesländer. Die Innenbehörde erteilt kostenpflichtige Aufstiegsgenehmigung meist von Einzelfall zu Einzelfall und verlangt zudem zunächst eine Vorführung, in der der Pilot seine Fähigkeit nachweisen muss, eine Drohne zu fliegen. Seit kurzem ist auch eine Mehrfach-Genehmigung mit strengen

Vorschriften erhältlich. Eine Liste der Landesluftfahrtbehörden hält das Luftfahrtbundesamt bereit (siehe „Weiterführende Links").

Zudem sind weitere Vorschriften zu beachten: Unbemannte Flugobjekte müssen in Deutschland in Sichtweite des Piloten bleiben. Die Zuhilfenahme von Ferngläsern ist beispielsweise nicht erlaubt. Damit ist die Reichweite einer Drohne
auf einen Radius von 200 bis maximal 300 Meter um den Piloten herum eingeschränkt. Drohnen dürfen nur mit Genehmigung auf fremdem Grund gestartet
werden oder dort landen. Beim Überflug sind Haus- und Persönlichkeitsrechte zu
beachten. Grundsätzlich ist der Drohnenflug nur im sogenannten „unkontrollierten
Luftraum" erlaubt. Ausgeschlossen sind damit Verbotszonen, beispielsweise im
Umkreis von 1,5 Kilometern um internationale deutsche Flughäfen. Auch über
„das Regierungsviertel, Atomkraftwerke, Menschenansammlungen, Wohngebiete,
Industrieanlagen, Unfallstellen, Katastrophengebiete oder militärische Anlagen"
darf eine Drohne nach einer Aufstellung der Stiftung Warentest (siehe „Weiterführende Links") nicht gesteuert werden. Über Städten wie Hannover, Frankfurt,
Leipzig, Dresden, Düsseldorf oder Dortmund sind größere Flugverbotszonen eingerichtet worden.

Das Bundesverkehrsministerium plant, die zivile Nutzung von Drohnen weiter
einzuschränken, weil es zu mehreren Zwischenfällen mit Drohnen in der Nähe von
größeren Flughäfen gekommen ist. Die Regelungen im europäischen und weiteren
Ausland unterscheiden sich von den deutschen Vorschriften. Ein Pilot sollte also
jeweils die rechtliche Lage prüfen, bevor er einen Aufstieg plant.

3.11 Sonstiges

Zubehör grenzenlos – meine Faustregel lautet: Ich schaffe mir nicht mehr Zubehör an, als meine #Mojo-Reportertasche fasst. Mittlerweile beult sie ein wenig
aus, und ich frage mich in schwachen Momenten, ob ich nicht eine neue, etwas
größere Tasche benötige? Doch habe ich Disziplin geschworen, denn für mich ist
„Mobile Reporting" auch Leichtigkeit, Beweglichkeit – das Gegenprogramm zum
drohenden Bandscheibenvorfall, wenn der Videojournalist oder Kameramann Stativ, schwere Kamera und Licht gleichzeitig tragen muss. Insofern sollte jeder selbst
entscheiden, welches Zubehör er häufig nutzt und braucht. Journalisten, die (auch)
längere Texte, beispielsweise für Online-Medien schreiben, aber auf das Notebook
im Rucksack verzichten, werden eine kleine Bluetooth-Tastatur schätzen, die Texteingaben erleichtert. Mehrere faltbare Modelle sind auf dem Markt, die sich gut in

der Zubehör-Tasche transportieren lassen. Einige weitere kluge Ideen und einige schlaue Lösungen will ich im Folgenden noch kurz vorstellen.

Abbildung 03-19   Zubehör, das ich mag: Der selbstgebaute Eieruhr-Kameraschwenkmotor, der OTG-Stick und der iXpand, Bild: Björn Staschen

Speicherplatz ist immer begrenzt: In dieser Not können kleine Sticks helfen *(Abb. 03-19)*. Für das iPhone hat Sandisk die erste Lösung auf den Markt gebracht. Die iXpand-Flashlaufwerke lassen sich per Lightning-Adapter mit dem iPhone verbinden. Sie erweitern den Speicher zwar nicht, erlauben es aber, per App Dateien auf den Speicherstick zu schieben, um Telefonspeicher freizuräumen. Material auf dem iXpand lässt sich bei USB-Stecker dann im PC weiterbearbeiten. Die 16 GB-Variante kostet über 40 Euro, die 128 GB über 110 Euro. iDiskk, iDrive oder Phonestar sind ähnliche Produkte. Für Android-Telefone gibt es günstigere Varianten: Unterstützen sie wie die meisten neueren Smartphone-Modelle den OTG-Dienst, lässt sich ein kleiner USB-Stick einschieben, der als Speichererweiterung erkannt wird. Mit dem Dateimanager des Smartphone lassen sich dann Files hin- und herschieben. Die meisten Sticks haben neben dem Mini-USB-Port auch einen USB-Anschluss für PCs.

Das zweite große Problem ist die Netzabdeckung: Sie schwankt, insbesondere in ländlichen Regionen und bei starker Nutzung, stark. Zudem ist der Zugang im Ausland oft teuer (Roaming). Bei den meisten Telefonen (wenn sie denn nicht zwei SIM-Karten-Slots bieten) legt die eine SIM-Karte jedoch den Provider fest. Und ein SIM-Kartenwechsel bedeutet, dass Reporter unter ihrer bekannten Nummer nicht erreichbar sind. Ein Ausweg ist die Flexibilität, ein anderes Netzwerk zu nutzen als die SIM-Karte im Smartphone vorgibt. Mobile Hotspots (Mifi) bauen eine 3G oder 4G/LTE-Verbindung über eine Mobilfunkkarte auf und machen diese über ein WLAN nutzbar. Gute Geräte von Netgear oder TP-Link kosten rund 100 €. Hinzu kommen Kosten für einen zusätzlichen Mobilfunk-Datentarifvertrag oder eine Daten-SIM im Ausland. Wer neben dem Smartphone einen Mifi-Hotspot nutzt, kann zudem über Apps wie Speedify zwei Wege gleichzeitig nutzen (die 4G-Verbindung des Telefons *und* die Mobilfunkverbindung des Mifi-Hotspots über WLAN). Auch professionelle Livestreaming-Apps von LiveU oder Dejero (siehe Kapitel 7.11) nutzen dieses „Bundling", also die Bündelung von Mobilfunk- und WLAN-Verbindung gleichzeitig.

Und dann sind der Kreativität keine Grenzen gesetzt: Smartphones sind leicht, Zubehör lässt sich oft aus Alltagsgegenständen zaubern. Ich habe mir beispielsweise ein Gerät gebaut, das sehr langsam schwenkt und so beispielsweise gute, bewegte, Zeitraffer-Aufnahmen erlaubt. Auf einer Eieruhr von Tchibo habe ich mit per LED-Licht härtbarem Klebstoff eine ¼-Zollschraube angebracht. An dieser kann ich mit jeder Smartphone-Halterung ein Smartphone befestigen. Binnen 60 Minuten dreht sich die Eieruhr um 360 Grad. Mit Apps wie Hyperlapse (iOs, Android) gelingen tolle Aufnahmen. #Mojo bedeutet auch: Experimentierfreude. Viel Spaß!

Weiterführende Links

„DxO Mark Mobile: The Reference for Image Quality". Zuletzt abgerufen am 12. März. http://www.dxomark.com/Mobiles
Florian Reichart, Blog „Smartfilming.com", www.smartfilming.com.
Glen B. Mulcahy, Blog „TVVJ", tvvj.wordpress.com
Nick Garnett, Blog nickgarnett.co.uk.
Luftfahrtbundesamt. „Anschriften der Landesluftfahrtbehörden". Zuletzt abgerufen am 24. Juni 2016. http://www.lba.de/DE/Presse/Landesluftfahrtbehoerden/Landesluftfahrtbehoerden_Uebersicht.html?nn=701672
Stiftung Warentest. „Das müssen Hobby-Piloten wissen." Zuletzt abgerufen am 24. Juni 2016. https://www.test.de/Drohnen-Das-muessen-Hobbypiloten-wissen-4727469-0/

Interview mit Marc Blank-Settle

Marc Blank-Settle hat jahrelang als Reporter für die BBC gearbeitet, bevor er in die Journalistenausbildung eingestiegen ist. Er arbeitet heute als Trainer am BBC „College of Journalism". Er ist einer der Vorreiter der „mobile-journalism"-Ausbildung und hat über die Jahre tausenden Kollegen nahegebracht, wie sich vor allem per iPhone hörfunk- und fernsehtauglicher Inhalt produzieren lässt.

Als Smartphone-Journalist da draußen ist man auf drei Dinge angewiesen: Speicherplatz, Strom und eine möglichst gute Netzabdeckung. Was sind deine Tipps, wenn man keinen Empfang hat?

Die drei Säulen von „Mobilem Journalismus" – unabhängig davon, welche Apps man benutzt, welche Geschichte man erzählt – (Paranthese), sind Speicherplatz, Batterie und Netzabdeckung. Und die Netzabdeckung ist möglicherweise besonders wichtig, vor allem dann, wenn man große Videodateien hochladen möchte. Wer auch nur eine Minute Video hochlädt – unabhängig davon, mit welcher App sie in welcher Auflösung gedreht wurde –, der hat ein Problem, wenn er das über eine sehr schlechte Verbindung versucht. Also: Ja, ein „mobiler Journalist" muss sich immer darum bemühen, eine akzeptable Netzabdeckung zu finden.
Es gibt ein paar Tricks: Eine Möglichkeit ist, sein Telefon schnell in den Flugmodus zu schalten und dann wieder Netzverbindungen zuzulassen. Das hat mir häufig dabei geholfen, ein LTE-Netz zu finden, wenn ich vorher nur UMTS nutzen konnte. Also: Einfach die Verbindungen kappen und dann wieder neu aufbauen.

Ist das nur „Trial und Error", Glück im Unglück, wenn es funktioniert – oder kann man erklären, warum das funktioniert, und sich auch darauf verlassen?

Ich würde gern sagen, dass diese Methode wissenschaftlich belegt wäre – sie ist es leider nicht. Ich habe es häufig getan und vielen Menschen empfohlen – und es funktioniert häufig. Ich würde es auf jeden Fall versuchen, zumal der Aufwand ja recht begrenzt ist: 5 Sekunden, Flugmodus an und aus, das war's.
Es gibt andere Apps, die anzeigen, wie gut eine Verbindung ist, und wo die nächsten Sendemasten und Wifi-Netze sind. Es gibt eine sehr gute iOs-App dafür, „Open Signal". In der Stadt gibt es natürlich viele Sendemasten: Da kann es ausreichen, die Verbindung zu unterbrechen, ein paar Meter weiterzulaufen, und sich neu zu verbinden. In ländlicheren Gebieten muss man manchmal deutlich weiter laufen.

Einige Apps funktionieren nicht mit schlechteren als UMTS-Verbindungen – auch da kann die App helfen, das nötige Netz zu finden.

Ich arbeite seit 20 Jahren als Journalist, und als ich damit begonnen habe, habe ich an fremder Leute Türen geklopft und gefragt: Darf ich Ihr Telefon kurz benutzen, um in meiner Redaktion anzurufen? Damals gab es keine Handys. Heutzutage kann es sich lohnen, an Türen zu klopfen und stattdessen zu fragen: „Darf ich Ihr Mobilfunknetz nutzen?". Insbesondere dann, wenn man in ländlicheren Regionen noch nicht einmal ein UMTS-Netz findet, kann das Wifi-Netz des nächsten Bauernhofes helfen. Vielleicht bezahlt man ein paar Euro und kann endlich seinen Beitrag übertragen. Wie gesagt: Die Verbindungsqualität ist zentral für die erfolgreiche Arbeit als #Mojo.

Hält die BBC ihre Reporter wirklich dazu an, an fremde Türen zu klopfen? Habt Ihr gute Erfahrungen damit gesammelt?

Größtenteils ja. Denn wir sind als die BBC im Land bekannt. Und meistens freuen sich die Menschen, wenn sie uns helfen können. Man kann Pech haben, auch ein privates WiFi-Netzwerk kann schlecht sein, vor alle auf dem Land. Manche Leute lassen dich umsonst in ihr Netzwerk, andere fragen: „Na, wieviel bist du denn bereit, mir zu bezahlen?" Man zahlt das ja nicht aus der eigenen Tasche – es geht vor allem darum, sich möglichst viele Optionen offenzuhalten, und im Notfall eine Idee im Kopf zu haben, wie man sich noch helfen könnte. Besser als: Kein Netz – ich stelle die Arbeit ein.

Ergibt es Sinn, einen mobilen Hotspot zu nutzen, mit einem anderen Mobilfunkanbieter als dem, der im Smartphone genutzt wird?

Das ist sehr vernünftig, und zudem: Ein Smartphone ohne Simlock, das mit jedem Netzbetreiber genutzt werden kann, hilft ebenso. Funktioniert das Telefon nur mit einer Sim-Karte, kann man große Probleme bekommen, wenn das eigene Netzwerk blockiert ist. Viele Journalisten haben auch zwei Telefone von unterschiedlichen Anbietern dabei, damit sie mit wenigstens einem Empfang haben oder vergleichen können, welches Netzwerk ihnen die bessere Verbindung erlaubt. Ich habe kürzlich Journalisten in Wales trainiert, dort gibt es viele Hügel, Berge, Täler – und die Netzabdeckung wechselt. Dort erhalten Journalisten grundsätzlich Smartphones, die nicht nur mit einem Anbieter funktionieren, damit sie mehrere Sim-Karten dabei haben und verschiedene Netze ausprobieren können. Anders als

Smartphones haben mobile Hotspots in der Regel kein „Sim-Lock", so dass mit ihnen auch verschiedene Netze genutzt werden können. Einige Kollegen sagen: „Dann muss ich ja noch ein Gerät mitschleppen, das Batterien nutzt." Aber ein mobiler Hotspot kann so klein sein, dass er die Arbeit nicht zu sehr behindern sollte.

Gibt es weiteres Zubehör, das helfen kann?

Ich empfehle noch einen externen Speicherstick, den es für alle Telefonmodelle gibt. Wenn die Verbindungsqualität sehr schlecht ist, kann der Reporter sein Material auf den Stick kopieren und beispielsweise per Kurier oder Taxi in den Sender schicken.

Es gibt Apps, die versuchen, gleichzeitig eine Mobilfunk- und eine WLAN-Verbindung zu nutzen. Eine davon ist Speedify. Wie sind deine Erfahrungen damit, funktioniert der Dienst?

Ich habe mich bei Speedify registriert und den Dienst ausprobiert. Die Leistung hat mich nicht allzu sehr beeindruckt. Es gibt andere Dienste wie Dejero oder LiveU (siehe Kapitel 7.12.), die mehrere Übertragungswege bündeln. Das scheint besser zu funktionieren, allerdings nur mit einem Empfangsserver. Speedify hat dasselbe ohne Empfangsserver versucht. Meine Erfahrungen und die meiner Kollegen sind eher enttäuschend. Vielleicht hatten wir nur Pech, vielleicht entwickelt sich der Dienst weiter: Dann wäre das großartig. Ich sehe das bisher aber nicht.

Gibt es andere Tipps, die du bei schlechtem Empfang geben würdest: das Telefon hoch in die Luft halten, was auch immer?

Das kommt auf die Inhalte an, die übertragen werden sollen. Gerade soziale Netzwerke kommen mit niedrigere Bandbreite zurecht. Es gibt Dienste, die eine SMS-Textnachricht in einen Tweet umwandeln beispielsweise: Wenn alle Stricke reißen, könnte das ein Weg sein, trotzdem über ein Ereignis zu berichten. Einen ebensolchen Dienst gibt es für Facebook. Statt also bei schlechtem oder nicht funktionierendem Datennetz reine Textnachrichten an einzelne Menschen zu senden, kann man sie an einen solchen Dienst senden, der sie dann in Postings bei Twitter oder Facebook umwandelt. Das größte Problem sind in der Tat großen Datenmengen, insbesondere bei Videofilmen.

Wird 5G einen Unterschied machen, der Mobilfunkstandard nach LTE, der 202 eingeführt werden soll?

Angeblich soll 5G alles verändern, das nächste „große Ding". Ob das wirklich der Fall sein wird, werden wir Ende des Jahrzehntes erfahren. Eine wichtige Frage ist, ob neben den angekündigten Download-Geschwindigkeiten – so etwas wie ein Spielfilm in wenigen Sekunden – auch ähnliche Upload-Geschwindigkeiten zu erreichen sind. Das wäre für mobilen Journalismus besonders wichtig. Eine weitere Frage ist, wo 5G nutzbar sein wird: Zunächst nur in den großen Städten? Wann folgen die ländlichen Regionen? Da spüren wir ja schon heute, dass noch nicht einmal UMTS wirklich überall verfügbar ist.

Ergibt „mobiler Journalismus" aus deiner Sicht Sinn, wenn eine der Säulen – nämlich die Verbindungsqualität – fehlt, beispielsweise in ländlichen Regionen?

Die Frage ist, welche Ressourcen dir zur Verfügung stehen. Hast du eine hochwertige Kamera, ein Team und einen Satelliten-Übertragungswagen, wirst du damit bessere Ergebnisse erzielen als mit einem Smartphone bei schlechter Netzabdeckung. Die meisten Menschen haben aber keinen Ü-Wagen auf dem Hof. Und für sie kann das Smartphone auch ohne gutes Netz eine Nachrichtenzentrale in der Hosentasche sein: Denn sie können in Radio- oder Fernseh-Qualität aufzeichnen, bearbeiten und dann später – vielleicht nach Rückkehr ins Büro senden. Das Smartphone versetzt einen Journalisten in die Lage, *immer* Journalist zu sein. Wenn etwas passiert und das Kamerateam gerade zufällig auch am selben Ort ist – wunderbar. Aber wie wahrscheinlich ist das? Ich versuche, Journalisten genau das klar zu machen: dass sie mit dem Smartphone eben jederzeit berichten können, wenn etwas passiert.

Lässt sich „mobile journalism" dort leichter durchsetzen und verbreiten, wo Ressourcen wie Kameracrew oder Schnitträume knapp sind?

Wir haben meist ein Kamerateam verfügbar, wenn etwas passiert. Aber es gibt nicht so viele Crews wie es Geschichten gibt, über die man berichten müsste. Insofern ist das Smartphone auch für uns bei der BBC eine große Chance, andere, neue Geschichten zu berichten. Wenn Dein Budget, beispielsweise als Blogger, aber klein ist, kannst Du Dir keine Crews leisten. Dann ist Smartphone-Journalismus fast Deine einzige Chance, Audio oder Video zu produzieren. Und Du kannst die produzierten Inhalte direkt in den sozialen Medien teilen – eine großartige Chance.

Würdest du dir als Mojo-Afficionado wünschen, dass einmal eine Woche lang alle Kameracrews auf dem Hof bleiben müssten – und nur Smartphones benutzt werden dürfen?

Das ist auf den ersten Blick eine wunderbare Idee. Ich bin nur nicht überzeugt, dass wir unseren Zuschauern Berichte anbieten würden, die deren Erwartungen an Bild- und Tonqualität entsprechen. Denn Smartphones haben ihre Grenzen – schwierige Lichtsituationen, zum Beispiel. Man kann dann externe Lampen nutzen – am Ende geht es aber immer darum, die Grenzen des Smartphones zu erkennen und damit umzugehen. Smartphones können schon allein sinnvoll sein, um in einem Interview die Gegenschüsse zu drehen, als zweite Kamera zuzusagen.

Was gehört aus deiner Sicht unbedingt in eine Mojo-Ausrüstung?

Ich glaube, dass eine Handvoll Geräte reicht, die in eine kleine Tasche passen. Ein extra Speicher, ein kleines Mikrofon, ein kleines Stativ. Ein Licht kann sinnvoll sein, ist aber nicht immer erforderlich. Ein externer Akku ist nötig, und vielleicht ein mobiler Hotspot. Man kann natürlich auch viel Geld ausgeben für extra Linsen, beispielsweise von Sony (siehe Kapitel 3.7.). Aber das alles macht die Ausrüstung schwer und teuer. Zentral ist für mich die Erkenntnis: Schon ein wenig Zubehör für wenig Geld lässt deine Berichte deutlich besser aussehen.

Abbildung Marc Blank-Settles Ausrüstung

Marc Blank-Settles Ausrüstung: Ansteckmikrofon Smartlav+, iblazr-Licht, Gorillapod-Stativ, Sandisk iXpand Speichererweiterung für´s iPhone, Shoulderpod S1, Clip-On-Linse und externer Akku.

Hörfunk unterwegs

4

Zusammenfassung

Interviews führen und Atmo aufnehmen per Smartphone – welche Apps helfen? Wie lassen sich aus Audioclips fertige Aufsager und gebaute Beitrag produzieren? Welche Apps unterstützen beim Live-Bericht vom Smartphone? Wie lassen sich Hörfunk-Beiträge veröffentlichen?

Für viele Hörfunkreporter ist „mobile journalism" schon Alltag, mehr noch als für ihre TV-Kollegen: Die Zeiten, in denen Hörfunkreporter auf Cassette oder Tonband aufzeichneten, sind längst passé, Flashrecorder und andere Speichermedien haben Einzug gehalten – und letztendlich sind auch Smartphones nichts Anderes als Speichermedien, die praktischerweise zudem senden können. Immer mehr Sender richten daher ihre Workflows darauf aus, ihre Reporter live über Telefone (aber nicht in Telefon-, sondern in sendefähiger Audioqualität) zuzuschalten. Die Schwierigkeiten, mit denen Videojournalisten kämpfen – mangelhafte Bildqualität (auch infolge schlechter Mobilfunkverbindung), hoher Speicherbedarf und Batterieverbrauch – relativieren sich bei Audioproduktionen, die weniger speicher- und batterieintensiv sind. Mit den verschiedenen Audiocodecs, die in der Hörfunkproduktion wichtig sind, kommen die meisten Handys heute spielend zurecht.

Der Wandel im Hörfunk ist in vollem Gange: Den Ü-Wagen schicken viele Sender nur noch zu Großereignissen, bei denen mehrere Reporter umfangreich für viele Programme berichten. Ein Reporter allein wird nur noch selten mit „großem

Besteck" zur Pressekonferenz oder Buchvorstellung erscheinen – eben, weil sein Telefon ihm ähnliche Möglichkeiten wie vor zehn Jahren der Ü-Wagen gibt. „Mobile Reporting" im Hörfunk ist aber nicht nur billiger als die bisherige Produktionsweise, weil teure Technik und zusätzliches Personal zu Hause bleiben können. „Mobile Reporting" bietet auch andere Vorteile: Ein Reporter mit Smartphone ist sehr viel beweglicher als ein Ü-Wagen, beispielsweise in einem Demonstrationszug oder bei einem anderen Ereignis, das sich über eine größere Fläche erstreckt. Allerdings rate ich dazu, von Fall zu Fall über Teamkonstellationen zu entscheiden. Denn selbst wenn ein Smartphone das günstigere Produktionsmittel ist, kann es sich lohnen, dass ein zweiter Kollege – Techniker oder Reporter – vor Ort unterstützt. Die Arbeitsteilung im Team ist hilfreich, um schneller in guter Qualität auf Sendung zu gehen. Per Smartphone ist Hörfunk zudem *für jedermann* machbar. Wenn der eigene DAB- oder UKW-Sender fehlt, werden die fertigen Audiobeiträge eben online veröffentlicht. Dafür gibt es mittlerweile viele gute Plattformen.

Für viele Aufnahmen ist schon das eingebaute Smartphone-Mikrofon eine akzeptable Option: Das gilt insbesondere für iOs-Telefone und bessere Android-/Windows-Modelle. Umgebungsgeräusche („Atmo") fangen viele Smartphone-Mikrofone in nutzbarer Qualität ein. Wie im Kapitel 3.1 beschrieben lässt sich zudem ein herkömmlicher Windschutz von Kugelkopfmikrofonen auf das Telefon schieben, um bei Außenaufnahmen vor allem Windgeräusche zu vermeiden. Zudem haben findige Anbieter Windschutz eigens für Smartphones entwickelt.

Wenn das eingebaute Mikrofone nicht die erwünschte Qualität liefert, kann ein externes Mikrofon das Problem lösen (siehe Kapitel 3.2.). Für Interviews empfehle ich vor allem Lavalier- oder Ansteckmikrofone oder gerichtete Mikrofone. Mit Stativ kann ein gerichtetes Mikrofon dicht am Interviewpartner, beispielsweise auf einem Tisch, platziert werden. Zudem lassen sich Griffgeräusche vermeiden. Kabel sollten immer „mit Luft" liegen. Sind sie zu straff verlegt, können Bewegungen zu Knacken oder Rauschen führen.

4.1   Ein wenig Theorie: Audioformate

Damit wichtige Aufnahmen gelingen, ist ein Grundverständnis von Audio- und Dateiformaten hilfreich. Wer Aufnahmen speichern möchte, bedient sich eines *Formats* und eines *Behälters* – genauso wie beim Einkochen: Das Obst liegt im Stück, weichgekocht oder als Marmelade vor – und kommt dann in ein Glas, eine Dose oder einen anderen Behälter. Eine gute Übersicht über die wichtigsten Formate und Behälter bietet beispielsweise das Blog „e-teaching.org" (siehe „Weiterführende Links"), aus dem einige der im folgenden zusammengefassten Informationen stammen.

Behälter (auch „Container") für Audioformate werden per Dateiendung gekennzeichnet: beispielsweise „.mp3", „.wav", „.m4a", „.ogg" oder „.wma". Wie das Schildchen auf dem Marmeladenglas Haltbarkeitsdatum, Koch oder Zutaten angibt, können auch die Audio-Behälter darüber hinaus „beschriftet" sein – mit „Metadaten" wie Autorenname, Songtitel oder Aufnahmedatum.

Die wichtigsten Audiobehälter

WAVE: Dateien mit der „.wav"-Endung enthalten in der Regel unkomprimierte digitale Daten, die im PCM-Format (siehe unten) vorliegen. „.wav"-Dateien sind oft die beste Wahl und empfehlenswert, wenn Aufnahmen später weiterverarbeitet werden, beispielsweise im Schnitt.

AIFF/CAF: Die von Apple entwickelten Container können verschiedene Formate enthalten, in der Regel jedoch unkomprimierte Audiofiles – auch gut für mobilen Journalismus. Der neuere CAF-Container speichert deutlich mehr Metadaten als AIFF und ist nicht größenbeschränkt.

MP3: Der populäre „.mp3"-Behälter enthält in der Regel komprimierte Aufnahmen im MPEG-1 Audio Layer 3 oder MPEG-2 Audio Layer 3. Eine „.mp3"-Datei ist bei gleicher Audiolänge deutlich kleiner als eine „.wav"-Datei und eignet sich daher besser zur Überspielung in schwierigen Empfangssituationen. Auf der anderen Seite gehen bei der Speicherung Daten verloren.

MP4/M4A: Der MP4-Container entspringt dem Quicktime-Dateiformat von Apple. MP4-Behälter können neben Video und Audio auch Bilder oder Grafik und Text enthalten. Präziser ist die Dateiendung „.m4a" für Behälter mit im AAC-Kodierungsverfahren komprimierten Audiodaten.

WMA: Auch Microsoft hat ein Container-Format ins Rennen geschickt. Der „ASF"-Container wird mit der „.wma"-Endung gekennzeichnet, wenn er entsprechend kodierte Audioinhalte enthält.

OGG/OGA: Im Gegensatz zu MP3 und MP4 ist der OGG-Container ein freier, nicht durch Softwarepatente beschränkter Behälter für vielfältige Multimedia-Inhalte. Für Audios wird in der Regel der Audio-Codec „Vorbis" und als Dateinamenserweiterung „.oga" verwendet.

Im Behälter stecken die Informationen über den Klang: Gesprochenes Wort, Musik oder atmosphärische Töne müssen ins Digitale „übersetzt" werden, um sie zu speichern. Aus Frequenzen werden schlussendlich vielmals „0" und „1". Diese Übersetzung in „An" oder „Aus" geschieht durch verschiedenen Codecs – Kleinstprogramme, die Ton zum einen in digitale Informationen übertragen und zum anderen aus digitalen Informationen wieder reale Töne produzieren. Es gibt verschiedene Codecs, die jeweils bestimmte Formate „verstehen", so wie ein Wörterbuch Englisch-Deutsch auch nur hilft, Englisches ins Deutsche (und umgekehrt) zu übersetzen.

Die wichtigsten Audioformate

PCM (Puls-Code-Modulation) überträgt Töne nahezu verlustfrei in digitale Informationen. Das heißt: Kaum etwas geht verloren – perfekt für die Weiterverarbeitung im Schnitt, wenn beispielsweise tiefe Töne noch angehoben oder Vogelstimmen hervorgehoben werden sollen. PCM-Dateien sind daher deutlich größer als komprimierte Audio-Dateien.

Flac (Free Lossless Audio Codec) komprimiert ohne Verlust und ist nicht an oft teure Softwarelizenzen gebunden.

MP3 (MPEG-1 Audio Layer 3 und MPEG-2 Audio Layer 3) ist einer der ersten komprimierten Codecs und wurde vom Fraunhofer-Institut entwickelt. MP3 ist besonders populär, kodiert Klänge aber durch Kompression: Bestimmte Informationen werden kaum hörbar weggelassen, um Aufnahmen zu verkleinern. LAME ist ein offener MP3-ähnlicher Codec.

AAC (Advanced Audio Coding) kodiert ebenso mit Verlust und schrumpft CD-Musik beispielsweise auf ein Sechzehntel der Originalgröße. Das Verfahren ist jünger als MP3 und wird von einigen Nutzern MP3 vorgezogen, weil es bei besserer Klangqualität stärker komprimiert.

WMA (Windows Media Audio) ist ein von Microsoft entwickeltes, verlustbehaftetes Kodierungsverfahren. Auch WMA ist weit verbreitet, unter anderem, weil es DRM (Digital Rights Management) der Musikindustrie unterstützt.

Vorbis ist ein Open Source-Codec, der mit Verlust komprimiert, aber patentfrei ist und daher ohne Lizenzgebühren verwendet kann.

4.2 Android: Aufnahme und Bearbeitung

Für die Aufnahme mit Android-Smartphones gibt es eine Vielzahl guter Apps. Aus meiner Sicht sind folgende Kriterien wichtig: Eine App muss die wichtigsten Audiocodecs unterstützen, insbesondere verlustfreie, unkomprimierte Aufnahmen (PCM/FLAC als .wav- oder .aiff/caf) ermöglichen. Die Bedienung sollte einfach und übersichtlich sein. Eine erkennbare Hüllkurve sollte während der Aufnahme helfen, beispielsweise ein externes Mikrofon gut auszusteuern. Im Idealfall lässt sich der Ton schon während der Aufnahme (beispielsweise über ein iRig Pre, siehe Kapitel 3.3) abhören.

Das Programm „Easy Voice Recorder Pro" erfüllt diese Voraussetzungen beispielsweise. Die Pro-Version hat einige wichtige Zusatzfunktionen, darunter Stereo-
Aufnahmen und die Möglichkeit, die Eingangslautstärke anzuheben (Gain). Wer das
Programm öffnet, könnte direkt mit der Aufnahme starten *(Abb. 04-01)*. Empfehlenswert sind jedoch zunächst einige Vorarbeiten: Über den Zauberstab (1) öffnet
sich ein Untermenü *(Abb. 04-02)*. Hier lässt sich beispielsweise der Eingangspegel
des Mikrofons erhöhen (1). Die App kann so eingestellt werden, dass die Aufnahme
an leisen Stellen pausiert (2) – eher problematisch für journalistische Aufnahmen,
denn auch Schweigen transportiert Information. Zudem lassen sich alle Voreinstellungen im Überblick anzeigen (3). Zurück im Hauptmenü *(Abb. 04-01)* führen die
drei Menüpünktchen (2) zu den wichtigsten Grundeinstellungen *(Abb. 04-03)*.

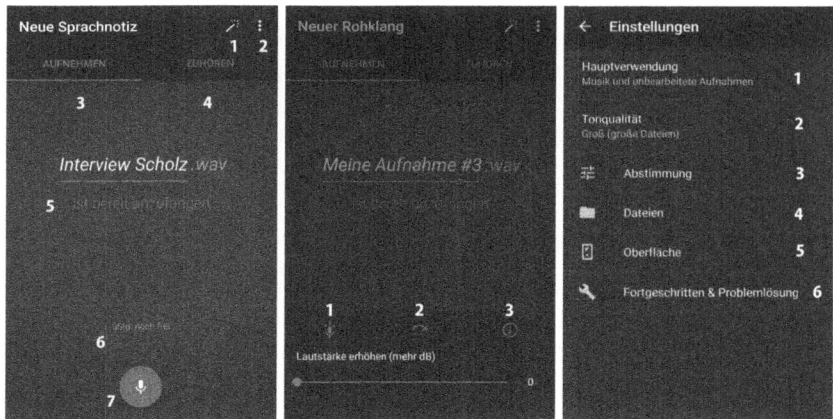

Abbildung 04-01, 02, 03

Empfehlenswert ist immer eine möglichst verlustfreie Aufnahme, ohne Kompression oder voreingestellte Filter (es sei denn, es gibt durch begrenzten Speicher den Bedarf, kleine Dateien abzulegen). Als Hauptverwendung (1) sollte daher
„Musik und unbearbeitete Aufnahmen" ausgewählt werden. Als Tonqualität (2)
sollte „Groß" festgelegt werden (was zu größeren Dateien führt). Unter „Abstimmung" (3) sind dann Formatfestlegungen möglich *(Abb. 04-04)*. Als Mikrofon
sollte die „Hauptleitung" ausgewählt werden, die unverarbeitet aufgenommen wird
– es sei denn, ein Bluetooth-Mikrofon kommt zum Einsatz (siehe Kapitel 3.2.).
Zudem lässt sich hier eine Stereo-Aufnahme aktivieren. Entscheidend ist die Festlegung des Aufnahmecontainers und -formats – also „.wav (PCM)". Dies bedeutet
allerdings, dass Aufnahmen pro Minute rund 5,5 Megabyte (MB) Speicher be-

legen, während alle anderen Formate aufgrund der Kompression kleinere Dateien produzieren (bei 48 kHz belegen m4a, mp4 und aac ca. 0,9 MB pro Minute, 3gp zwischen 36 und 92 Kilobyte pro Minute, was für professionelle Aufnahmen nicht ausreicht). Die Abtastrate sollte möglichst hoch liegen, in der Regel bei 48 Kilohertz (kHz), was wiederum größtmögliche Dateien produziert: Eine .wav-Datei mit 48 kHz belegt 5,5 MB, mit 8 kHz lediglich 0,9 MB. Die Bitrate muss nur für das AAC-Format festgelegt werden.

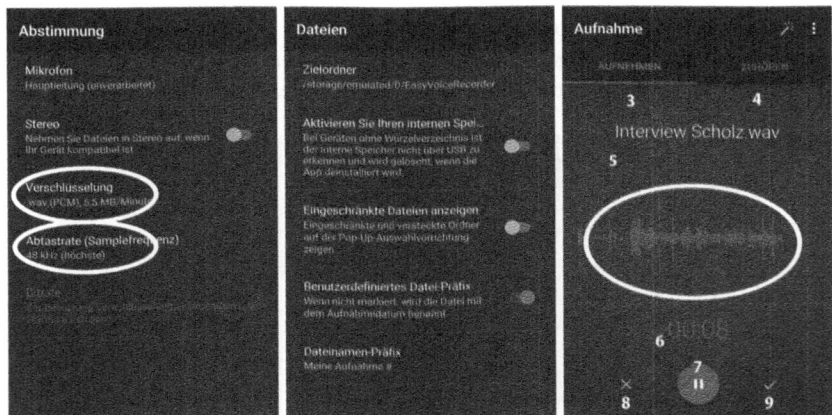

Abbildung 04-04, 05, 06

Wo die Dateien gespeichert werden, lässt sich im Menu Dateien (Abb. 04-03, (4)) festlegen. Hier kann das Zielverzeichnis *(Abb. 04-05)* eingestellt werden, was praktisch ist, um beispielsweise O-Töne für ein Projekt in einem Ordner abzulegen. Wer schon bei der Aufnahme ein wenig Zeit in die Ordnung seines Materials investiert, wird diese in der Weiterverarbeitung mehrfach wieder zurückbekommen. Bei einigen Geräten muss zudem der interne Speicher aktiviert werden, damit Aufnahmen beispielsweise auf einen Computer kopiert werden können und bei Löschung der App nicht mit gelöscht werden. EasyVoiceRecorder speichert Aufnahmen standardmäßig, indem es dem Dateinamen das Aufnahmedatum voranstellt. Nutzer können jedoch auch dies verändern, indem sie ein „Benutzerdefiniertes Datei-Präfix" speichern – beispielsweise, um alle Aufnahmen eines Projekts erkennbar zu machen.

Erst nach erfolgten Grundeinstellungen sollte mit der Aufnahme begonnen werden. Zurück auf dem Hauptbildschirm *(Abb. 04-06)* kann die Datei dann be-

nannt werden (5). Dieser Name erscheint im Aufnahmetitel nach dem Aufnahmedatum oder Benutzer-Präfix. Die Aufnahme beginnt und pausiert bei Berühren
des Aufnahmeknopfes (7). Die Hüllkurve (eingekreist) beginnt, von links nach
rechts zu laufen, und zeigt, ob die Aufnahme korrekt ausgesteuert ist: Die blauen
Balken sollten erkennbar größer und kleiner werden, rote Balken symbolisieren
dagegen eine Übersteuerung. Der Timecode (6) zeigt die aktuelle Aufnahmelänge.
Nach erfolgter Aufnahme muss diese per Haken (8) akzeptiert oder mit Kreuzchen
(9) verworfen werden. Die fertigen Aufnahmen können dann unter „Zuhören" (4)
fortgesetzt, angehört, neu betitelt, verworfen oder an andere Apps (beispielsweise
Cloudspeicher oder zur Bearbeitung) weitergegeben werden.

Eine weitere empfehlenswerte Aufnahme-Apps für Android ist RecForge Pro,
das allerdings nicht ganz so übersichtlich gestaltet ist und einige Schwächen in der
Übersetzung der Menüpunkte aufweist. RecForge Pro unterstützt zudem das Abhören während der Aufnahme. Auch der Titanium-Recorder gestattet die wichtigsten Grundeinstellungen und unterstützt unkomprimierte WAV-Aufnahmen sowie
Mikrofonverstärkung. Daneben gibt es noch eine Vielzahl weiterer Recorder-Apps
für Android.

Auch für den Schnitt gibt es mehrere mögliche Programme. Kostenlos ist beispielsweise der Lexis Audio Editor (kostenpflichtig auch verfügbar für Windows-
Telefone, siehe Kapitel 4.4), der allerdings nur eine Spur bietet. Blenden und ge-
mischte Tracks, beispielsweise aus Atmo und O-Ton oder O-Ton und Musik, sind
damit nur sehr eingeschränkt und in mehreren Arbeitsdurchgängen möglich. Auf
der anderen Seite bietet Lexis eine überraschende Vielzahl von Werkzeugen, mit
denen sich wenige kurze Bearbeitungsschritte einfach erledigen lassen.

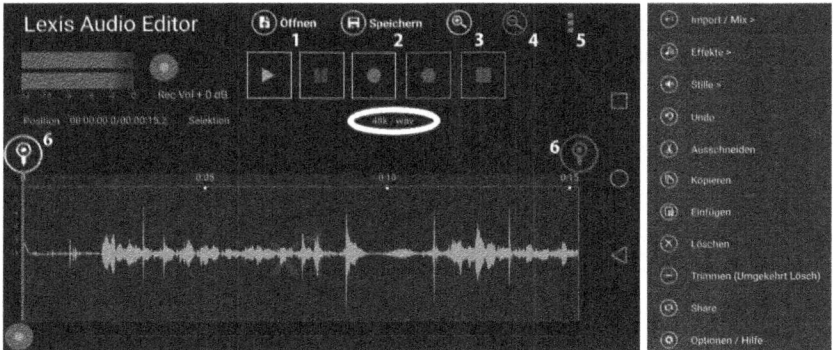

Abbildung 04-07, 08

Lexis startet mit dem Bearbeitungsfenster *(Abb. 04-07)*. Wichtig sind wie bei allen Apps zunächst die Grundeinstellungen, die sich über die Menüpünktchen (5) vornehmen lassen. Das sich öffnende Menü *(Abb. 04-08)* enthält auch viele wichtige Funktionen für die spätere Bearbeitung. Zunächst sollte jedoch unter „Optionen" (ganz unten) festgelegt werden, dass auch hier die Bearbeitung mit höchster Bitrate (320 Kilobits pro Sekunde) und im verlustfreien, nicht komprimierten .wav-Format erfolgen soll. Auf dem Bearbeitungsschirm zeigt Lexis die jeweils gewählte Formatvariante (eingekreist).

Anschließend kann der erste Audiotrack geöffnet werden (1). Mit den beiden Markierungspunkten (6) rechts und links lassen sich Bereiche kennzeichnen, die kopiert, herausgeschnitten oder anderweitig bearbeitet werden sollen. Zudem lassen sich über das Menü (5) weitere Tracks importieren, die jeweils hinten angefügt werden. Ein Track kann auch unter einen anderen gemischt werden (beispielsweise Atmo unter einen Aufsager) – dies geht aber nur „ganz oder gar nicht" – es gibt keine Möglichkeiten, beispielsweise Trackteile davon auszunehmen. Hier stößt Lexis an seine Grenzen. Die Ansicht der Timeline lässt sich mit (3) vergrößern, mit (4) verkleinern. Nach Ende der Bearbeitung kann der fertige Track über (2) gespeichert werden.

Wesentlich komfortabler ist die Bearbeitung mit einem mehrspurigen Audioeditor. Audio Evolution Mobile Pro (die kostenlose Version taugt lediglich zum Ausprobieren) wurde für die Musikbranche entwickelt und bietet einen riesigen Funktionsumfang. Viele Möglichkeiten werden Journalisten nicht ausnutzen. Das macht die Bedienung etwas unübersichtlich und vielleicht kompliziert. Der große Vorteil von Audio Evolution Mobile Pro sind jedoch die vielen nutzbaren Spuren sowie die unterstützten Audioformate. Weil die App auch MIDI-Geräte unterstützt, ist der Startbildschirm für #Mojo-Zwecke entbehrlich: Mit einer kurzen Bestätigung der verbundenen MIDI-Geräte (keine) per „Ok" geht es in die Timeline *(Abb. 04-09)*.

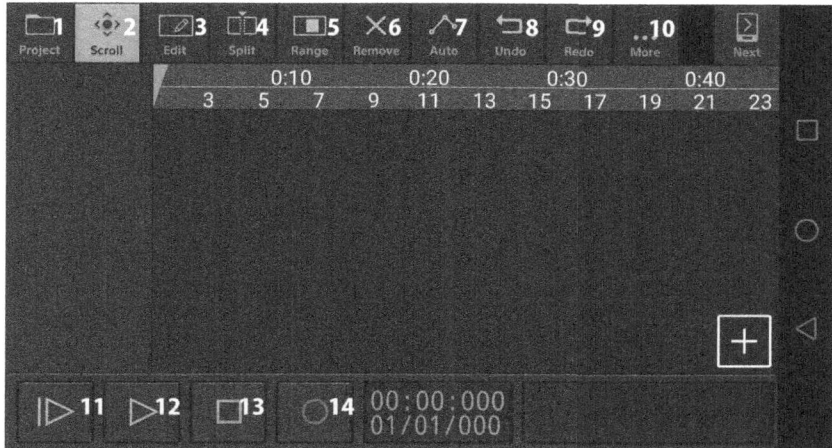

Abbildung 04-09

In der Timeline bietet die App verschiedene Editiermöglichkeiten. Ein neues Projekt lässt sich unter (1) anlegen, ebenso werden hier Clips importiert und fertige Clips exportiert. Scroll (2) bedeutet, dass durch Berührung die Timeline nach rechts und links geschoben werden kann, während mit „Edit" (3) die einzelnen markierten Clips verschoben werden. Mit „Split" (4) lassen sie sich teilen, mit „Range" (5) können Ausschnitte markiert und verschoben oder kopiert werden. Löschen lassen sich einzelne Clips mit (6). Audio Evolution Mobile bietet auch die Möglichkeit, innerhalb der Clips die Lautstärke anzupassen (7). Zudem gibt es die wichtige Undo- (8) und Redo- (9)-Funktion, sodass kein Schritt unumkehrbar ist. Weitere Optionen verbergen sich unter (10). (11) spielt die vorliegende Timeline ab Beginn, (12) ab Playhead/Abspielkopf. Mit (13) lässt die Wiedergabe sich stoppen, mit (14) können eigene Aufnahmen innerhalb der App (beispielsweise der eigene Off-Kommentar) hinzugefügt werden.

Wichtig sind vor dem Start wiederum die Grundeinstellungen. Im Projektmenü (1) lässt sich ganz unten unter „Optionen" die Samplerate festlegen, die in Rundfunkqualität und -standard, also bei 48.000 Hertz, festgelegt werden sollte. Danach lässt sich im selben Menü ein neues Projekt anlegen und betiteln (4) oder ein bereits begonnenes öffnen (5) *(Abb. 04-10)*. Über den ersten Menüpunkt lässt sich eine „Audio- / MIDI-Datei importieren" (1) oder ein „Lied aus Musikdatenbank importieren" (2) (hierbei greift die App auf die Musik zu, die auf dem Telefon gespeichert ist). Nachdem mehrere Clips hinzugefügt wurden, erscheinen diese wie gewohnt mit sichtbaren Hüllkurven in unterschiedlichen Farben auf der Timeline *(Abb. 04-11)*. Unten rechts auf dem Bildschirm (eingekreist) zeigt eine Übersicht, welchen Teil der Timeline das Bearbeitungsfenster gerade anzeigt. Der Maßstab der dargestellten Clips lässt sich vergrößern und verkleinern, indem zwei Finger die Timeline auseinander- oder zusammenziehen. Der grüne Playhead (Abspielkopf (1)) zeigt an, wo die Wiedergabe derzeit angehalten wurde. Über das Plus-Symbol (2) lassen sich weitere Spuren hinzufügen.

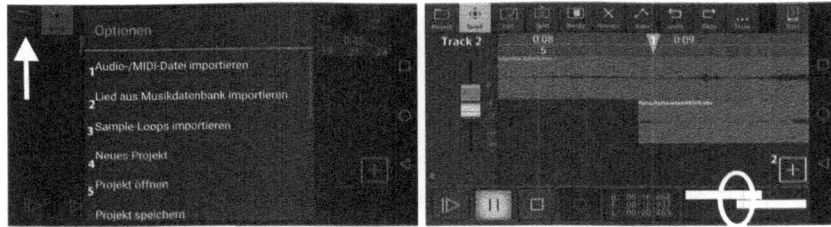

Abbildung 04-10, 11

Die Bedienung der App ist ein wenig gewöhnungsbedürftig: *Zuerst* wird in der Symbolleiste oben die Bearbeitungsart ausgewählt, *danach* die zu bearbeitende Stelle in den Clips. Das ist der umgekehrte Weg verglichen mit vielen anderen Apps, in denen zuerst die zu bearbeitende Stelle markiert und dann das Werkzeug ausgewählt wird, um diese Stelle zu verändern. Sind Clips beispielsweise an die richtige Position geschoben, würde man für eine Kreuzblende zunächst den Menüpunkt „Auto" auswählen und anschließend im Clip Markierungspunkte (mit Pfeilen gekennzeichnet) setzen, an denen die Lautstärke auf- und abgeblendet wird *(Abb. 04-12)*. Die Symbolleiste oben verändert sich bei Anwahl des „Auto-"-Menüs: Zwei neue Optionen erscheinen, mit denen neue Punkte hinzugefügt (1) und bestehende verschoben (2) werden können.

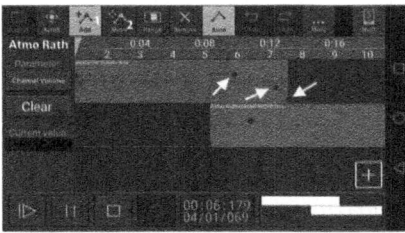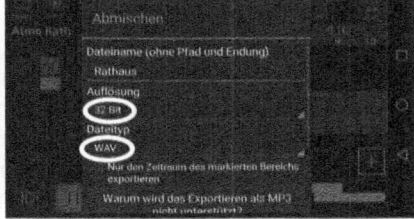

Abbildung 04-12, 13

Ein wenig Übung ist nötig, um sich an den Umgang mit Audio Evolution Mobile Pro zu gewöhnen. Dann ist das Programm aber ein großartiges Werkzeug, um Audiobeiträge mit O-Tönen, Atmo und Sprechertext aufzunehmen, zu bauen und zu mischen, weil sich einzelne Clips exakt verschieben und bearbeiten lassen. Ist ein Beitrag fertig wird er über das Projekt-Menü exportiert („Projekt abmischen"). Im dann erscheinenden Menü *(Abb. 04-13)* müssen dann wieder die „Auflösung" (32 Bit) sowie der Dateityp festgelegt werden: Hier sollte wiederum das speicherplatzintensive, aber verlustfreie „.wav"-Format gewählt werden. Der Beitrag wird dann entweder im Projektverzeichnis oder im Musikverzeichnis gespeichert und kann von dort veröffentlicht oder weitergegeben werden.

Nach dem letzten Update ist auch die App „N Track" eine gute Alternative: Sie bietet schon in der kostenlosen Version vier Audio-Spuren zur Mischung fertiger Beiträge. Allerdings erlaubt sie im kostenpflichtigen Abonnement (ca. 2 Euro pro Monat) den Export unkompromierter Audio-Dateien im wav-Format mit 32 oder 64 bit. Auch „N Track" ist wie „Audio Evolution" mehr als ein Audiomischer: Das kleine Tonstudio unterstützt beispielsweise auch MIDI-Tracks sowie weitere Funktionen, die im mobilen Journalismus nicht nötig sind und die App dadurch ein wenig unübersichtlich erscheinen lassen könnten.

4.3   iOs: Aufnahme und Bearbeitung

Auch in Apples App-Store gibt es Recorder wie Sand am Meer. Viele davon sind ungeeignet, manche sind geeignet, einige sind hervorragend. Wichtig ist (wenig überraschend), dass die Programme in guter Audioqualität aufnehmen. Zudem sollte der Nutzer die Möglichkeit haben, zwischen verschiedenen Format- und Container-Einstellungen auszuwählen sowie im Idealfall den Ton während der Aufnahme abzuhören. Nutzbare Rekorder sind beispielsweise die App „AVR" sowie die „Recorder-App" oder „Recorder+" (Achtung, es gibt viele Apps mit ähnlichen Namen).

Eine kostenlose, einfache Variante, die die wichtigsten Vorgaben erfüllt, ist „Voice Recorder", den viele Journalisten häufig nutzen – der Voice Recorder hat fast schon Legendenstatus. Allerdings zeichnet er in bester Qualität (PCM im .wav-Container, 353 Kilobit pro Sekunde) nur mit 22.050 Hertz auf – nicht ganz im Hörfunkstandard 48.000 Hertz, der gemeinhin angestrebt wird. Dennoch sind die Aufnahmen sehr brauchbar.

Der VoiceRecorder startet mit dem Dateimenü *(Abb. 04-14)*: Wird die App zum ersten Mal benutzt, ist der Speicher leer. Vor der ersten Aufnahme sollten wichtige Parameter festgelegt werden, die über das Einstellungsrädchen oben links erreichbar sind (1). Im Einstellungsmenü *(Abb. 04-15)* kann dann das Format festgelegt werden – der Voicerecorder bietet neben .wav-Dateien auch AAC, MP4, CAF und AIFF an. Zurück im Dateimenü *(Abb. 04-14)* können ein neuer Projektordner angelegt (2) und Dateien gesucht (3) werden. Praktisch ist die Möglichkeit, von einem Desktop-Computer oder Tablet über Wifi (4) auf die aufgenommenen Audioclips zuzugreifen (5). Mit einer Berührung der Mikrofon-Taste (6) wechselt der VoiceRecorder ins Aufnahmefenster und startet die Aufnahme direkt.

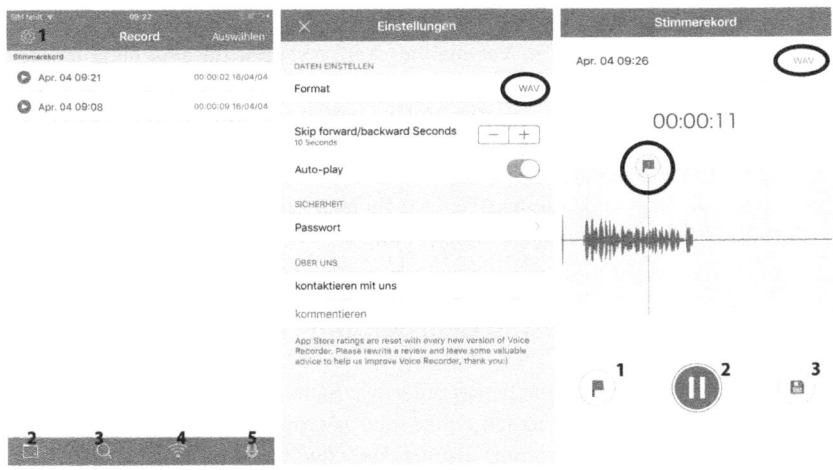

Abbildung 04-14, 15, 16

Während der Aufnahme erscheint eine Hüllkurve *(Abb. 04-16)*, an der sich der Aufnahmepegel gut ablesen lässt. Zudem können über das Fahnensymbol (1 und eingekreist) Marken gesetzt werden, die es später einfacher machen, das Material zu bearbeiten (die Marken werden allerdings nicht in andere Programme übertragen). Oben rechts (eingekreist) ist das Aufnahmeformat erkennbar. Die Aufnahme kann unterbrochen (2) und nach Abschluss gespeichert (3) werden. Sie taucht dann im Dateimenü auf und kann dort abgehört oder zur Bearbeitung an andere Apps weitergegeben werden.

Eine weitere gute App für Aufnahme und Bearbeitung ist der „Hindenburg Field Recorder". Benannt wurde sie nach dem Luftschiff, das im Jahr 1937 verunglückte – aus Sicht der App-Entwickler der erste große Moment für Livereportagen im Radio. Neben der iOs-App gibt es mehrere Desktop-Programme von Hindenburg, mit denen sich Beiträge weiterverarbeiten lassen. Leider ist die App verhältnismäßig teuer – auf der anderen Seite bietet sie einen großen Funktionsumfang. Sie arbeitet im .wav-Format, was gut ist für #Mojo-Zwecke, bietet aber keine anderen Optionen an. Dies kann dann problematisch werden, wenn ein Beitrag bei schlechter Mobilfunkverbindung nicht als .wav überspielt werden kann. In diesem Fall wäre ein zweites Programm nötig, um die .wav-Datei zu komprimieren und in einem anderen Format auszuspielen.

Der Hindenburg Field Recorder startet mit dem Aufnahmebildschirm *(Abb. 04-17)*. Empfehlenswert ist wiederum, zunächst über das Rädchen (8) die wichtigsten Einstellungen vorzunehmen. Im Einstellungsmenü *(Abb. 04-18)* sollte die Reporter-Ansicht gewählt werden, die bei Aufnahmen mehr Übersicht gibt. Außerdem sollte die Sample-Rate auf 48 Kilohertz gesetzt werden. Hindenburg bietet die Möglichkeit, Aufnahmen mitzuhören und den Eingangslevel (Gain) anzuheben. Die Pro-Version unterstützt 24-bit-Dateien (anwählbar), arbeitet aber generell mit 16-bit-Aufnahmen. Ganz unten im Einstellungsmenü lassen sich übrigens alle Projekte gleichzeitig löschen – wenn im Smartphone Frühjahrsputz angesagt ist.

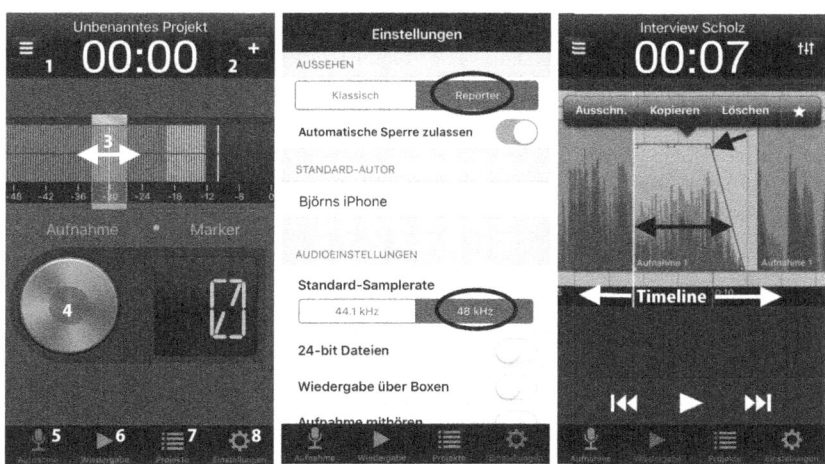

Abbildung 04-17, 18, 19

Zurück im Aufnahmemenü *(Abb. 04-17)* lässt sich über das Plus-Symbol (2) ein neues Projekt starten. Mit dem Schieber (3) lässt sich der Eingangspegel anpassen:

Eine Aufnahme sollte in der Regel blaue Ausschläge zeigen, in Spitzen gelbe. Erscheinen im Display rote Ausschläge, ist die Aufnahme übersteuert. Mit einem Druck auf den Aufnahmeschalter (3) beginnt die Aufnahme. Während sie läuft, können über den nun gelben Aufnahmeknopf (4) Marken gesetzt werden, die im Menü oben rechts (1) abgebildet werden. Dies erleichtert die spätere Bearbeitung sehr. Die Aufnahme endet, indem das Pausenzeichen im Schieber nach rechts bewegt wird.

Nun ist die Aufnahme unter „Wiedergabe" verfügbar *(Abb. 04-19)*. Sie erscheint als Hüllkurve und kann hier weiterbearbeitet werden. Die Bedienung erschließt sich nicht beim ersten Versuch: Viele Funktionen verbergen sich hinter der doppelten Berührung eines Bereichs. Ein Doppelklick auf die Timeline lässt zwei blaue Markierungen erscheinen, mit denen ein Bereich gekennzeichnet werden kann. Der doppelte Klick im Bereich öffnet ein Kontextmenü, über das der Bereich ausgeschnitten, kopiert oder gelöscht werden kann. Die Lautstärke eines markierten Bereichs (orange-braun dargestellt) kann zudem angepasst werden, indem die Ecken verschoben werden (schwarze Pfeile). Auf diese Weise lässt sich ein Clip insgesamt leiser einrichten oder am Anfang oder Ende ein- oder ausblenden.

Im Projektmenü lässt sich der blau gekennzeichnete Beitrag dann teilen – entweder als Projekt zur Weiterverarbeitung mit einem anderen Hindenburg-Programm auf einem PC, oder als .wav-Datei: Hier bietet Hindenburg praktische Varianten wie den Versand per Email, den direkten FTP-Upload, oder Upload zu Soundcloud.

Weitere Apps zur Aufnahme und Bearbeitung sind beispielsweise der TwistedWaveRecorder und -Editor, die Aufnahme- und Edit-App Hokusai oder „voddio" – eigentlich ein Videoschnittprogramm, das aber ebenso dazu taugt, mehrere Audiospuren zu bearbeiten. Problematisch bei voddio ist allerdings, dass die App über lange Zeit nicht weiterentwickelt wurde und erst kürzlich ein zunächst wenig stabiles Update erhalten hat. Auch der BBC-Reporter Nick Garnett (siehe Interview) schwor jahrelang auf die Audio-Bearbeitung im Mehrspur-Editor voddio, ist nun aber Freund einer neuen App geworden, die (fast) alle Bedürfnisse zusammenfasst, die ein Hörfunk-/Audioreporter hat: Ferrite.

Die kostenpflichtige App „Ferrite" führt das Beste aus vielen Programmen zusammen: Sie ist ein gutes Aufnahmetool und ermöglicht anschließend die Bearbeitung im Mehrspur-Editor. Selbst die kostenlose Version reicht schon aus, um kürzere Audiobeiträge zu produzieren. Allerdings gibt nur die Premium-Version verlustfreie Audio (ALAC-Container/CAF-Format) aus – wer die App kostenlos nutzt, erhält ausschließlich verlustbehaftete m4a-Audiocontainer mit AAC-Format. Kostenlos sind bis zu drei Audiotracks, bis zu 32 Spuren bietet dagegen die kostenpflichtige Version.

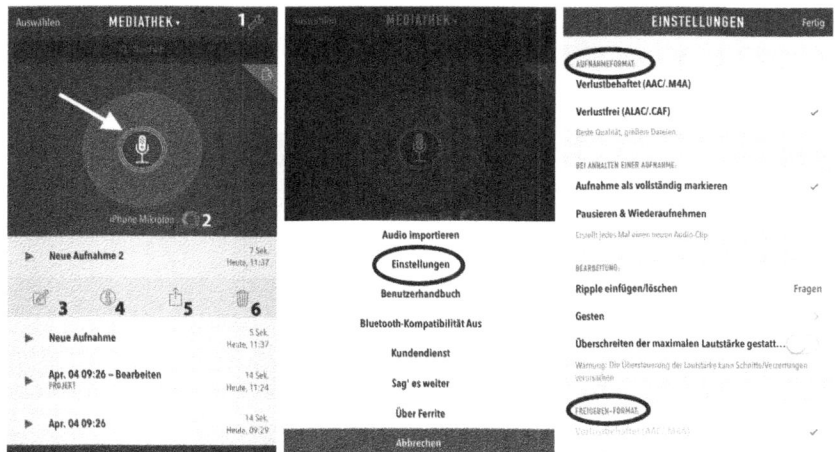

Abbildung 04-20, 21, 22

Die Mediathek ist der Startpunkt der App Ferrite *(Abb. 04-20)*. Wichtig sind wiederum die Grundeinstellungen über den Schraubschlüssel oben rechts (1): Es öffnet sich ein größeres Kontextmenü *(Abb. 04-21)*, über das zum einen Audios importiert oder das Benutzerhandbuch abgerufen werden können. Zum anderen führt der zweite Menüpunkt zu den Einstellungen *(Abb. 04-22)*. Wichtig festzuhalten ist, dass Ferrite zwischen dem Aufnahmeformat und dem Freigeben-Format unterscheidet. Wer also durchgängig verlustfrei produzieren möchte, muss sowohl als Aufnahmeformat „Verlustfrei (ALAC/.CAF)" auswählen als auch als Freigeben-Format. Letztere Option steht jedoch nur Nutzern der kostenpflichtigen App zur Verfügung.

In der Mediathek lassen sich einfach Clips aufnehmen – durch einen Druck auf das im Bild mit Pfeil gekennzeichnete Mikrofon *(Abb. 04-20)*. Der Eingangspegel lässt sich über das kleine Rad (2) anpassen. Unter dem Aufnahmeschirm zeigt Ferrite bereits vorhandene Aufnahmen, die dann weiterbearbeitet (3) werden können. Das Info-Symbol (4) zeigt die wichtigsten Parameter der Datei – hier kann unter anderem der Dateiname verändert werden. Im Telefon abgelegt oder verschickt

werden kann die Datei mit dem „Teilen"-Symbol (5), gelöscht wird sie mit (6)
(Achtung, Clips sind nach der Löschung nicht wiederherstellbar).

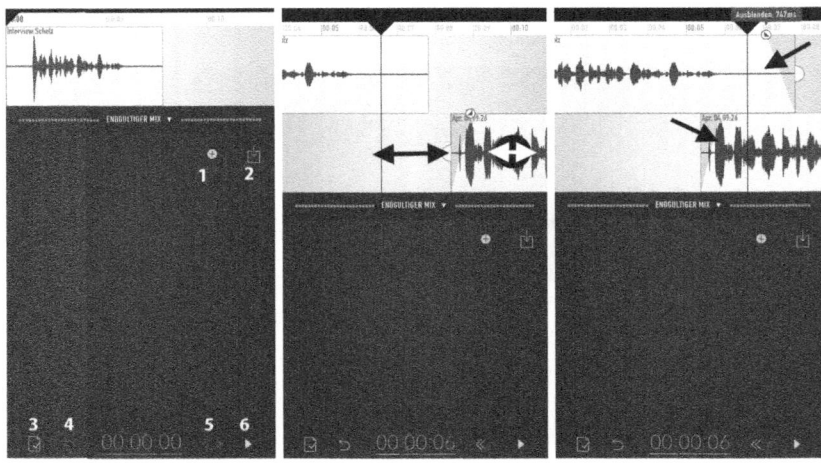

Abbildung 04-23, 24, 25

Im Bearbeitungs-Fenster wird Ferrite zum Mehrspur-Editor *(Abb. 04-23)*:
Der jeweilige Clip wird auf der ersten Spur geöffnet. Über das Plus-Symbol (1)
lassen sich weitere Spuren hinzufügen. Über (2) kann ein weiterer Clip auf eine
neue Spur in der Timeline abgelegt werden. Das Ende der Bearbeitung wird per
Häkchen quittiert (3). Wichtig ist die Möglichkeit, den jeweils vergangenen Be-
arbeitungsschritt rückgängig zu machen (4). In der Timeline lässt sich über (5)
navigieren, über (6) kann der Timeline-Inhalt abgespielt werden.

Die Bearbeitung der Clips ist einfach: Über die Lasche zu Beginn und Ende
eines Clips *(Abb. 04-24)* kann der Inhalt verkürzt und verlängert werden („Trimmen"). Die Berührung des Clips öffnet zudem ein Kontext-Menü, mit dem der Clip
kopiert, ausgeschnitten, gelöscht oder an der Abspielkopfposition geteilt werden
kann. Der Clip kann zudem festgehalten und in der Timeline bewegt werden. Die
Audiolautstärke lässt sich durch die kleinen Pfeilchen in den Clipecken anpassen
(Abb. 04-25). Wenn sie zur Clipmitte verschoben werden, wird der Audiobeginn
oder das -ende ein- bzw. ausgeblendet. Zudem bietet Ferrite „Auto-Ducking" an:
Musik wird beispielsweise automatisch ab- und wieder aufgeblendet, wenn über
einem Teilbereich ein O-Ton liegt. Die Pro-Version von Ferrite hat noch eine Vielzahl von Filtern und Effekten, die in der ausführlichen Anleitung der App erläutert

werden. Nach Abschluss der Bearbeitung kann der Clip wie oben beschrieben gespeichert oder geteilt werden.

4.4 Windows: Aufnahme und Bearbeitung

Windows-Telefone sind Entwicklungsland – auch bei der Audio-Aufnahme. Es gibt kaum vernünftige Rekorder, die die Einstellung der Aufnahmequalität erlauben. Der „VoiceRecorderPro 8.1" beispielsweise kodiert Ton im verlustbehafteten AAC-Format mit nur 98 Kilobit pro Sekunde bei 44100 Hertz. Daneben gibt es Apps wie den „Audio Recorder", den „Free Recorder" und den „Voice Recorder Pro +", die allesamt in nicht ausreichender Qualität aufnehmen. Verfügbar auch für Windows-Telefone ist der Lexis Audio Editor, der aber nur die Bearbeitung einer Spur erlaubt. Der niederländische #Mojo-Reporter Wytse Vellinga, ein Pionier des Smartphone-Journalismus auf Lumia-Geräten, empfiehlt zudem die App „Recording Studio", die kostenlos ist, in ihrer Bedienung aber etwas gewöhnungsbedürftig erscheint.

Eine App, die alles bietet, ist für wenig Geld von Microsoft zu haben: Der „Wave Master" erlaubt, die Qualität einer Aufnahme festzulegen und ist zugleich ein voll umfänglicher Audioeditor, der ein wenig an den Windows Movie Maker (siehe Kapitel 6.4.) erinnert. Das Programm startet mit der Projektverwaltung. Über das Plus-Symbol lässt sich ein neues Projekt anlegen und benennen. Wave Master zeigt danach automatisch das Bearbeitungsfenster *(Abb. 04-26)*. Wichtig sind zunächst die Grundeinstellungen (4): Es erscheint ein Menü, indem „Settings" zu den wichtigsten „Options" führt *(Abb. 04-27)*. Die Aufnahmequalität sollte „hoch" sein, zudem sollte der Wavemaster ein „.wav"-Audio exportieren, um keine Kompressionsverluste zu erleiden. Wavemaster exportiert PCM mit 48.000 Hertz, allerdings nur rund 1500 Kilobit pro Sekunde.

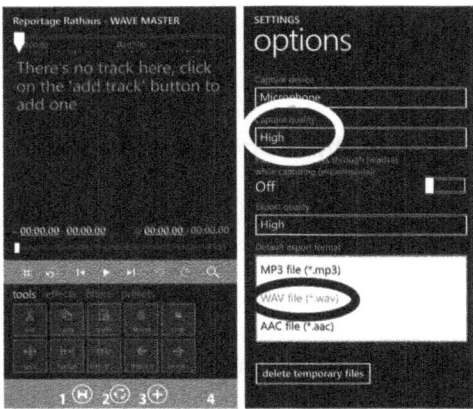

Abbildung 04-26, 27

Die ersten Clips lassen sich über das Plus-Symbol hinzufügen: Es erscheint ein weißes Untermenü, über das entweder eine leere Spur eingefügt, ein Track aufgenommen (eingekreist) oder importiert werden kann *(Abb. 04-28)*. Der Aufnahme-Modus öffnet ein weiteres Fenster *(Abb. 04-29)*, in dem per eingebauten oder externen Mikrofon ein Interview oder „Ambient", also Atmosphäre aufgenommen werden kann: Der Aufnahmeknopf (1) startet und unterbricht die Aufnahme, beendet wird sie mit „Stop" (2), abgebrochen (und verworfen) mit „Cancel" (3).

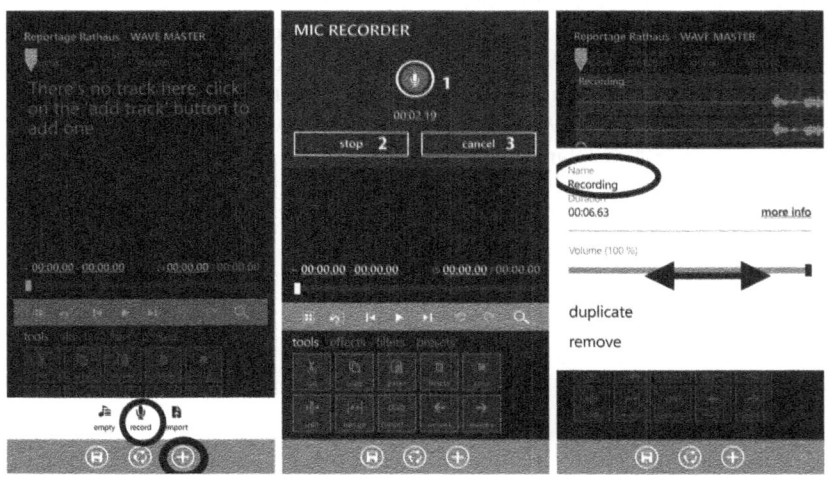

Abbildung 04-28, 29, 30

Der aufgenommene oder importiert Clip erscheint in der Timeline *(Abb. 04-30)*. Langes Berühren des Clips öffnet ein zusätzliches Fenster, in dem der Clip bezeichnet (eingekreist) und farbig gekennzeichnet werden kann, was die Bearbeitung übersichtlicher macht. Zudem kann ein Clip kopiert und die Lautstärke („Volume") jedes einzelnen Clips im Verhältnis zu den übrigen Aufnahmen angepasst werden (Pfeil).

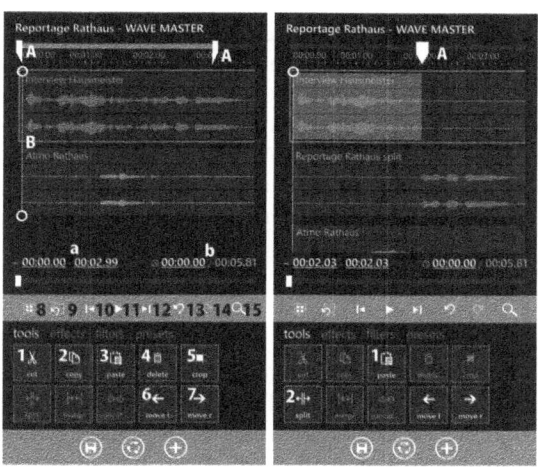

Abbildung 04-31, 32

Die Timeline weist zwei unterschiedliche Werkzeuge auf *(Abb. 04-31)*: Zum einen den Abspielkopf (B), zum anderen zwei Marken (A), die einen Bereich zur Bearbeitung auswählen. Die Timecodes (a) zeigen Beginn und Ende des Bearbeitungsbereichs (zwischen den Marken A), die Timecodes (b) zeigen die Position des Abspielkopfes sowie die Gesamtlänge. Der Bearbeitungsbefehl bezieht sich jeweils auf die ausgewählten (und folglich farbig eingefassten) Clips im Bearbeitungsbereich – im vorliegenden Fall also nur auf Spur 1 (Interview Hausmeister in rot). Der gekennzeichnete Bereich lässt sich nun ausschneiden (1), kopieren (2) oder löschen (4). Zudem kann ein Clip aus der Zwischenablage in den gekennzeichneten Bereich eingefügt werden (3). „Crop" schneidet alles, was *außerhalb* des markierten Bereichs liegt, ab. Gewöhnungsbedürftig ist, dass sich Clips nicht einfach durch Berühren verschieben lassen: Wave Master akzeptiert keine „freien" Bereiche. Das bedeutet: Alle Clips sind so lang wie der längste Clip, entscheidend ist nur, an welcher Stelle ihr Inhalt zu hören ist (der Rest wird mit Stille gefüllt). Mit „Move" (6 und 7) lässt sich der hörbare Clipinhalt innerhalb einer Spur ver-

schieben. Etwas kompliziert – wie gut, dass es eine „Undo-" und eine „Redo"-
Taste gibt (13 und 14). Die blaue Leiste erleichtert ansonsten die Festlegung der
Arbeitsbereiche: Alle Clips können ausgewählt (8) oder alle Markierungen aufgehoben (9) werden. (10) springt an den Anfang des Clips, (12) ans Ende, (12) spielt
ihn ab. Mit (15) lässt sich der Timeline-Maßstab anpassen.

Die Bearbeitungsmarken (A) können auch direkt aufeinander gezogen werden
und statt eines Bereiches einen bestimmten Punkt auf der Timeline kennzeichnen
(*Abb. 04-32*). In diesem Fall werden andere Werkzeuge nutzbar: Der Clip kann an
der betreffenden Stelle unterteilt werden (es entsteht eine neue Spur, die den Inhalt
des markierten Clips ab der Marke enthält). Zudem kann an dieser exakten Stelle
Audioinhalt eingefügt werden, der den Clipinhalt dann überschreibt. Ein fertiger
Beitrag wird über das Diskettensymbol ausgespielt. Er kann im Telefon gespeichert werden (es öffnet sich ein Dateimenü), in der Cloud abgelegt oder direkt auf
Soundcloud veröffentlicht werden.

4.5   Veröffentlichung

Viele Journalisten veröffentlichen ihre Inhalte über die Kanäle ihres Arbeitge-
bers: einen Hörfunksender, eine Internetseite etc. Sie müssen lediglich dafür sorgen, dass ihre Audiotracks zum Auftraggeber kommen. Dies ist bei Audiofiles
kein Hexenwerk, sind die Dateien doch deutlich kleiner als beispielsweise Videos.
Eine .wav-Datei ist häufig noch klein genug, um sie per Email zu verschicken.
Auf jeden Fall kann sie per FTP-Transfer (beispielsweise mit iTransfer Pro auf
dem iPhone oder FIlezilla auf Android-Telefonen) oder über Plattformen wie „We-
Transfer" (iOs- und Anroid-App) leicht versandt werden. Wer jedoch Audio selbst
– auf einer eigenen Plattform – veröffentlichen möchte, sollte insbesondere seine
Social-Media-Strategie sorgfältig planen, um auch Hörer für die eigenen Clips zu
finden (Hinweise dazu gibt unter anderem Stephan Primbs im Ratgeber „Social
Media für Journalisten"). Dann stehen die Chancen gut, auch mit Audiotracks ein
Publikum zu erreichen.

Denn Podcasts werden immer populärer. Sie können auf dem eigenen Internet-
Blog veröffentlicht werden – für Wordpress & Co. gibt es entsprechende Plugins.
Daneben gibt es zahlreiche – auch kostenlose – Plattformen, um Audio zu teilen,
darunter beispielsweise Podbean, aber auch iTunes: Um das eigene Produkt zu
stärken, hatte Apple die unabhängige Podcasting-Plattform Swell 2014 aufgekauft
und dicht gemacht.

Abbildung 04-33

Besonders populär für Ton ist nach wie vor Soundcloud *(Abb. 04-33)*. Der große Vorteil: Soundcloud-Links können beispielsweise auf Twitter geteilt und dort direkt angehört werden. Die Soundcloud-App taugt sowohl dazu, Audio zu konsumieren als auch eigene Tracks hochzuladen. Soundcloud ist weit verbreitet und aus meiner Sicht neben dem eigenen Blog eine sehr ergiebige Plattform, um „nackte" Audiotracks zu veröffentlichen. Daneben gibt es einige gute Varianten, wie Audio mit Fotos oder anderen visuellen Medien verknüpft werden kann. Einige dieser Ideen werden im Kapitel 8 („Digital Storytelling") vorgestellt. Zudem gibt es mehrere Apps, die kurze Audioclips mit Twitter verknüpfen und senden, darunter Chirbit. Populär ist auch die neue App „Anchor" (iOs und Android), ein soziales Netzwerk, das bis zu zweiminütige Kurz-Podcasts beherbergt und mit anderen sozialen Netzwerken teilt. Leider lassen sich mit der Smartphone-App von Anchor keine vorproduzierten Tracks hochladen. Dies erlaubt Anchor derzeit nur auf Nachfrage mit einem Desktop-Tool (Stand August 2016) – schade für mobilen Journalismus.

4.6 Livestreaming und Apps mit Empfangsserver

Radio ist auch ein Live-Medium: Viele Sender schätzen es, den Korrespondenten schnell von vor Ort zuzuschalten. Die einfachste Variante ist (fast zu selbstverständlich, um es zu schreiben) ein simples Telefongespräch. Schließlich ist das Smartphone auch das: ein gutes altes „Handy", ein Mobiltelefon. Es gab Zeiten, in denen Sender darum baten, für ein Livegespräch ein Telefon zu nutzen, selbst wenn ein „Musiktaxi" vorhanden war, um eine ISD-N-Verbindung aufzubauen und sehr viel bessere Qualität zu liefern. Insofern: Wenn ein Ereignis vor den eigenen Augen passiert, lohnt es sich, schnell den Chef vom Dienst der eigenen Station anzurufen und mit ihm zu besprechen, ob nicht zunächst ein Livebericht per Telefon das richtige Stilmittel der Wahl wäre.

Über die Datenverbindung des Smartphones sind mittlerweile aber auch qualitativ hochwertige Audioverbindungen mit geringer Verzögerung möglich: In der Regel muss im Sender ein Empfangsserver stehen, der den Codec des Senders versteht und wieder in Audiosignale zurückwandeln kann. Diese aufwändige (und tausende Euro teure) Technik ermöglicht Live-Verbindungen mit minimaler Latenz, also Verzögerung zwischen Absender und Empfänger. Eine zu hohe Latenz verhindert ein Gespräch zwischen Studio und Reporter vor Ort, weil zwischen Frage und Antwort zu viel Zeit vergeht. In Europa hat die App „Luci-Live" viele Kunden, darunter auch die ARD: Deren auf Luci-Live basierende „MUPRO"-App ermöglicht neben Livegesprächen mit Audiorückleitung auch die Überspielung fertiger Hörfunkbeiträge. Allerdings ist die Nutzung der App kostenpflichtig und – wie beschrieben – nur mit einem Empfangsserver nötig, also nichts für #Mojo-Einzelkämpfer. In den USA hat Comrex ein ähnliches System entwickelt. Beide Unternehmen bemühen sich derzeit, auch Video-Livestreaming zu entwickeln, um den wachsenden Bedürfnissen von multimedial arbeitenden Journalisten gerecht zu werden.

Auch für Journalisten ohne Senderanschluss ist Live-Streaming möglich. Die App „Mixlr" funktioniert für Audio wie Periscope oder Facebook Live für Video: Nach der Installation kann der Nutzer live gehen und einen Stream auf seine Mixlr-Seite senden *(Abb. 04-34)*. Er kann potentielle Zuhörer per Twitter oder Facebook auf den Livereport aufmerksam machen, indem er das Facebook-/Twitter-Symbol „anschaltet". Vor dem Start kann zudem eine Kategorie für den Livestream angewählt werden, damit er auf der Mixlr-Homepage leichter zu finden ist. Während der Übertragung ist es möglich, weitere Tweets oder andere Nachrichten abzusetzen sowie über die Mixlr-Plattform zu chatten. Der Versatz zwischen Sender und Empfänger beträgt in etwa 10 Sekunden, was mutmaßlich selbst beim Livekommentar eines Fußballspiels gerade noch akzeptabel wäre. Für ein Gespräch mit dem Studio (ein zweites Telefon müsste die Rückleitung mit den Fragen des Moderators herstellen) wären 10 Sekunden Versatz allerdings schon zu lang.

Abbildung 04-34

Weiterführende Literatur

Stefan Primbs, Social Media für Journalisten: Redaktionell arbeiten mit Facebook, Twitter & Co. (Wiesbaden: Springer VS, 1. Aufl. 2015)

Weiterführende Links

„Audioformate und -Codecs im Überblick". Blog e-teaching.org. Zuletzt abgerufen am 30. März 2016. https://www.e-teaching.org/technik/aufbereitung/audio/audiocodecs

„Ferrite Recording Studio User Guide V 1.2" Zuletzt abgerufen am 3. April 2016. http://service.wooji-juice.com/ferrite/user-guide/ferrite-user-guide-1.2.pdf

Wytse Vellinga. „Mobile Storytelling" Blog. Zuletzt abgerufen am 3. April 2016. http://mobile-storytelling.com/

Interview mit Nicholas Garnett

Nicholas Garnett arbeitet als Nordengland-Reporter für den Radiosender
BBC 5Live. Zuvor berichtete er für andere lokale BBC- und kommerzielle Sender
in Großbritannien. Nick beschreibt sich als „Crash Test Dummy" für Rundfunk-
Technik: Es gibt kaum eine Technologie, die er nicht ausprobiert hat. Seit 2009
nutzt Nicholas Garnett nur noch sein iPhone, um Interviews aufzunehmen, zu bearbeiten und Berichte zum Sender zu übertragen. Acht von zehn Livegesprächen
absolviert er mittlerweile per Smartphone. Nick berichtet aus aller Welt für die
BBC, unter anderem schickte sein Sender ihn nach den Anschlägen auf die Satirezeitschrift „Charlie Hebdo" nach Paris, kurz nach dem Erdbeben 2015 nach Nepal
sowie nach den Terroranschlägen im selben Jahr nach Tunesien.

Seit wann arbeitest du als Reporter per Smartphone?

Das begann etwa zur Jahrtausendwende. Bis dahin fuhren Radioreporter mit großen Übertragungswagen herum, mit riesigem UKW-Übertragungsmast auf dem
Dach. Und dann stiegen wir plötzlich auf Satelliten-Übertragung um: Ich bekam
eine mobile, tragbare Satellitenanlage und konnte plötzlich von überall senden.
Seitdem wird die Ausrüstung kleiner und kleiner. Als dann 2009 das iPhone 3G
und 3Gs veröffentlicht wurde, begannen die ersten Entwickler, Programme zu
schreiben, mit denen man Audio aufnehmen und bearbeiten konnte. Das war der
Zeitpunkt, zu dem ich meinen digitalen Nagra-Recorder weggeworfen habe. Im
November 2010 bekam ich dann eine Beta-Version der App „Luci Live", mit der
ich vom Telefon in Rundfunkqualität berichten konnte. Das war der Durchbruch.
Natürlich gab es vorher schon Skype, aber Luce Live war die erste Software, der
wir wirklich vertrauen konnten. Und seitdem berichte ich nur noch per iPhone,
etwa 80 Prozent meiner Liveberichte.

**War das in den ersten Jahren schon das, was wir heute „mobile journalism"
nennen, oder hast du schon lange bevor der Begriff aufkam, genau das gemacht?**

Ich glaube, wir nennen das erst seit vielleicht 2014 „Mobile Journalism": Ich hasse
den Begriff eigentlich, und er wird eines Tages wieder verschwinden. Denn wenn
wir genug Journalisten ausgebildet haben, wird diese Art zu arbeiten schlichtweg
der Standard sein. Ich sehne diesen Tag herbei, an dem ich nicht mehr der „Außen-

seiter" bin, sondern der Mainstream. Ich wünsche mir wirklich, dass jeder Journalist diese Technik beherrscht, denn es geht nicht um die Werkzeuge, sondern um Deine Einstellung, darum, was Journalismus ist.

Ich glaube daran, dass Nachrichten nicht im Newsroom gemacht werden, sondern draußen, „on the road". Wenn du als Reporter im Newsroom sitzt, bist du am falschen Platz. Ich sage manchmal, dass ich seit 5 Jahren keinen Newsroom mehr betreten habe. Das stimmt nicht ganz, weil ich ab und zu in den Sender fahre, um ein paar Batterien und Stifte mitzunehmen. Aber ich gehe nicht gern ins Büro, das ist für mich tote Zeit. Ein Reporter muss rausgehen.

Ein Beispiel: Großbritannien hat eine Pflichtgebühr für Plastiktüten eingeführt. Ich bin nicht erst zum Termin in einen Laden gegangen, ich bin ständig draußen und höre, was die Leute mir erzählen. Ich sehe, wie sie sich umstellen. Das macht für mich das Reporterleben aus. Und wenn du dann berichtest, klingst du nicht wie ein Idiot, weil du weißt und wahrnimmst, wie die Menschen über ein Thema denken. Und das gilt auch bei großen Themen: Da kommen dann manchmal die Reporter von irgendwo herangeschossen und haben keine Ahnung, wovon sie reden. Ich bin immer draußen bei den Menschen, über die ich berichte – auch dank der neuen Technik.

Erinnerst du dich an deinen ersten Bericht, den du komplett per iPhone produziert hast?

Das war in Scarborough, einer Küstenstadt in Nordostengland. Es ging darum, dass man dort den Sand vom Strand nutzen wollten, um ihn auf vereiste Straßen zu streuen. Ich hatte meinen Computer zu Hause vergessen und nur mein Telefon dabei. Mit dem Multitrack-Editor „Voddio" hatte ich schon herumgespielt, mich aber nie getraut, damit auch wirklich zu produzieren. Und nun war ich plötzlich da, nach zweieinhalb Stunden Fahrt in Scarborough, ohne Computer. Also bin ich in ein Café mit Wifi-Netz gegangen, habe mich hingesetzt, einen Kaffee getrunken und meinen Bericht auf dem Smartphone produziert. Bis dahin hatte ich noch nie im Leben so unaufwändig produziert.

Dieser Moment hat mein Leben verändert: Denn seitdem brauche ich nicht mehr die schwere Ausrüstung herumzuschleppen. Und ich kann einen Kaffee trinken, während ich arbeite. Die erste Live-Schalte per Telefon habe ich gemacht, als Labour seinen damaligen Parteivorsitzenden Ed Miliband gewählt hat. Ich war damals in seinem Wahlkreis unterwegs, es schüttete wie aus Kübeln, es stürmte, und der Wind hätte mir die die Satellitenschlüssel schlichtweg vom Auto geblasen. Die einzige Chance, live zu berichten, war Luci-Live. Und wieder hatte ich zuvor wochenlang mit der App herumgespielt, hatte mich aber nicht getraut, sie auch wirklich anzuwenden. Und dann habe ich dem Studio in London vorgeschlagen, dass wir „Voice over IP" ausprobieren, per Luci-Live. Sie wollten das nicht. Also habe ich die Verbindung einfach zu einem anderen lokalen BBC-Sender vor Ort aufgebaut, der das Signal dann per Leitung nach London übertragen hat. Die Kollegen im Sender wussten gar nicht, dass ich vom Handy berichte – aber es hat geklappt.

Welche Nachteile hat „Mojo" für dich?

Alles ist ein Kompromiss, oft musst du improvisieren. Ich habe unendlich viel Zeit damit verbracht, herauszufinden, wie ich in guter Tonqualität produzieren kann. Früher kam der Toningenieur mit dem Übertragungswagen, schmiss erst einmal den Teekessel an, es gab Kekse, und dann hat er sogar mein Mikrofon gehalten: Ich musste mich um gar nichts kümmern. Nun muss ich mich um alles kümmern – und sorgen – nicht nur um die Inhalte, sondern auch zum Beispiel um die Übertragungsqualität. Und dann, ganz am Ende, nach all den technischen Vorbereitungen, fragst du Dich plötzlich: Was kann ich denn gleich sagen auf dem Sender? Das ist ein großes Zugeständnis, ein großer Nachteil. Ich kriege das hin, weil ich langjährige Erfahrung als Journalist habe. Aber für Journalisten am Anfang ihrer Karriere kann das problematisch sein.

Hast du weniger Zeit für eine Geschichte?

Ich habe immer zu wenig Zeit.

Bekomme ich also weniger Journalismus von dir, weil du dich auch um die Technik kümmerst?

Das ist eine Gefahr, ja: Dass ein Reporter sich mehr darum kümmern muss, wie er auf den Sender kommt, als darum, was er sagt. Ich vermeide das, indem ich sehr früh vor Ort bin. Das ist einer der Vorteile, wenn man als Reporter immer draußen ist: Ich warte vielleicht mit meinem fertig gepackten Auto nah an der Autobahn, und ich kann in kurzer Zeit überall sein, wo ich gebraucht werde. Wenn du allein schon eine dreiviertel Stunde brauchst, um das Studio zu verlassen – dann bin ich schneller als du. Meistens bin ich schon eine ganze Zeit lang vor Ort, bevor die nächsten Reporter erscheinen.

Inhaltlich kann „Mojo" also auch Nachteile bringen. Hat es aus deiner Sicht auch inhaltliche Vorteile, so zu produzieren?

Ja, auf jeden Fall. Sonntag fahre ich zum Beispiel nach Walsall, um einige Krankenschwestern zu ihrer Sicht auf den National Health Service zu befragen. Ich nehme nur mein Telefon mit, meine Kopfhörer und einen Windschutz, den ich auf das iPhone-Mikrofon stecke. Das ist viel unaufdringlicher, und meine Interviewpartner werden viel weniger nervös sein und offener mit mir sprechen. Die Leute haben viel weniger Angst vor einem Telefon – weil es eben aussieht wie ein kleines Telefon. Ich muss niemandem einen riesigen Kasten unter die Nase halten, mit einem dicken, angsteinflößenden Mikrofon. Ich interviewe oft Menschen, denen wenig Gutes widerfahren ist. Zu denen kann ich viel schneller Vertrauen aufbauen, weil zwischen uns eben nicht dieses unbekannte, seltsame Mikrofon Distanz schafft.

Vergessen die Menschen, dass du sie eigentlich interviewst?

Ja, sie entspannen sich viel mehr, geben viel offenere, ehrlichere Antworten als sie das vor einer Fernsehkamera oder einem dicken Radiomikrofon würden.

Gibt es Menschen, die negativ reagieren, weil sie sich für ihre 15 Minuten Ruhm eben auch ein angemessenes Team gewünscht haben? Denken manche, du würdest sie nicht ernst nehmen mit deinem iPhone?

Ja, in der Tat, das passiert. Manchmal zeige ich dann die professionelle Software, die ich nutze, damit niemand denkt, ich wäre noch ein Student, der sich noch ausprobiert. Wenn du es aber schaffst, den Augenkontakt mit deinem Interviewpartner zu halten, ein echtes Gespräch zu führen und nur dein Telefon zwischen euch zu halten – dann vergisst dein Gegenüber auch diese Sorge. Würdest du mit großem Team auflaufen, würde er oder sie nie vergessen, dass ein Interview aufgenommen wird.

Ist es für dich von Vorteil, dass du als Radioreporter per Smartphone auch fürs Fernsehen berichten könntest, wenn es plötzlich nötig wäre?

Im Sommer 2015 hat meine Redaktion mich nach Calais geschickt, um über die Flüchtlinge dort zu berichten. Der Eurotunnel war an dem Tag geschlossen worden, weil Flüchtlinge immer wieder versuchten, hineinzukommen. Das hat riesige Staus produziert, sodass der Ü-Wagen vom Fernsehen gar nicht bis Calais kam. Das Frühstücksfernsehen rief mich an und fragte, ob ich Ihnen mit einem Live-interview per Telefon aushelfen könnte. Ich habe geantwortet, dass ich noch etwas mehr könnte. Das war um 7.24 Uhr morgens. Um 7.36 Uhr hatte ich mein Telefon auf ein Stativ gestellt und war in Position für eine Live-Fernsehschalte. Und es hat funktioniert, obwohl es nur eine UMTS-Verbindung gab, noch nicht einmal LTE. Als ich nach dem Erdbeben in Nepal von dort berichten sollte, hatte ich überraschend gute Funk-Netze, so dass ich aus dem Erdbebengebiet mehrere Livestreams per Periscope anbieten konnte.

Gäbe es Geschichten, über die du immer noch lieber mit der klassischen Ausrüstung berichten würdest, und nicht per Telefon?

Für Fernsehberichte würde ich manchmal eine Kamera oder eine DSLR-Kamera einsetzen, insbesondere, wenn Gegenstände, Protagonisten sich schnell bewegen. Für Radioberichte würde ich auf die herkömmliche Technik setzen, wenn die Verbindungsqualität fraglich ist, beispielsweise bei Berichte aus einem voll besetzten Fußballstadion, in dem viele ihre Mobiltelefone nutzen. Meine Leitung zum Sender ist vielleicht ein halbes dutzend Mal abgebrochen. Es gibt Kollegen, denen das häufiger passiert ist, weil sie etwas probieren, das sie nicht probieren sollten: Bei großen Sport- oder Nachrichtenereignissen würde ich immer noch die Satellitenschüssel aufbauen, wenn ich dafür die Gelegenheit habe. Sie sind heute auch klein genug, um sie schnell mitzunehmen.

Wie sehen deine Kolleginnen und Kollegen dich und deine Art zu berichten?

Die schlaueren sehen es als Chance, auf den Sender zu kommen, und sie arbeiten genauso. Sie sehen es als zusätzliches Werkzeug in ihrem Technikköfferchen. Und dann gibt es immer Leute, die die Qualität nicht für ausreichend halten, oder den Versatz, die Verzögerung für zu groß. Sie beschweren sich dann über digitale Artefakte auf dem Sender, hörbare Aussetzer. Aber diese Kollegen sind nicht diejenigen, die ihr Leben da draußen auf den Straßen verbringen und gute Geschichten suchen, manchmal in den entlegensten Winkeln der Welt. Für mich ist es immer ein Wunder, wenn es funktioniert, und ich bin dafür als Reporter auch sehr dankbar. Wenn ich 40 Minuten live über Satellit berichten würde für 5 US-Dollar pro Minute, würde das richtig ins Geld gehen – nicht so, wenn ich dasselbe per Mobilfunknetz abliefere. Ich bin kein 20jähriger Reporter mehr, ich habe versucht, Schritt zu halten mit der Entwicklung. Mein Ziel ist auch, für meinen Arbeitgeber so brauchbar zu bleiben wie möglich,

Du bist Journalist, wir nutzen aber die Technik, mit der nun jedermann dasselbe Ergebnis erzielen könnte. Graben wir nicht das Grab unseres Berufsstandes?

Ja, ich glaube das ist zum Teil so. Aber du kannst ja niemandem, der neben dem in sich zusammenfallenden World Trade Center steht, sagen: Du darfst nicht berichte, du bist kein Journalist. Jeder kann Bilder, Videos, Nachrichten einfangen. Aber danach mit diesem Material zu arbeiten, wird eine journalistische Aufgabe bleiben. Übrigens auch, wie wir damit weiterhin Geld verdienen können. Es gibt so viel Material auf Youtube beispielsweise, aber trotzdem schalten die Menschen bei großen Ereignissen den Fernseher oder ihr Radio an, um für sich herauszufinden, was wirklich passiert ist. Das wird aus meiner Sicht auch so bleiben. Aber ja: Jeder kann Nachrichtenmaterial sammeln – mir ist das sehr willkommen. Während des Ebola-Ausbruchs in Afrika hatte die BBC Schwierigkeiten, von vor Ort zu berichten – es war schlichtweg gefährlich für die Gesundheit der Reporter. Wir haben dann Ärzte in den Ebola-Zentren mit iPhones versorgt. Ich habe ein kleines Video gedreht und erklärt, wie sie gute Videos drehen können. Die Ergebnisse waren großartig.

Heißt das nicht: Du wärest nicht mehr draußen, wo die Geschichte passiert, sondern drinnen, im Büro, und sortierst das Material als Kurator?

Es kann sein, dass das passiert.

Freust du dich darauf?

Nein, überhaupt nicht.

Was sind aus deiner Sicht die wichtigsten Ausrüstungsteile, die du nie vergessen würdest?

Ich würde niemals mein Telefon zu Hause lassen, und niemals die Ersatzbatterie. Ich nehme oft einen dicken Akku mit, der mein Telefon 15, 20 Mal wieder aufladen kann. Die Batterie ist die wirkliche Schwachstelle im mobilen Journalismus. Auf der anderen Seite: Normalerweise bin ich vier oder fünf Tage vor Ort für eine Geschichte. Früher musste ich irgendwann einen Stromanschluss nutzen. Heute kann ich per Telefon über diese lange Zeit arbeiten. Die neue Technik ersetzt also nicht nur die alte Technik. Sie verändert die Art, zu arbeiten, nachhaltig.

Abbildung Nick Garnetts Ausrüstung

Nick Garnetts Ausrüstung: iPad-Halterung, Selfie-Stick, zwei Sennheiser-Kopfhörer, ein Sony-Kopfhörer, Anker USB-Ladestation, iPhone 6+, iPhone 6S, iPad Pro 9.7 Zoll, 2 x mobile Hotspots, 2x staubsicher iPhone-Hüllen, iRig-Mikrofon, iRig Pro-Adapter, altes Nokia-Telefon, Shoulderpod S1 und R1-Pro, LED-Licht, Fuji Pocketkamera, Blackmagic HDMI-Rekorder, XLR-Mikrofon, zwei Paar Ohrhörer (für Reporter und Gast), Kopfhörer-/Mikrofon-Weiche, Anker Powerbank, Windschutz, Comrex-Radiogerät, Shure-Adapter, Stativ, Ersatzmikrofon, Kabel für Licht und Ladung, Duschhaube, um Telefon vor Regen zu schützen. Nicht im Bild: MacBook Pro und eine große Tasche mit Kabeln.

Fernsehen unterwegs: Der Dreh

5

Zusammenfassung

Welche besonderen Regeln gelten für Bewegtbild-Drehs mit dem Smartphone? Welche Regeln lassen sich vom VJ- oder klassischen Dreh mit EB-Team übertragen? Welche Apps eignen sich für den Dreh mit dem Smartphone?

Mehr Leichtigkeit, eine schnellere Reaktionsfähigkeit und die Hoffnung, Kosten zu reduzieren – diese Gründe nennt Laurent Keller, der Chefredakteur des schweizerischen Regionalsenders „Léman Bleu" aus Genf, wenn er begründet, warum sein Fernsehsender die Nachrichtenproduktion komplett auf „mobilen Journalismus" umgestellt hat (siehe Kapitel 1.1). Zumindest bei „Léman Bleu" sind die Tage vorbei, an denen ein drei- oder gar vierköpfiges Team vor Ort zum Dreh erscheint und einen Protagonisten ohne Fernseherfahrung möglicherweise zunächst nachhaltig einschüchtert. Denn auch das ist „mobiler Journalismus", im Fernsehen umso mehr: Er ist unaufwändig, unauffällig. Zwischen Gesprächspartner und Reporter steht im Interview nicht mehr als ein Telefon, vielleicht auf einem Stativ – und in Zeiten vermehrter Selfie-Aufnahmen sind die meisten Menschen es gewohnt, ins Smartphone zu lächeln oder sprechen – anders als in die großen Schulterkameras des herkömmlichen Fernsehens.

„Mobiler Journalismus" reduziert den Aufwand erheblich – auch und gerade bei Bewegtbild-Produktionen. Die Ausrüstung passt in eine kleine Fototasche. Der Platzbedarf am Drehort (für Menschen und Maschinen) ist ungleich geringer. Die Ergebnisse sind durchaus vergleichbar – wenn auch nicht identisch: Eine Smartphone-Kamera liefert gute Bilder, zum Teil sogar in 4K. Eine professionelle TV-Kamera liefert durchaus bessere Qualität – brillante Farben, bessere Bilder in schwierigen Lichtsituationen und mehr Schärfentiefe. Und so ist „mobiler Journalismus" im Fernsehen eine Frage der Abwägung: Überwiegen die Vor- oder die Nachteile? Im Nachrichtenjournalismus spricht vieles für „mobilen Journalismus" – abhängig von Thema und Drehort (siehe Interview mit Philipp Bromwell am Ende dieses Kapitels). Entscheidend ist jedoch die professionelle Bedienung des Telefons. Denn mit den richtigen Handgriffen wird aus dem Handyvideo sendbares TV-Bild.

Smartphones sind vergleichsweise günstig und eignen sich daher auch als „zweite Kamera" vor Ort, beispielsweise für die Supertotale im Interview oder den Set-Up-Shot („Antexter"), über den ein Interviewgast vor dem O-Ton per Off-Text vorgestellt werden kann. Zudem ist ein Zwei- oder Drei-Smartphone-Dreh deutlich günstiger als ein Mehrkamera-Dreh mit Profi-Equipment.

5.1 Grundsätzliches

Das Smartphone sollte bei Dreh und Schnitt immer in den Flugmodus geschaltet werden *(Abb. 05-01)*. Sonst besteht die Gefahr, dass Telefonanrufe die Arbeit stören oder das Material gar zerstören. Nur, wenn ein Beitrag in die Redaktion übertragen wird, muss der Flugmodus selbstverständlich vorübergehend ausgestellt werden. Ein Reporter, der regelmäßig mit dem Smartphone arbeitet, wird daher möglicherweise ein zweites Telefon für Emails, Telefongespräche und Internetzugang mitnehmen.

Abbildung 05-01 Flugmodus einschalten!

Wichtig ist zudem, ausreichend Speicherplatz auf dem Telefon freizuhalten.
Neben dem Speichern der gedrehten Clips brauchen viele Apps auch Speicherplatz
für den eigenen Betrieb. Schnittprogramme legen außerdem oft Projekte an, die
weiteren Platz im Memory belegen. Der Speicherbedarf ist somit auch ein weiteres
Argument dafür, ein eigenes Reportertelefon zu nutzen – insbesondere dann, wenn
viele Videoinhalte produziert werden sollen (siehe dazu auch: Speichererweiterun-
gen, Kapitel 3.11). Im Internet sind mehrere Seiten zu finden, mit deren Hilfe sich
die Dateigrößen für die unterschiedlichen Videoformate berechnen lassen. Für die
im Folgenden unter anderem vorgestellte Videoapp „Filmic Pro" ergibt sich mit
den empfohlenen, TV-tauglichen Videoeinstellungen folgende Faustregel: 1 Sekunde Video „frisst" ungefähr 4 MB Speicher.

Speicherbedarf für sendefähige Videos

Auflösung: 1920 x 1080
Framerate: 25 fps
Bitrate: 32 MbpS
Audio: 48 kHz
➡ **1 Sekunde entspricht in etwa 4 MB.**

5.2 Bildausrichtung, Eyeline und Handstativ

Wer mit dem Smartphone medientaugliches Material drehen will, sollte bestimmte Grundregeln beachten. Viele dieser Regeln lassen sich vom VJ-Dreh oder vom
Dreh mit einem professionellen Kamerateam auf den Smartphone-Dreh übertragen. Andere sind jedoch spezifisch für Smartphones. Zum Teil gelten verschärfte
Regeln: Weil Speicherplatz und Akkulaufzeit begrenzt sind und die Sichtung des
Materials auf dem Telefon weniger komfortabel ist, zahlt sich Selbstbeschränkung
aus, um die Materialflut einzudämmen. Bilder sollten beispielsweise eingerichtet
werden, *bevor* die Aufnahme ausgelöst wird. Das gilt auch für alle anderen Ka-
meradrehs, nur sind die Folgen des Regelverstoßes beim Smartphone besonders
schmerzhaft. Zum Teil gilt es auch, den erprobten, gewohnten Umgang mit dem
eigenen Telefon zu verändern.

Auch Gedanken über die Bildausrichtung sollte sich derjenige machen, der Bewegtbilder mit dem Smartphone produziert. Unsere Augen sind nebeneinander angeordnet, die Raumwahrnehmung des Menschen ist breiter als höher. Daran orientieren sich auch das Fernsehen und die meisten Bewegtbildangebote im Internet.

Dass sich das horizontale Bild vor allem online durchsetzt, ist jedoch keineswegs ausgemacht: In der Regel nutzen viele Menschen ihre Smartphones „hochkant". Würden wir auf diese Weise Videos drehen, produzierten wir vertikale Videos. Bei vielen privaten Handy-Videos ist das zu beobachten. Werden solche Videos – beispielsweise von Augenzeugen bei Unglücken produziert – im Fernsehen verwendet, sind links und rechts von einem schmalen Video unschöne, statische Ränder zu sehen. Auch die Live-Streaming-Apps „Periscope" oder „Meerkat" haben in ihren ersten Versionen nur vertikale Livebilder erlaubt. Die BILD-Zeitung hat sich an dieser Optik orientiert und produziert eine eigene tägliche Webvideo-Sendung im Hochkant-Format. Andere Apps setzen auf quadratische Bilder, wie beispielsweise Instagram und der Kurzvideo-Dienst Vine.

Zwischen den Nutzern verschiedener Inhalte sind regelrechte Glaubenskriege ausgebrochen, deren Ausgang offen ist. Die meisten Abnehmer von Videos benötigen jedoch nach wie vor horizontal gedrehtes Material. Mehrere Apps, mit denen sich professionelle Videos fertigen lassen, bieten zudem auch ausschließlich horizontales Arbeiten an. Ausnahmen sind beispielsweise Filmic Pro beim Dreh (siehe Kapitel 5.4.) und die Android-App PowerDirector (siehe Kapitel 6.3.) im Schnitt, die auch vertikale Bewegtbilder liefern. In den folgenden Abschnitten beschreibe ich daher, wie sich horizontale Bewegtbilder produzieren lassen – was jedoch niemanden von der Mühe entlasten sollte, immer wieder eine eigene Antwort auf diese wichtige Frage zu finden: Drehst Du schon vertikal? Oder noch horizontal?

Die wichtigste Grundregel liegt auf der Hand: Die Kameralinse muss sauber sein. Wer sie vor jedem Dreh säubert (beispielsweise mit einem Brillenputztuch), wird sichtbar bessere Ergebnisse erzielen. Das liegt eigentlich auf der Hand, aber mal ehrlich: Wer reinigt regelmäßig die Linse seines Smartphones?

Wer längere Einstellungen ohne Stativ dreht, sollte das Telefon per „Handstativ" halten. Dabei hält die rechte Hand das Smartphone so, dass der Daumen den Auslöser bedienen kann (immer auf der rechten Seite!) und die Hand die Linse nicht verdeckt. Die linke Hand umfasst das rechte Handgelenk und stabilisiert damit das Bild. Der sogenannte „Spinnengriff" – die übliche Art, ein Smartphone zu halten – ist sehr viel anfälliger für Wackelei und damit unruhige Bilder *(Abb. 05-02, Abb. 05-03)*.

Abbildung 05-02 Das Handstativ, Bild: Björn Staschen

Abbildung 05-03 Der Spinnengriff, Bild: Björn Staschen

Zoom with your feet: Anders als bei vielen professionellen Fernseh- und Foto-kameras verfügen die meisten Smartphones nicht über einen optischen Zoom (Ausnahmen siehe Kapitel 3.2.). Das bedeutet: Smartphones zoomen, indem sie das eingefangene Bild vergrößern – auf Kosten der Bildauflösung und damit der Bildqualität. Wer mit dem Smartphone medientauglich Bewegtbild filmt, sollte also unbedingt darauf verzichten, zu zoomen. Ein Objekt oder Protagonist lässt sich dadurch größer darstellen, dass sich der Reporter bewegt und näher heran-rückt – die Briten nennen das „Zoom with your feet" – also: den Bildinhalt per pedes vergrößern.

„Das natürliche Licht ist dein Freund." In der Regel sind Smartphonelicht und -blitz nicht zu gebrauchen, weil sie grelles, punktuelles Licht produzieren und oft Schlagschatten hinter Gesprächspartner werfen. Weil „mobile journalists" sel-ten mit Beleuchtungswagen vorfahren, bedeutet das: Die wichtigste Lichtquelle sind das natürliche Licht (die Sonne, die Reflektion) und künstliche, vorhandene Lichtquellen. Die Faustregel lautet: Finde heraus, welche Lichtquelle den Raum dominiert, und stelle Dich mit dem Rücken zu ihr. Im Idealfall nutzt du dann noch eine zweite Quelle, beispielsweise, um ein wenig Glanz auf die Haare Deines Protagonisten zu zaubern. Damit die Augen nicht tot wirken, brauchen auch sie Glanz: Hier kann ein kleiner Spot helfen, der aber eher von der Seite Licht auf den Protagonisten wirft als direkt vom Smartphone.

Abbildung 05-04   „Rule of Thirds": Der Goldene Schnitt lässt Protagonisten gut aus-sehen, Screenshot aus einem Bericht von Benjamin Unger

Bei der Bildgestaltung hilft wie beim VJ- oder Teamdreh die Drittelregel: Einige Kameraapps können dafür sogar Hilfslinien einblenden. Nach der „Thirds"-Faustregel wird beispielsweise ein Protagonist im Interview in der Regel nicht mittig eingesetzt, sondern so, dass seine Körperachse auf der linken oder rechten Drittellinie liegt: Wenn er von rechts nach links schaut, würde seine Körperachse auf der rechten Drittellinie liegen – und umgekehrt. Seine Augen würden in etwa auf dem Kreuz zwischen rechter und oberer Drittellinie liegen *(Abb. 05-04)*. Interviewpartner sollten immer ins Bild hineinschauen *(Abb. 05-05)*, nie aus dem Bild heraus *(Abb. 05-06)*. Zudem sollte die Kamera in der Regel auf Augenhöhe filmen. Anderenfalls könnten unerwünschte Wirkungen eintreten: Wer von unten (untersichtig) gefilmt wird, kann leicht arrogant, manchmal überlegen wirken. Wer „von oben herab" (aufsichtig) gefilmt wird, wirkt oft untersetzt, klein, unter Druck, in die Ecke gedrängt. Beide Einstellungen lassen sich natürlich aber auch bewusst einsetzen.

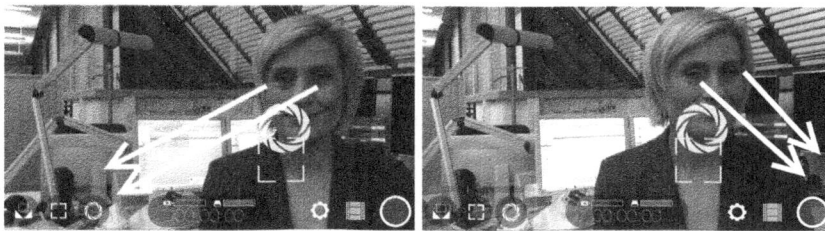

Abbildung 05-05, 06   Die richtige Eyeline (links); die falsche Eyeline (rechts). Bilder: Björn Staschen

5.3   Szenen auflösen: Five-Shot-Regel

Bei der Bildauswahl hilft die „Five-Shot-Regel": Wer jede Szene in die im folgenden vorgeschlagenen fünf Einstellungen auflöst, wird später im Bildschnitt fast immer ausreichend Möglichkeiten haben, den Film zusammenzusetzen. Zudem hilft die Faustregel, vor Ort ein Gefühl dafür zu entwickeln, dass eine ausreichende Zahl von Einstellungen gedreht wurde. Dies hilft auch dabei, die Materialflut einzudämmen und den begrenzten Speicherplatz des Smartphones sinnvoll zu nutzen. Die Reihenfolge der „5 Shots" ist offen, sowohl beim Dreh als auch im Schnitt wird man in unterschiedlichen Szenen eine unterschiedliche Reihenfolge wählen. Und entscheidend ist und bleibt der Inhalt, die Geschichte, die Story: Manche Journalisten raten daher dazu, gedanklich eher Handlungen in Sequenzen mit unterschiedlichen, sinntragenden Einstellungen aufzuteilen als Szenen in „Shots". Sie warnen vor der Gefahr, für die Handlung unwesentliche Details zu drehen, wenn man nur an Einstellungsgrößen denkt. Aus meiner Sicht ist das Ergebnis meist dasselbe – vorausgesetzt, Journalisten denken daran, dass sie eine Geschichte erzählen wollen. Dann werden aus den „5 Shots" auch sinntragende Sequenzen.

Die Five-Shot-Regel
1. Wer handelt? Close-Up des Protagonisten
2. Was passiert? Close-Up der Handlung
3. Wie wird gehandelt? Over-Shoulder-Shot verbindet Handelnden und Handlung
4. Wo passiert es? Raum – Halbtotal oder Total
5. Wow-Shot – aufregende, ungewöhnliche (aber sinntragende) Einstellung

Wer handelt? Diese Einstellungen zeigt den Protagonisten dicht, sein Gesicht im Close-Up, maximal Gesicht und Oberkörper, bei der Tätigkeit, um die sich die Szene dreht *(Abb. 05-07)*. Meine Beispiele stammen aus einem Film, den NDR-Kollege Benjamin Unger über einen Mann gedreht hat, der mit der Motorsäge Holzskulpturen erstellt. Benjamin, der als Reporter im NDR-Landesfunkhaus Mecklenburg-Vorpommern und regelmäßig im Hamburger „Next News Lab" arbeitet, hat komplett mit iPhone 6 gedreht und sich erstaunlich genau an die 5-Shot-Regel gehalten.

Abbildung 05-07 Five-Shot-Regel: Wer handelt?

Die nächste Einstellungen zeigt die Tätigkeit – was passiert in der Szene?
Unser Protagonist bearbeitet Holz mit seiner Motorsäge. Straight forward! *(Abb. 05-08)*.

Abbildung 05-08 Five-Shot-Regel: Was passiert?

Eine Verbindung zwischen Handelndem und Handlung gelingt in der Regel durch eine Einstellung über die Schulter des Protagonisten. Der „Overshoulder-Shot" *(Abb. 05-09)* schafft eine Verbindung zwischen unserem Protagonisten und seiner Skulptur, wir sehen die Arbeit fast aus seiner Perspektive – unmittelbar, dicht dran (ohne Schulter und Kopf im Anschnitt auch „POV" genannt, „Point of View"). Ein (weniger guter) Ersatz für die Einstellung über die Schulter kann auch die Halbtotale sein, die Handelnde und Handlung verbindet.

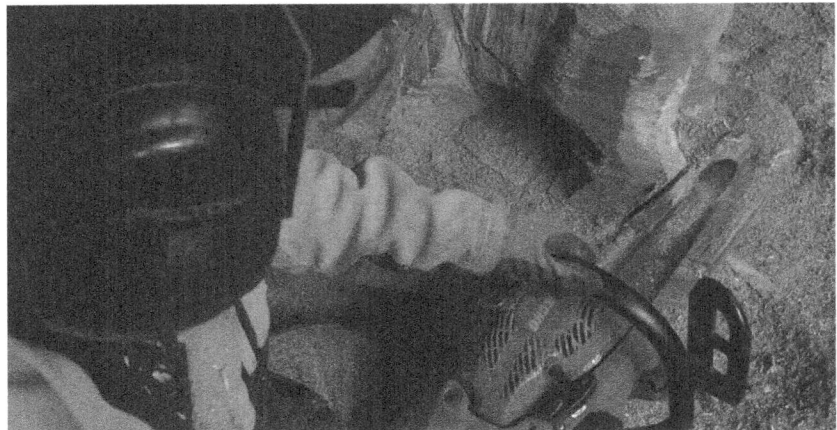

Abbildung 05-09 Five-Shot-Regel: Wie wird gehandelt? Overshoulder-Einstellung

Wo befindet sich die Handlung im Raum? Eine etwas weitere Einstellung hilft, Handelnde und Handlung im Raum zu verorten *(Abb. 05-10)*. Die Aufnahme in unserem Beispiel ist nicht ideal, etwas unentschieden, nicht perfekt der Drittel-Regel folgend. Und mancher genaue Betrachter könnte sich fragen, was hinten rechts unter Abdeckplanen verborgen ist. Aber auch das ist eine Erkenntnis: Nicht jede Einstellung gelingt perfekt. Eine gute Geschichte macht jedoch kleine Probleme in der Bildgestaltung wett.

Abbildung 05-10   Five-Shot-Regel: Wo passiert es?

Diese vier genannten Einstellungen sind die „Pflicht", nun folgt die Kür: Der sogenannte „Wow-Shot" *(Abb. 05-11)* zeigt die Handlung aus einer ungewohnten Perspektive. Benjamin hat zum einen die Vogelperspektive gewählt, was einen großen Vorteil von „mobilem Journalismus" illustriert: Ein Smartphone über die Köpfe eines Protagonisten zu halten, ist nicht schwer. Müsste ein Kameramann seine professionelle TV-Kamera auf diese Höhe hieven und dann abwärts filmen, müsste das Team möglicherweise eine Hebebühne mitbringen. Im Ernst: Das Smartphone eignet sich fantastisch für Wow-Shots, weil es klein ist. Die Möglichkeiten sind vielfältig: Schon einmal aus dem Schallloch einer Gitarre gefilmt, um einen Musiker zu porträtieren? Oder aus einem Glas heraus, während es mit Bohnen oder Pralinen gefüllt wird? Hier liegen echte Vorteile des Smartphone-Filmens. Benjamin hat zudem einen zweiten Wow-Shot dicht am Boden, mit Holzklotz im Vordergrund und abgestellter Motorsäge im Hintergrund gedreht.

Abbildung 05-11 Five-Shot-Regel: Wow-Shot

Vor allem Einsteiger sollten sich an solchen festen Einstellungsgrößen orientieren, wenig schwenken (und schon gar nicht zoomen, siehe oben). Das erleichtert die Konzentration auf die fünf wichtigen Einstellungen. Das Material ist in der Regel besser zu schneiden als halbherzig halbtotal gedrehte Bewegungen.

Eine weitere Faustregel: Bei festen, statischen Einstellung sollte der Reporter im Kopf mindestens bis zehn zählen. Andernfalls besteht die Gefahr, dass Einstellungen zu kurz gedreht werden und später im Schnitt zwischen dem Wackeln nach dem Auslösen und vor dem Ende der Aufnahme nicht ausreichend „Fleisch", also Material übrig bleibt.

10 Grundregeln für den Smartphone-Dreh

1. Telefon in den Flugmodus schalten
2. Telefonlinse säubern
3. Erst das Bild stimmig einrichten, dann die Aufnahme starten – Speicherplatz sparen
4. Telefon ruhig halten – „Handstativ" oder Stativ
5. Nutze natürliches Licht – mit dem Rücken zur dominanten Lichtquelle
6. Drittelregel beherzigen
7. Five-Shot-Regel im Hinterkopf haben
8. Eher „Standbilder" drehen, weniger Schwenks – bis zehn zählen
9. Mit den Füßen Zoomen, nie mit der Kamera-App (weil die Auflösung leidet)
10. Die Aufnahme beenden, bevor ein neues Bild eingerichtet wird – Speicherplatz sparen

5.4   Apps für den Dreh: Filmic Pro

Alle Smartphones haben eine eigene Kamera-App, die oft gut mit der eingebauten
Kamera des Telefons harmoniert und auf den ersten Blick ausreicht (Kapitel 3.2.).
Jedoch bieten nur wenige dieser „generischen Kamera-Apps" die für qualitativ
hochwertige Drehs erforderliche Kamerakontrolle: Eine rühmliche Ausnahme
sind Windows-Telefone, auf die später in diesem Kapitel eingegangen werden soll,
sowie Ausnahmen wie die Android-Telefone LG V10 und V20. Abgesehen davon
erlauben die meisten Apps im Videomodus weder manuelle Fokus- und Blendenkontrolle noch die Einstellung von Aufnahmeparametern wie der Framerate (Bildrate): drei Instrumente, die extrem wichtig für diejenigen sind, die professionelle
Bewegtbilder drehen wollen.

Fokus- und Blendenkontrolle trennen die Spreu vom Weizen: Amateurvideos
sind oft dadurch zu erkennen, dass das Bild am Rand pulsiert, durch sogenannte „focus pulls": Bei gleicher Einstellungsgröße sucht die Kamera in regelmäßigen Abständen automatisch den Fokus im Bild. Das Bild wackelt, zittert an den
Rändern. Der Gesamteindruck ist unruhig und unprofessionell. Zudem wird die
Blende immer wieder automatisch angeglichen – Lichtwerte im Bild ändern sich
wiederkehrend. Beide Effekte haben in professionellem Bewegtbildmaterial nichts
zu suchen. Mehrere Apps ermöglichen daher die nötige Kamerakontrolle – die
wichtigsten sollen im Folgenden vorgestellt werden.

Wer sich nur eine App für mobilen Journalismus zulegen will, wer noch dazu
mit dem iPhone oder einem Android-Telefon arbeitet, der sollte sich für „Filmic-
Pro" entscheiden. Die Macher der App (Cinegenix) haben sie über Jahre – zunächst
für das iPhone – weiterentwickelt und den Bedürfnissen der Nutzer angepasst. Seit
kurzem ist zudem eine Version für Android-Telefone auf dem Markt. Noch ist der
Nutzerkreis auf einige Android-Modelle beschränkt. Denn die unterschiedliche
Hardware der vielen Android-Telefone macht die Anpassung der App schwierig. Die
Entwickler haben sie jedoch zum Ziel gesetzt, Filmic Pro für möglichst viele Model-
le verfügbar zu machen und den Kreis der unterstützten Smartphones nach und nach
auszuweiten. Bis dahin hilft die (im Logo blau gefärbte) App „Filmic Plus" Android-
Nutzern, deren Telefon „Filmic Pro" nicht unterstützt: Die abgespeckte Version der
App bietet weniger Funktionen (beispielsweise keine direkte Steuerung der Fokus-
und Blendenwerte), läuft aber stabiler. Die App „Filmic Evaluator" gibt vor der Entscheidung für eine der beiden Apps (Plus oder Pro) die Möglichkeit, die technischen
Möglichkeiten des eigenen Android-Telefons zu überprüfen: In einer Übersicht werden dann unterstützte Funktionen in Filmic Pro / Plus gegenübergestellt.

Filmic Pro gibt dem Nutzer die komplette Kontrolle über die Kamera des Smartphones – von manuellem Fokus und manueller Blende über Weißabgleich bis zur Kontrolle der Audio-Eingangslevel. Über Jahre war es eine Rarität im „mobilen Journalismus", dass eine App zwei Plattformen überspannte. FilmicPro ist noch immer eine der wenigen rühmlichen Ausnahmen, der jedoch weitere folgen werden: Denn der Android-Markt ist weltweit deutlich größer als der iPhone-Markt, und damit auch sehr viel gewinnversprechender. Für uns hat die Präsenz von FilmicPro auf beiden Plattformen einen großen Vorteil: Die Bedienung der App auf Android- oder i-Phone ist *fast* identisch. Die folgenden Absätze beziehen sich daher auf beide Plattformen.

FilmicPro bietet eine breite Palette von Grundeinstellungen, mit denen die App an unterschiedliche Produktionsumgebungen angepasst werden kann. Es lohnt sich also, vor der Produktion eines Films darüber zu sprechen, welches Format der abnehmende TV- oder Internet-Anbieter sich wünscht. Die folgenden Einstellungen zielen vor allem auf die Nutzung auf dem europäischen Fernsehmarkt und sind ebenso auch für Online-Angebote nutzbar.

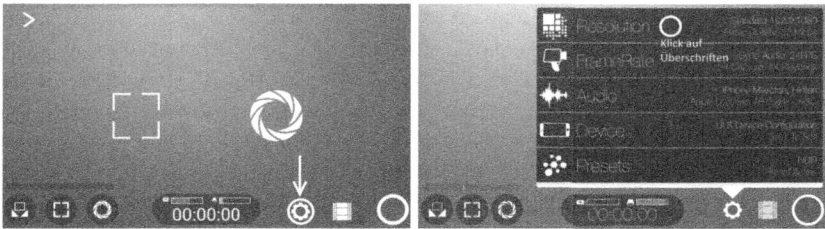

Abbildung 05-12, 13

FilmicPro startet direkt mit dem Kamera-Fenster *(Abb. 05-12)*. Vor den ersten Aufnahmen müssen die Grundeinstellungen festgelegt werden. Das entsprechende Menü öffnet sich über das Zahnrad (unten rechts auf dem Bildschirm). Gut zwei Dutzend verschiedene Optionen sind anwählbar. Durch die verschiedenen Kategorien lässt sich durch einen Klick auf die jeweilige Überschrift blättern *(Abb. 05-13)*.

Wichtig ist die Einstellung der „Frame Rate" (Bildrate) *(Abb. 05-14)*. Sie legt fest, wieviele Bilder pro Sekunde abgelegt werden. Viele Internetanwendungen sowie das amerikanische Fernsehformat NTSC arbeiten mit knapp 30 fps (frames per second). Für Fernsehproduktionen in Europa sind jedoch in der Regel 25 fps sinnvoll (PAL), für Filmproduktionen 24 fps. Unterscheidet sich die aufgenommene Framerate von der bei Sendung, muss das Video zwischendurch gewandelt werden. Dabei kann es zu kleineren Bildfehlern kommen, in jedem Fall verschlechtert sich die Qualität, das Bild wird „matschig". Zudem bedeutet es eine Zeitersparnis, möglichst wenig oder gar nicht umzuwandeln. Zu konvertieren, kostet Zeit – auch und gerade auf Smartphones.

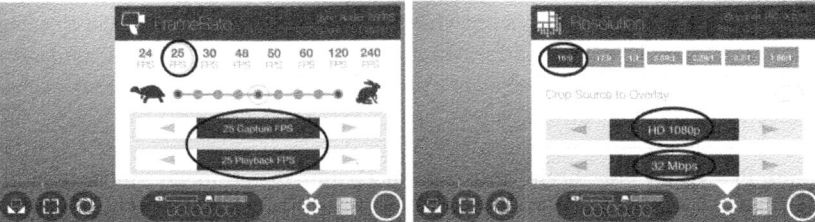

Abbildung 05-14, 15

Auch die Bildauflösung, mit der die App aufnimmt, entscheidet über die Bildqualität – neben der Qualität der physischen Kameralinse, die natürlich auch eine Rolle spielt. Je besser die Bildqualität, desto höher aber auch der Speicherverbrauch, desto größer die Videodatei, und desto länger dauert es, einen fertigen Film hochzuladen. Empfehlenswert ist in jedem Fall, in HD („High Definition") aufzunehmen. Die beiden 16 : 9 – Formate sind akzeptabel (1280 x 720, genannt „Kleines HD", oder 1920 x 1080, „Full HD") *(Abb. 05-15)*. Wenn die Kamera des Telefons 4K unterstützt und ausreichend Speicher vorhanden ist, kann auch diese Wahl sinnvoll sein: Bei der späteren Bearbeitung lässt beispielsweise ins Bild zoomen, ohne unter eine Full-HD-Auflösung zu rutschen.

Im Video-Encoding sollte die Bitrate mindestens auf „Filmic Quality" (32 Mbps – Megabit per second) eingestellt sein. Die Bitrate legt (grob beschrieben) fest, wieviele Bildinformationen pro Sekunde gespeichert werden, mit welcher „Tiefe" ein Bildpunkt also im Speicher beschrieben wird. Je mehr Bits pro Sekunde, desto besser die Bildqualität, desto mehr steigt aber auch der Speicherbedarf. Die höchste Bitrate (50 Mbps) verbraucht mehr Speicher und läuft nach meiner Erfahrung nicht immer stabil.

Abbildung 05-16

Auch beim Audio-Format lohnt sich das Gespräch mit den Redakteuren des abnehmenden Mediums: Für die TV-Sender der ARD wird Audio beispielsweise mit 48 kHz (Kilohertz) unkomprimiert (PCM) geliefert. Das kann aber bei anderen Abnehmern variieren. Zudem bedeutet die unkomprimierte Aufzeichnung wiederum den größten Speicherbedarf. Die Optionen zur Audiokompression (AIFF, AAC) sind auf der anderen Seite übliche, gängige Formate, bei denen keine allzu großen Qualitätsverluste zu befürchten sein sollten. Bisher erlaubt nur die iPhone-Version die Auswahl der Audioformate *(Abb. 05-16)*, die neu veröffentlichte Android-App gestattet nur die Auswahl der Sample Rate. Cinegenix hat zugesagt, die Optionen mit künftigen Updates auch für Android anzubieten.

FilmicPro ermöglicht auch die Nutzung externer Audioquellen. Diese werden in der Regel automatisch erkannt, können in der Android-Version aber auch gezielt angesteuert werden. Zudem kann der Nutzer der Android-App entscheiden, ob das „Audio Meter", also der Pegel, im Kamerafenster angezeigt werden soll: Unbedingt! Denn auch dies ist ein großer Vorteil von FilmicPro gegenüber generischen Kamera-Apps – der Ton der Aufnahme lässt sich kontrollieren und sogar über „Headphone Monitoring" während der Aufnahme abhören, beispielsweise bei Verwendung eines iRigPre oder iRigPro (siehe Kapitel 3.3.).

Unter Overlays lassen sich verschiedene Masken für das Kamerafenster einstellen. Dies kann sinnvoll sein, wenn das Sendeformat sich vom Aufnahmeformat

unterscheidet oder sogar für verschiedene Aufnahmeformate produziert wird. Ein
Beispiel: Soll das Videomaterial sowohl auf Instagram gepostet als auch im klassischen 16:9-Fernsehen ausgestrahlt werden, muss auch im größeren 16:9-Format
aufgenommen werden. Das 1:1-Overlay zeigt jedoch bereits bei der Aufnahme,
was außerhalb des Instagram-Quadrats verloren ginge. Beim Dreh kann der Autor
dieses dann bereits berücksichtigen.

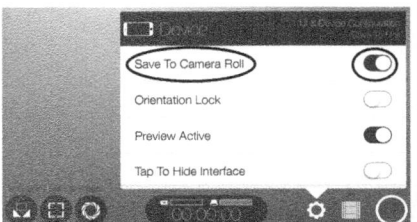 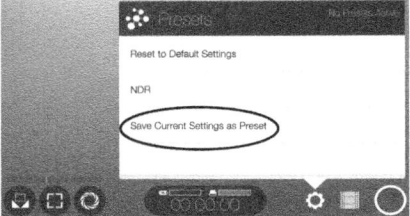

Abbildung 05-17, 18

Wichtig ist noch die Frage, wohin FilmicPro das aufgenommene Material speichern soll. Dies erleichtert die spätere Bearbeitung. Denn beim iPhone speichert
FilmicPro die verschiedenen Clips grundsätzlich nicht innerhalb der Camera Roll,
auf die der Nutzer direkten Zugriff hat. Vielmehr ist das Material zunächst nur in
FilmicPro sichtbar und muss umständlich exportiert werden. Ein Klick im Feld
„Save To Camera Roll" speichert jedoch direkt in die iPhone-Fotogalerie, so dass
die Videos schnell zur weiteren Bearbeitung in andere Programme importiert
werden können *(Abb. 05-17)*. Bei Android-Telefonen gibt es dieses Problem nicht:
Filmic Pro speichert immer in die Telefon-Galerie. In der App lässt sich allerdings
der genaue Speicherpfad festlegen, so dass beispielsweise für unterschiedliche
Projekte auch unterschiedliche Ordner angelegt werden können. Das vergrößert
die Übersichtlichkeit.

Die vorgenommenen Grundeinstellungen lassen sich als „Presets" speichern,
so dass sie nicht mehr verloren gehen und vor jedem Dreh durch einen einfachen
Klick aufgefrischt werden können *(Abb. 05-18)*. Für verschiedene Szenarien lassen
sich verschiedene Presets festlegen – wer also regelmäßig für das Fernsehen dreht,
aber ab und an auch mit geringerer Auflösung für Internetstreams produziert, kann
schnell zwischen den unterschiedlichen Einstellungsvarianten hin- und herwech-
seln.

FilmicPro kann zudem auf bestimmte Linsenaufsätze und andere Hardware eingestellt werden. Für diese sehr speziellen Menüoptionen liefern die jeweiligen Hardwarehersteller sowie die FilmicPro-Website ausreichende Erklärungen, so dass ich hier darauf verzichte. Die wichtigsten Einstellungen sind damit erledigt. Das Menü kann nun über „Done" (oben rechts über den Menüpunkten) verlassen werden.

Video aufnehmen: FilmicPro verfügt über viele Möglichkeiten zur Einstellung, die auch eine „normale" Kamera bietet. Ausgangspunkt für Aufnahmen ist der Startbildschirm – das Kamerafenster von FilmicPro *(Abb. 05-19).*

Abbildung 05-19

Zwei wichtige Elemente fallen sofort ins Auge – die „Reticles", zu deutsch: Fadenkreuze. Es gibt ein Fadenkreuz für die Blende (1), eines für den Fokus (2). Mit dem Finger lassen sich beide Fadenkreuze so verschieben, dass sie auf dem Element im Bild platziert werden, das scharf gefilmt werden und an dem sich die Belichtung bzw. Blende orientieren soll. Dadurch lässt sich steuern, dass beim Interview vor blauem Sommerhimmel (ohnehin problematisch) nicht der Himmel hellblau erstrahlt und das Gesicht im Vordergrund zu dunkel wird, sondern das Gesicht richtig belichtet ist und der Hintergrund notfalls „ausreißt", also überbelichtet wird. Das wäre ausnahmsweise zu verschmerzen, solange der sinntragende Bildinhalt richtig belichtet ist. Gleiches gilt für den Fokus: Die Schärfe im Bild soll beispielsweise bei einem handelnden Protagonisten liegen und nicht auf dem

Bücherregal im Hintergrund. Um Schärfe und Blende korrekt einzustellen, benötigt die App manchmal ein wenig Zeit: Nach der richtigen Positionierung sollte der Reporter also Geduld haben und das Bild korrigieren. Erst danach folgt der nächste Schritt.

Eine kurze Berührung der Fadenkreuze führt dazu, dass Fokus bzw. Blende „festgestellt" werden. Die Symbole färben sich rot. Sie verändern sich dann während der Aufnahme nicht mehr. Das hat mehrere Vorteile: Beispielsweise ist das Bild ruhiger, weil die ständige automatische Fokussuche der Telefonkamera entfällt, die sonst das Bild an den Rändern oft sehr unruhig macht. Auf der anderen Seite muss ein Autor wissen, dass ein Interviewpartner schlimmstenfalls in die Unschärfe gerät, wenn er sich während des O-Tons von der Kamera weg- oder auf die Kamera zubewegt. Das stellt Reporter oft vor ein Dilemma: Der Gang mit einem Protagonisten mit festgestelltem Fokus erfordert gleichbleibenden Abstand zwischen Kamera und Objekt – fast unmöglich. Mit automatischem Fokus allerdings entstünde das unschöne Wackeln am Bildrand („focus pulls"). Je weiter ein Objekt von der Kamera entfernt ist, desto größer ist der Schärfenbereich, was helfen kann. FilmicPro erlaubt es auch, den Fokus manuell zu korrigieren, was allerdings den sehr sicheren Umgang mit der Kamera-App voraussetzt.

Mit festgestellter Blende nimmt das Smartphone zudem keine automatischen Blendenkorrekturen vor, wenn sich die Lichtsituation ändert. Das ist gut, weil automatische Korrekturen oft stören und unprofessionell wirken. Auf der anderen Seite wird ein Gesicht zu dunkel, wenn während der Interviews die Sonne hinter einer Wolke verschwindet. Dies sind die üblichen Probleme, mit denen sich jeder Kameramann bei Aufnahmen auseinandersetzen muss, unabhängig vom eingesetzten Gerät. Entscheidend ist jedoch, dass nur durch die manuelle Kontrolle von Blende und Fokus Ergebnisse zu erzielen sind, die professionellen Standards genügen.

Unten links im Kamerafenster tauchen beide Symbole in zwei Kreisen (4, 5) noch einmal kleiner auf: Auch hier lassen sich Fokus und Blende feststellen. Ein längerer Druck auf die Blende öffnet zudem Menüs im Sucherfenster, in denen sich Filmempfindlichkeit, Blende und Belichtungskorrektur manuell festlegen lassen. Ein längerer Druck auf das Fokus-Reticle oder -Symbol in der Ecke erlaubt die manuelle Schärfenverlagerung. Beide Optionen werden mutmaßlich eher fortgeschrittene Smartphone-Journalisten nutzen, beispielsweise in schwierigen Situationen mit einem sich bewegenden Objekt.

Neben den Feststellknöpfen für Blende und Fokus findet sich der Weißabgleich (3). Auch er lässt sich in FilmicPro feststellen. Das ist insbesondere wichtig, wenn in Räumen mit Mischlicht gefilmt wird: Dann würde der Weißabgleich nämlich automatisch nachregeln, wenn die Kamera von einem Bereich mit natürlichem zu einem Bereich mit mehr Kunstlicht schwenkt. Farben würden sich verändern, eine weiße Wand würde plötzlich gelb – ein unerwünschter Effekt. Hier lohnt es sich also, einen „mittleren" Wert festzustellen (Symbolfarbe wechselt von weiß zu rot) und während der Aufnahmen in dieser Lichtsituation zu belassen. Ein längerer Druck auf das Symbol öffnet eine Kelvin-Scala, in der sich der Weißabgleich wiederum manuell festlegen lässt. Dies kann sinnvoll sein, wenn eine Szene mit mehreren Smartphones aufgelöst wird, damit diese mit denselben Werten drehen und später im Schnitt keine aufwändige Korrektur der Farbwerte erforderlich wird.

Das Kamerafenster zeigt weitere wichtige Funktionen an: Wieviel Batteriekapazität hat das Smartphone noch (6), wieviel Speicherplatz steht noch zur Verfügung (7). Ein Problem bei FilmicPro: Ist der Speicher voll, suggeriert das Telefone manchmal, es nehme weiter auf, ohne jedoch Video zu speichern. Über das Zahnrad (8) lassen sich die erwähnten Einstellungen steuern (siehe oben), über den Filmstreifen (9) die bereits aufgenommenen Clips betrachten und grob bearbeiten. Die Aufnahme beginnt, wenn der Aufnahmeknopf rechts unten (10) gedrückt wird. Dessen weißer Rand verschwindet dann. Der Timer in der Mitte beginnt, die Aufnahmedauer anzuzeigen. Mit einem weiteren Druck auf den Aufnahmeknopf lässt sich die Aufnahme wieder stoppen. Es empfiehlt sich, eher viele kleine Clips aufzunehmen, also häufig Start und Stopp zu drücken (es sei denn, eine Szene passiert vor dem „Auge" des Reporters – da drückt niemand auf Stopp!). Denn im Schnitt lässt sich mit vielen kleinen, kurzen Clips sehr viel besser arbeiten.

Das Audiometer (11) hilft, die richtige Lautstärke auszupegeln. Nach meiner Erfahrung reagiert FilmicPro eher sensibel. Das bedeutet: Der Ausschlag sollte durchgängig im grünen Bereich sein. Sobald die ersten gelben Ausschläge erscheinen, war mein Ton häufig bereits übersteuert. Und übersteuert bedeutet: Die Aufnahme ist mehr oder wenig irreparabel – und damit unbrauchbar. Lässt sich der Pegel (beispielsweise beim iRig Pre, siehe Kapitel 3.3.) manuell festlegen, nähere ich mich in der Regel von Null, also vom minimalen Pegel, langsam einem guten grünen Mittelwert und prüfe das Audiolevel, indem ich vor dem Interview eine Probeaufnahme abhöre. FilmicPro bietet noch eine Vielzahl weiterer Optionen, die sich über den kleinen Pfeil oben links im Sucherfenster erreichen lassen (12).

Abbildung 05-20

Viele dieser Einstellungen können helfen, Probleme zu lösen. Im ausgeklappten Menü *(Abb. 05-20)* lässt sich beispielsweise der Audio-Eingangslevel anheben oder absenken (1), stammt das Tonsignal von einer Quelle, die keine eigene Regulierung erlaubt (wie beispielsweise ein Lavaliermikrofon). Bei der Bildgestaltung (siehe oben) helfen die Drittel-Hilfslinien (2). Der Bildstabilisator des Telefons lässt sich ein- und ausschalten (3). Dies bietet sich vor allem an, wenn der Reporter bei der Aufnahme schwenken möchte: Solche Schwenks werden vom Bildstabilisator oft fälschlich korrigiert und geraten ruckelig. Ansonsten ist der Stabilisator oft hilfreich. Informationen und Anleitungen zur App lassen sich über den Infoknopf (3) erreichen. Zudem kann der Nutzer zwischen Front- und Rückkamera wählen (5). Dabei ist zu beachten, dass die sogenannte „Selfie-Kamera" bei den meisten Telefonen eine schlechtere Bildauflösung liefert und zudem nur begrenzt manuell steuerbar ist. Das eingebaute Telefonlicht lässt sich ein- und ausschalten (6) – in der Regel trägt es nicht dazu bei, ein Bild professioneller erscheinen zu lassen. Der digitale Zoom (7) erlaubt es, bestimmte Zoompunkte festzulegen. Ich empfehle die Nutzung nicht, weil die Bildqualität leidet.

Die fertigen Aufnahmen lassen sich eingeschränkt auch in FilmicPro bearbeiten (beim iPhone nur dann, wenn sie in FilmicPro und nicht in der Galerie gespeichert wurden). Einfache Trimmvorgänge, die die spätere Bearbeitung im Schnittprogramm erleichtern, sind in dem Programm möglich. Die Clips sind über das kleine „Film"-Symbol neben dem Einstellungsrädchen zu finden. Wurden die

Clips beim iPhone in der FilmicPro-Rolle gespeichert, müssen sie in diesem Menü zudem angewählt und zur Bearbeitung mit externen Programmen in die Galerie des iPhones ausgespielt werden.

5.5 Weitere Apps für den Dreh

Die Verfügbarkeit für Android und iPhone macht FilmicPro zu einer eine der zentralen Kamera-Apps für mobile Journalisten. Daneben gibt es auf allen Plattformen jedoch Alternativen, die zum Teil günstiger zu kaufen sind und ähnliche Qualität liefern, insbesondere, weil FilmicPro derzeit nur für einen sehr begrenzten Kreis von Android-Telefonen verfügbar ist.

Abbildung 05-21 Movie Pro, Bild: Björn Staschen

Der Funktionsumfang von MoviePro (nur für iPhones) *(Abb. 05-21)* ähnelt dem von FilmicPro. Die App bietet die nötige manuelle Fokus- und Blendenkontrolle. Sie unterstützt auch externe, sogar Bluetooth-Mikrofone und erlaubt, den Eingangspegel anzuheben oder zu senken. Support und Dokumentation von MoviePro sind allerdings weniger gut entwickelt. MoviePro bietet dennoch einige Vorteile gegenüber FilmicPro, so zum Beispiel den mutmaßlich größten Umfang von Videoformaten für die Aufnahme, die eine App bieten kann: Neben den üblichen Auflösungen gibt es beispielsweise ein quadratisches Format (1080 x 1080), das sich hervorragend für Instagram eignet. Wie die aktuellen Versionen von Fil-

mic Pro erlaubt auch Movie Pro vertikale Aufnahmen – wichtig für die spätere
Verwendung in Apps wie Snapchat. Die Presets in MoviePro lassen sich außerdem
besonders gut verwalten, der Wechsel zwischen unterschiedlichen Presets ist übersichtlicher als bei FilmicPro.

MoviePro ist dennoch für mich nicht die App der Wahl: Etwas ungewöhnlich
ist beispielsweise die Beschreibung der Bild-Aufnahmequalität. Sie wird nicht in
den üblichen Mbps (Megabit per Second) gemessen, sondern in Prozent. 400 %
entsprechen in etwa 160 Mbps, 100 % in etwa 43 Mbps (meist ausreichend für
journalistische Projekte). Zudem bietet MoviePro zwar unkomprimierte und komprimierte Audioaufnahmen an, allerdings nimmt die App diese ausschließlich in
44,1 kHz vor, während die üblichen Formate für Film und Fernsehen mit 48 kHz
arbeiten. Diese Option enthält Movie Pro nicht.

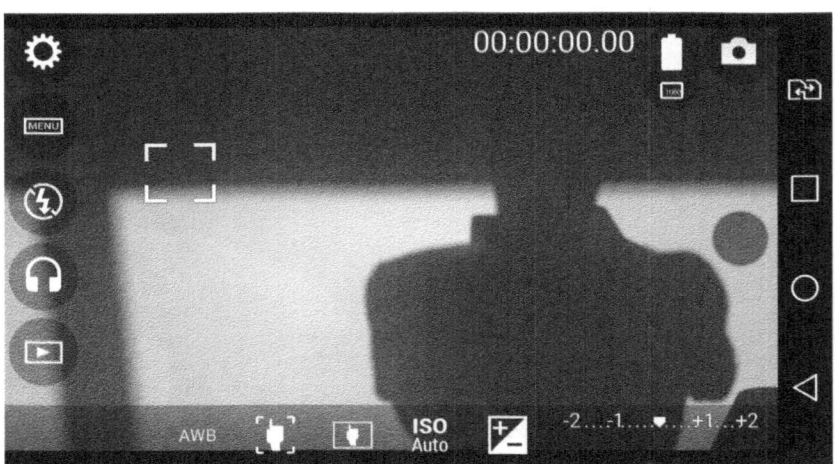

Abbildung 05-22   Cinema FV5, Bild: Björn Staschen

**Auf Android-Telefonen war Cinema FV5 über Jahre die beste App für Be-
wegtbilderproduzenten.** Mit der Veröffentlichung von FilmicPro gibt es nun eine
echte Alternative. Cinema FV5 *(Abb. 05-22)* ist jedoch durchaus wettbewerbsfä-
hig: Während FilmicPro einen guten Ruf und viele Erfahrungen von iOs mitbringt,
spricht die jahrelange Entwicklung auf der Android-Plattform für Cinema FV5.
Und diese App ist – anders als Filmic Pro – für eine große Bandbreite von Telefonen verfügbar, geeignet und läuft stabil, während FilmicPro den Kreis der unterstützten Telefone erst langsam, nach und nach ausweiten wird.

Auch **Cinema FV5** unterstützt einen großen Einstellungsumfang. Viele verschiedene Filmformate lassen sich auswählen (darunter auch ein quadratisches, allerdings nicht in Full HD 1080 x 1080, sondern nur 720 x 720, *Abb. 05-23*). Auch die Framerate lässt sich einstellen (wenn das Smartphone-Betriebssystem sie unterstützt). Viele andere wichtige Einstellungen entsprechen denen von FilmicPro und können analog übertragen werden.

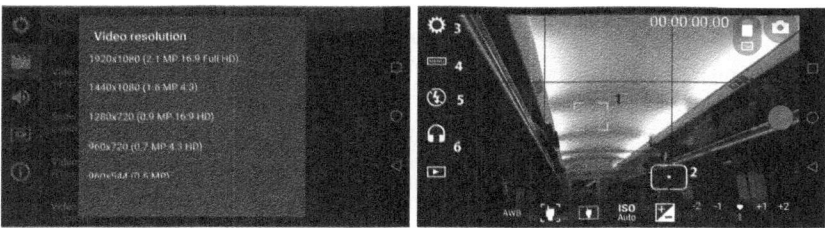

Abbildung 05-23, 24

Auch Cinema FV5 kann Blende und Fokus manuell korrigieren. Hierzu gibt es zwei Fadenkreuze (*Abb. 05-24*): Das grüne (1) für den Fokusbereich reagiert und verändert seine Position wenn der Bildschirm kurz berührt wird. Das weiße (2) für den Bereich, nach dem die Blende eingestellt werden soll, reagiert, wenn der Bereich mit dem Finger länger gedrückt wird. Die wichtigsten Einstellungen (3) sind über das Zahnrad zu erreichen, unter „Menu" (4) verbergen sich Shortcuts zu Hilfslinien beispielsweise den Drittel-Linien, „Thirds"), Framing-Hilfen, Histogramm und Stabilisierer. Das Blitz-Zeichen ermöglicht, die (meist unbrauchbaren) Smartphonelampen zu steuern.

Problematisch ist nach meinen Erfahrungen das Abhören der Audio-Aufnahme (6). Cinema FV5 ermöglicht dies zwar mit der nötigen Hardware (beispielsweise iRig Pre). In vielen Seminaren und bei eigenen Aufnahmen gab der Kopfhörerklang jedoch nicht authentisch wieder, was das Telefon aufzeichnete – oftmals war der Ton beim Abhören leicht verzerrt. Zudem blendet Cinema FV5 den Audiopegel nur nach Drücken der Kopfhörertaste oder erst dann ein, wenn die Aufnahme begonnen wird. Dies ist mit Blick auf das nötige vorausgehende Einpegeln der Audioaufnahme ein wenig lästig.

Abbildung 05-25   Die generische Kamera-Oberfläche der Lumia-Telefone, Bild: Björn
Staschen

Windows-Telefone bieten per se manuelle Kamerakontrolle – ein großer Vorteil der Lumia-Smartphones, zumindest derjenigen mit guter Kamera und hoher
Prozessorleistung. Nach dem Öffnen der Kamera *(Abb. 05-25)* erfolgt durch die
Berührung des Videokamera-Symbols die Umstellung von der Foto- zur Film-
aufnahme *(Abb. 05-26)*. Wird das Kamerasymbol nach links (Pfeilrichtung) in
Richtung Suchermitte verschoben, erscheinen drei Ringe für die manuelle Kontrolle der Kamera: Per Grundeinstellung werden alle Werte automatisch reguliert
(„auto"-Symbol im Kreis). Im äußersten Ring lässt sich der Weißabgleich (1) aber
auch manuell vornehmen, allerdings nur nach allgemeineren Symbolen, nicht nach
Kelvin-Zahlen. Der mittlere Ring (2) regelt den Fokus, der innere Ring (3) die
Belichtung. Vor jedem Auslösen der Aufnahme sollten diese Parameter festgelegt
werden, auch, um die spätere automatische Angleichung während der laufenden
Aufnahme zu verhindern (unerwünschte „focus pulls").

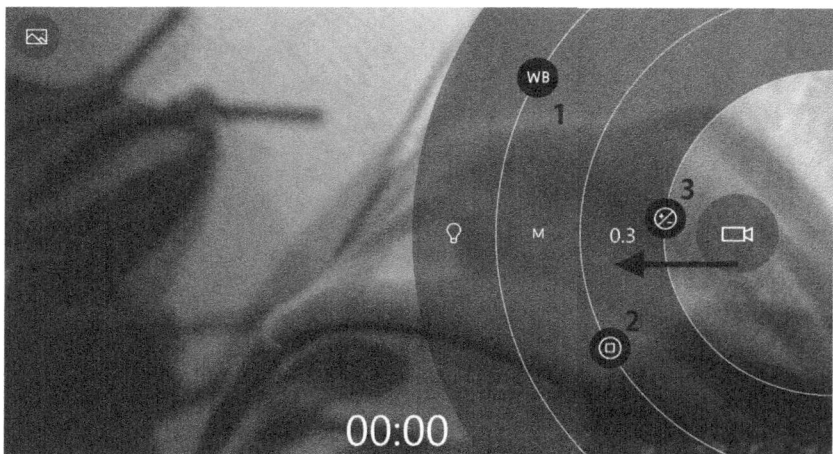

Abbildung 05-26   Windows Camera: Manuelle Kamerakontrolle eingebaut, Bild: Björn
Staschen

Das Sucherfenster bietet ansonsten viele von anderen Kamera-Apps bekannte
Funktionen *(Abb. 05-27):* Ein direkter Shortcut öffnet die Galerie der bisher gedrehten Videos (1). Zudem kann die App auch Bilder der Frontkamera aufzeichnen
(2) sowie das Smatphone-Licht ein- und ausschalten (3). Die WindowsCamera-
App hat eine Zeitlupenfunktion (4) und zeigt die getätigten Kameraeinstellungen
für Weißabgleich (5), Fokus (6) und Belichtungskorrektur (7). Die Einstellungen
öffnen sich über die drei Pünktchen (8), die Aufnahme beginnt nach Berühren des
Kamerasymbols (9).

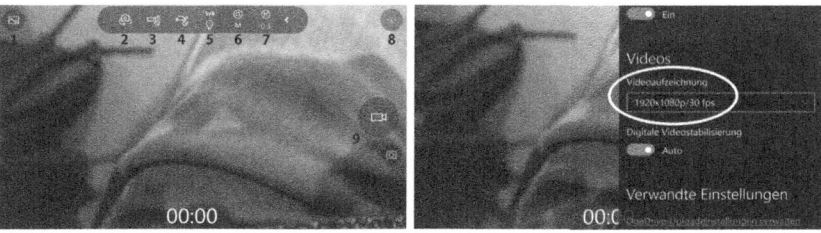

Abbildung 05-27, 28

Wichtig vor der Aufnahme sind auch bei der Windows-Camera die Grundeinstellungen, die sich über das Einstellungsmenü (8) im Sucherfenster (oben rechts)
und Links-Wischer ins „Video"-Menü erreichen lassen *(Abb. 05-28).* Je nach Ab-

nehmer könnte eine Framerate von 25 Bildern pro Sekunde sinnvoll sein. Zudem sollte die Auflösung mindestens auf „HD" (High Definition mit 1920 x 1080 p) eingestellt sein. Das Windows-Smartphone hält eine Vielzahl unterschiedlicher Aufnahmeformate bereit, allerdings (bisher) keine quadratischen.

Problematisch ist, dass die Windows-Camera bisher keine Audiokontrolle erlaubt: Es gibt weder einen Pegel noch eine Abhörmöglichkeit. Das macht die Arbeit schwierig. Alternativen zur generischen Windows-Kamera-App gibt es derzeit nicht wirklich.

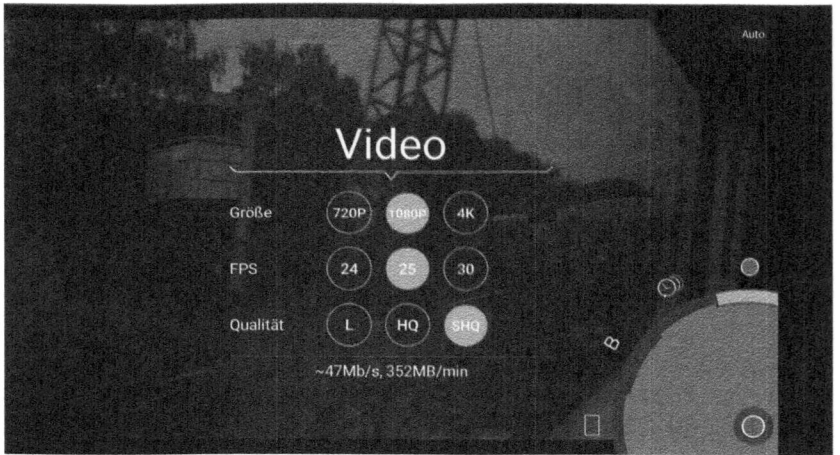

Abbildung 05-29   ProShot für Android- und Windows-Telefone, Bild: Björn Staschen

Ein neuer Stern am Videofilm-Himmel könnte die App „ProShot" (*Abb. 05-29*) werden, die für Windows- und Android-Telefone verfügbar ist. Proshot bietet Aufnahmen mit 25 Bildern pro Sekunde, mit 47 Mbit pro Sekunde in 1080p an (und sogar 4K, wenn das Mobiltelefon dies unterstützt). Die Android-Version hat derzeit einen größeren Funktionsumfang und erlaubt sowohl manuellen Fokus als auch eine gewisse Blendenkontrolle: Die Blende kann manuell an einem bestimmten Bildelement ausgerichtet, aber nicht festgestellt werden. Das bedeutet, sie würde sich automatisch wechselnden Lichtverhältnissen anpassen, was in der Regel nicht gewünscht ist. Die Entwickler sehen auf Nachfrage leider keine Möglichkeit, dies derzeit zu ändern. Sie haben angekündigt, auch für Windows-Telefone einen entsprechenden Funktionsumfang zu programmieren. Noch läuft die Windows-Version jedoch nicht stabil.

Eine neuere und vielversprechende Android-App ist „Cinema 4k": Fokus und
Blende können voll manuell gesteuert werden (allerdings nicht über Fadenkreuze).
Die App erlaubt über einen Software-Zoom eine Schärfenkontrolle (der Fokusbereich wird vergrößert und dadurch besser erkennbar). Sie unterstützt 25 Bilder
pro Sekunde, Hilfslinien (beispielsweise „Rule of Thirds") und läuft nach meiner
Kenntnis auf vielen Android-Telefonen stabil. Leider bietet sie noch keine Möglichkeit, die Audio-Aufnahmelevel abzulesen.

Abbildung 05-30   Ein neuer Stern am iOs-Himmel: Die Kamerapp „Mavis"

Neu am Markt mit sehr viel Potential ist auch die iOs-App „Mavis" *(Abb. 05-
30).* Programmiert wurde sie von Studenten der Universität Brighton, die sich ursprünglich darauf konzentriert haben, ein Echtzeit-Vectorscope (die Anzeige unten
links im Bild) zu programmieren. Dies ist ihnen gelungen, und weil sie dabei tief
in die Programmierung der iOs-Kamera eingestiegen sind, haben sie eine sehr
überzeugende App mit umfangreichen Möglichkeiten zur manuellen Kamerakontrolle geschaffen. Mavis erlaubt manuellen Fokus, Weissabgleich sowie manuelle
Blende, bietet eine Anzeige für den Audiolevel sowie manuelle Kontrolle des Ein-
gangspegels (Gain). Zudem kann die App in verschiedenen Formaten aufnehmen,
darunter 25 Bilder pro Sekunde *(Abb. 05-31)* in HD oder 4K. Mavis bietet sogar
„Peaking" an, also die Möglichkeit, den Schärfebereich im Bild jeweils farbig anzeigen zu lassen.

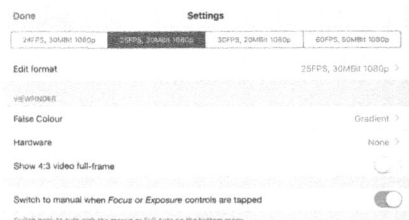

Abbildung 05-31, 32

Das Sucherfenster ist allerdings kleiner als bei allen anderen Apps: Mavis
nutzt einen Teil des Bildschirms für die Knöpfe zur manuellen Steuerung *(Abb.
Abb. 05-32)*. Das hat Vorteile: Alle Funktionen und Einstellungsoptionen sind auf
einen Blick sichtbar. Auf der anderen Seite könnten einige Nutzer Mavis als etwas
überladen empfinden. Die ersten Erfahrungen mit Mavis sind sehr gut: Die App
läuft sehr stabil, möglicherweise sogar stabiler als FilmicPro, und liefert gute Ergebnisse.

Eine weitere Alternative für iOS-Telefone ist die sehr günstige App Promovie
Recorder von Entwickler Liaoyuan Huo. Sie unterstützt 4K-Aufnahmen sowie volle manuelle Kontrolle (Blende, Shutter, Fokus) in den üblichen Formaten (25 fps,
48 kHz Audio). Die Oberfläche ist übersichtlich und praktikabel. Der ProMovie
Recorder lässt sich kostenlos mit Wasserzeichen ausprobieren. Bei Gefallen kann
das Wasserzeichen günstig (ca. 3 €) entfernt werden.

Eine Faustregel zum Schluss: Viele Kolleginnen und Kollegen haben sich nicht
für eine App entschieden, sondern mindestens zwei auf ihrem Telefon, die sie nutzen. Apps können abstürzen (in der Regel auch noch ohne guten Grund!). Es lohnt
sich also, immer mit einer „Variante B", einer zweiten Option, vertraut zu sein.

Interview mit Philipp Bromwell

Philipp Bromwell arbeitet als Reporter, VJ und „mobile journalist" für den irischen öffentlich-rechtlichen Sender RTÉ in Dublin. Philipp hat Dutzende Berichte mit dem Smartphone gedreht. Der Engländer lebt seit rund 10 Jahren in Irland, zuvor berichtete er als Reporter für die BBC aus Manchester und Nordostengland. Für RTÉ war Philip Bromwell auf vielen Auslandseinsätzen, unter anderem im Nahen Osten und den USA.

Wann bist du zum ersten Mal über „mobile journalism" gestolpert?

Das muss 2012 oder 2013 gewesen sein. Ich war bereits seit einigen Jahren als Video-Journalist für RTÉ tätig. Ich war es gewohnt, mit meiner VJ-Kamera rauszugehen und Nachrichtengeschichten selbst zu drehen. Schon das war damals nicht die übliche Form zu produzieren – normal war noch der traditionelle Weg: Ein Reporter geht mit einem Kamerateam raus. Damals habe ich mich lange mit Glen B. Mulcahy (Anm. d. Red.: Innovationsmanager bei RTÉ und Gründer der „Mobile Journalism Conference") unterhalten, der wohl den größten Anteil daran hat, „mobile journalism" bei RTÉ, aber auch darüber hinaus in Europa durchgesetzt zu haben. Wir haben lange darüber geredet, was aus seiner Sicht funktioniert, was nicht funktioniert.

Als du von „mobile journalism" gehört hast, glaubtest du, das könnte funktionieren?

Sagen wir so: Ich habe nicht geglaubt, dass es nicht funktionieren würde. Meine Meinung war: Man muss das mal ausprobieren – und sehen, was die Chancen sind, und was die Risiken. Ich stehe lieber auf der Seite des Zaunes, auf der neue Sachen ausprobiert werden – und nicht auf der, die sich Neuem verschließt. Das liegt mir irgendwie im Blut, auch, weil ich es als VJ ja schon gewohnt war, nicht nur auf ausgetrampelten Pfaden unterwegs zu sein.

Was war deine erste Geschichte als „mobile journalist"?

Wenn ich mich richtig erinnere, ging es dabei um den Osteraufstand in Irland 1916. Das Stadtarchiv hatte das alte Einsatzbuch der Feuerwehr von Dublin aus den betreffenden Tagen gefunden. Ich muss ehrlich sagen: Es hat ganz gut funktioniert.

Vielleicht aber auch, weil ich es gewohnt bin, selbst zu drehen: in Sequenzen, mit
vielen Close-Ups. Ich sehe das iPhone vor allem als eine andere Kamera. Für mich
war es zwar eine neue Kamera, aber Fernsehjournalismus als solcher war nicht neu
für mich. Die App hat noch einige kleinen technischen Probleme gemacht, die wir
aber gelöst haben. Alles in allem war der Film sendbar.

**Wie reagieren denn Menschen, über die du berichtest, wenn du nur mit einem
Smartphone auftauchst statt mit der üblichen Entourage eines ganzen Fern-
sehteams?**

Auf der einen Seite gefällt es vielen Menschen, wenn man über sie berichtet. Und
wenn man ihnen erklärt, dass das Smartphone nur eine andere Kamera ist, dann
finden sie das interessant. Wichtig ist aber auf der anderen Seite, dass man beim
Dreh mit genügend Sicherheit und Überzeugung auftritt, dass man nicht das Gefühl
vermittelt, dass man selbst zweifelt – an sich oder an der Technik. Das bringen wir
auch Journalisten in #Mojo-Kursen bei. Und dann gibt es Themen, bei denen die
kleine Ausrüstung sehr viel besser funktioniert: Wenn man in eine besonders intime
Situation kommt, bei einem eher schwer zugänglichen Thema, wenn man Menschen
besonders nahekommt. Dann ist der unauffällige, kleine Rahmen von „mobile journalism" gut geeignet, um Gesprächspartner nicht noch weiter einzuschüchtern.

**Aber wie steht es um die, die den großen Auflauf gewohnt sind – Politiker
zum Beispiel?**

Am Ende wollen ja auch Politiker ihre Botschaft transportiert wissen: Sie wären
dumm, wenn sie sich einem Journalisten mit Smartphone verweigern, oder?

Bei welchen Themen funktioniert #Mojo aus deiner Sicht besonders gut?

Mir fallen viele Themen ein, bei denen #Mojo in den vergangenen Monaten für
mich gut funktioniert hat: RTÉ hat vielleicht bisher rund 50 #Mojo-Nachrichtenfil-
me von mir und anderen Kollegen gesendet. Von der Schmetterlingsfarm, die über
den Sommer schließt, bis zur Seebefestigung am Hafen von Dublin. In diesem Sommer habe ich aber auch oft beobachtet, dass viele gute Reportagen über die Flücht-
lingszüge durch Europa per Smartphone produziert wurden. Da waren oft sehr gute
Berichte dabei, sehr nah an den Flüchtlingen und ihren Geschichten. Dafür ist ein

leichtes Smartphone ideal: Der Journalist hat kaum Gepäck, er verschmilzt ja nahezu mit seiner Umgebung, fällt kaum auf und kann auch über größere Strecken die Ausrüstung mitnehmen. Davon haben diese Reportagen absolut profitiert.

Gibt es auch Themen, bei denen #Mojo gar nicht funktioniert? Wie steht es beispielsweise um den Kameraauflauf bei einer Pressekonferenz oder vor einem Gericht?

Wichtig ist aus meiner Sicht, dass #Mojo nicht alle anderen Arten, zu berichten, ersetzen kann. Es ist nur eine *weitere* Art, zu berichten, die sich manchmal gut eignet, und manchmal eben nicht. Mir ist wichtig, dass ich weiter auswählen kann, welche Technik ich wähle, ob ich mit dem Smartphone vor Ort bin oder mit der VJ-Kamera. Und manchmal würde ich mich eben auch dazu entscheiden, ein ganzes Kamerateam zu schicken – beispielsweise bei einem großen Medienauflauf, einem schnellen Politiker-Statement mit vielen Kameras vor Ort.

Wie sehr unterstützt dein Sender RTÉ deine #Mojo-Arbeit?

RTÉ ist im europaweiten Vergleich kein besonders großes Medienunternehmen, in Irland aber doch der mit Abstand größte Fernsehsender. RTÉ hat eine lange Tradition – und macht auch eher auf eine traditionelle Weise Fernsehen. Mittlerweile ist #MoJo zwar kein Thema mehr, das RTÉ mit spitzen Fingern anfasst. Wir haben rund 150 Kollegen in eintägigen Seminaren vermittelt, was #Mojo leisten kann, und rund 20 Kollegen haben unsere viertägigen Seminare, die „#Mojo Masterclass" hinter sich gebracht. Dahinter steht einige Unterstützung für mobilen Journalismus. Es hat aber einige Zeit gedauert, bis es soweit war. Und heute würden viele im Sender sagen: Gut, wir machen auch „mobile journalism". Aber vor allem produzieren wir Fernsehen wie viele andere Sender in Europa – mit Reporter, Kameramann, Tonassistent etc. Ich würde wir wünschen, dass wir sehr viel ambitionierter mit dem Thema umgingen. Dass wir uns mehr trauen, dass wir die Möglichkeiten zum Live-Streaming ausprobieren, dass wir mutiger sind.

Wie ist denn die Unterstützung im Kollegenkreis?

Unsere Arbeit wird schon ernst genommen. Und RTÉ hat den mobilen Journalismus für mehrere Berufsgruppen geöffnet – für Kollegen aus den Redaktionen ebenso wie beispielsweise für Kameraleute. Schon allein, weil die Gewerkschaften sonst nicht mitgespielt hätten. Am Ende kann glaube ich kaum noch jemand die Augen verschließen vor den großen Chancen, die die Technik bietet. Ganz normale Menschen, keine Journalisten, machen Live-Streams über Periscope, drehen gute, brauchbare Filme. Das Smartphone sorgt für eine Demokratisierung der Bildproduktion. Das ist schon beeindruckend.

Welche Chancen kann denn mobiler Journalismus in dieser Hinsicht haben?

In Schwellenländern und Ländern, die gerade erst ein demokratisches Mediensystem aufbauen, ist mobiler Journalismus eine großartige Chance, schnell günstige Mittel zu verbreiten, mit denen sich Fernsehen machen lässt. Auf der anderen Seite kann sich heute theoretisch jeder die Technik leisten, mit der Fernsehen, zumindest Nachrichtenjournalismus, produziert werden kann. Mich hat mein früherer VJ-Trainer Michael Rosenblum sehr beeindruckt, der gesagt hat, dass da draußen Millionen Filmproduzenten herumlaufen.

Graben wir uns also unser eigenes Grab, weil wir die Technik nutzen, die bald jeder nutzen kann?

Das ist schwer zu sagen. Ich habe es gelernt, Geschichten gut zu erzählen. Das ist meine Kernkompetenz, nicht, eine VJ-Kamera oder ein Smartphone zu bedienen. Ich finde es besonders wichtig, mich der neuen Technik zu öffnen und nicht zu verschließen. In den vergangenen Wochen habe ich viel mit Apps experimentiert, die gar nicht mehr klassische Video-Kameras und Schnittprogramme waren. Es gibt so viele gute Programme, die gar nicht in erster Linie für Journalisten entwickelt wurden, mit denen sich aber guter Journalismus machen lässt. Weil sie helfen, Grafiken oder Text auf Video zu erstellen beispielsweise, vor allem für die mobile Nutzung. Denn ein weiterer Trend wird sich nicht aufhalten lassen: Unsere Quoten im klassischen Fernsehen gehen ganz langsam, Stückchen für Stückchen, zurück. Unsere Online-Nutzung steigt aber – vor allem von mobilen Geräten. Wir müssen neuen Wege finden, Geschichten zu erzählen, die Menschen auf ihren Smartphones anschauen wollen. Und ich glaube, eine Lösung – nicht die einzige, aber eine – ist mobiler Journalismus. Denn er bietet neue Chance für digitale Geschichtenerzähler, für neue Formen, die wiederum zugeschnitten sind auf die mobile Nutzung.

Noch ein Wort zu deiner Ausrüstung: Womit drehst du?

Ich drehe seit Beginn mit einem iPhone. Ich gehe ohne Powerbank nicht aus dem Haus und habe immer ein großes und ein kleines Stativ dabei. Mich treibt noch immer die Suche nach einem leichten Stativ um, das ich hoch genug stellen kann, damit bei Interviews die Augenlinie auch gut verläuft. Aber ohne Kompromisse geht's nicht. Ich habe ein iRig-Mikrofon und einen iRig-Adapter dabei.

Welches sind deine liebsten Apps?

Ich drehe wie die meisten mit Filmic Pro. Die App bietet vor allem die Möglichkeit, mit 25 Bildern pro Sekunde zu produzieren, was für Fernsehen in Europa wichtig ist. Und ich mag ihre Benutzeroberfläche. Gerade hat sie mit dem neuesten Update wieder einige Probleme, und die halbe #Mojo-Welt schlägt die Hände über dem Kopf zusammen und sagt: Das darf doch nicht sein! Wir machen doch Fernsehen damit. Und manche vergessen, dass sie eben doch vor allem ein Programm nutzen, das gerade zehn Kröten kostet und auf einem Telefon läuft. So weit sind wir schon!

Abbildung Philipp Bromwells Ausrüstung

Philipp Bromwells Ausrüstung: iPhone 6S+, Stativ „Manfrotto BeFree", Halterung Shoulderpod S1 und & Rig R1-Pro, Mikrofon „iRig Mic HD" und Adapter „iRig Pro" für iPhone, AKG Lavaliermikrofon, Gorillapod, iPro-Vorsatzlinsen und Licht „Metz LED mecalight" sowie iblazr.

Fernsehen unterwegs: Der Schnitt

6

Zusammenfassung

Wie lassen sich Filmbeiträge auf dem Smartphone schneiden? Welche Apps eignen sich dafür? Worauf müssen Reporter achten, damit ihre Beiträge in einer Qualität entstehen, die den Anforderungen von TV oder Online-Plattformen genügen?

Das Smartphone ist mehr als eine Kamera: Es ist auch ein leistungsfähiger Computer. Der Charme von „mobile journalism" ist, dass sich auf dem Smartphone eben alle Arbeitsschritte auf dem Weg zum fertigen TV-Bericht oder Clip für die Internetseite durchführen lassen. Nicht nur für den Dreh bietet das Smartphone viele Möglichkeiten. Auch für den Bildschnitt gibt es sehr gute Programme. Oft bietet es sich an, einen groben Vorschnitt in den Kamera-Apps durchzuführen: Sowohl FilmicPro oder MoviePro als auch Cinema FV5 erlauben, das gedrehte Material zu trimmen, also am Anfang und Ende zu kürzen. So lässt sich das Material straffen, bevor es zum Editieren in ein Schnittprogramm importiert wird. Der Vorteil: Die Schnittprogramme müssen mit weniger Datenmenge umgehen und reagieren schneller und oft stabiler.

6.1 Grundsätzliches

Beim Videoschnitt ist die Audiobearbeitung nach meiner Erfahrung die größte Herausforderung: Schon bei der Aufnahme sollte aufmerksam gepegelt und angeglichen werden, damit im Schnitt später nicht zu großer Korrekturaufwand besteht. Leider bieten die Schnittprogramme keine sichtbaren Audiopegel für einzelne Clips (nur das später vorgestellt Pinnacle Studio Mobile Pro zeigt beim Abhören Pegel für einzelne Audiospuren an). Autoren können sich also nur auf ihre Ohren verlassen. Das Abhören per Kopfhörer führt allerdings zu einem besseren Höreindruck, der sich von dem des späteren Zuschauers unterscheiden kann: Dieser nimmt den Ton häufig per TV- oder Smartphone-Lautsprecher wahr. Insofern sollte jeder Beitrag auch einmal ohne Kopfhörer „probegehört" werden. Zudem sollten Autoren sicherstellen, dass sie mit mittlerer Kopfhörerlautstärke arbeiten: Ist der Kopfhörer auf „volle Lautstärke" eingestellt, wird der fertige Beitrag nach dem Speichern zu leise ausgesteuert sein.

Wichtig beim Videoschnitt ist die Rechenleistung des Telefons: Neben der Schnitt-App sollten nicht allzu viele andere Programme parallel laufen. Sonst steigt die Gefahr, dass das Programm abstürzt oder Fehlbilder produziert.

Wer sich beim Dreh an die 5-Shot-Regel gehalten hat, sollte im Schnitt kaum Probleme haben: Videoschnitt ist zwar eine Kunst, über die ganze Bücher geschrieben werden. Aber einige wichtige Faustregeln helfen auch hier, die größten Klippen zu umschiffen. Entscheidend ist die Story: Ein einzelner Clip soll Inhalt vermitteln, eine Sequenz aus mehreren Clips Zusammenhänge deutlich machen. Das bedeutet: Eine Einstellung sollte nicht zu kurz oder zu lang gezeigt werden, in der Regel (für ein- bis dreiminütige aktuelle Berichte) zwischen 1 und 10 Sekunden. Totalen oder reportagehaft gedrehte Handlungen brauchen oft mehr Zeit, um erfasst zu werden. Close-Ups dagegen funktionieren oft auch, wenn sie kürzer sind. Die alte Faustregel, nach der ein Bild 3 Sekunden Zeit braucht, erscheint in Zeiten rasanter Werbefilme und Internet-Clips überholt. Wechselnde Einstellungsgrößen und Blickwinkel (Kamerastandorte) erleichtern Übergänge. Ähnliche Einstellungen dagegen „springen" im Schnitt und irritieren. In Schwenks oder Zooms „hinein" zu schneiden, ist oft schwierig: Meist funktionieren die Übergänge nur vom Beginn einer Bewegung bis zu deren Ende. Bewegung im Bild hilft, Schnitte geschmeidiger zu machen: Wenn im Bild etwas passiert, verzeiht das Auge des Betrachters viel mehr als in ruhigen Einstellungen. In der Regel wird hart geschnitten, Blenden und andere Tricks sind die seltene Ausnahme in journalistischen Filmen, die höchstens bei Szenen- oder Zeitwechseln in der Handlung zum Einsatz kommen.

Beim #Mojo-Schnitt beachten

1. Andere Apps ausschalten
2. Material vorsichten, ggf. vorbearbeiten (trimmen)
3. Kopfhörer auf mittlerer Lautstärke nutzen
4. Tonspur auch per Smartphone-Lautsprecher kontrollieren
5. Planvoll vorgehen, vor allem mit Blick auf Audio-Spurbelegung
6. Sinntragende Clips einsetzen, inhaltsvolle Sequenzen schneiden
7. Bewegungen helfen beim Schnitt
8. Blenden und Tricks vermeiden

6.2 Der Schnitt auf dem iPhone

Pinnacle Studio Mobile Pro ist eine der besten Edit-Apps für iPhones. Sie wird von Luma Touch entwickelt, einer Firma, die „den kleinen Bruder" der Pinnacle-Desktop-Version für Corel entwickelt und betreut. Wer Pinnacle anschafft, sollte auf die Pro-Version setzen, die einige zusätzliche Elemente (wie den Automixer) mitbringt. Pinnacles zentraler Vorteil – und damit ist die App nach meinem Wissen mehr oder weniger allein auf dem Markt: Beim Editieren kann die Framerate bestimmt werden. Viele Edit-Programme (auch iMovie) arbeitet automatisch mit (knapp) 30 fps. Wird Material aber mit 25 fps gedreht, weil es im PAL-Fernsehen verwendet werden soll, wäre das unsinnig: Die Bilder würden im Schnitt zunächst auf 30 fps konvertiert, um dann vor Sendung wieder zurückgewandelt zu werden. Die Folge wären deutliche Qualitätsverluste. Pinnacle kann dagegen Material mit 25 fps verarbeiten und es auch in dieser Bildrate wieder ausgeben. Diese Einstellung kann direkt im Projektfenster über das kleine Zahnrad oben rechts für alle Projekte festgelegt werden *(Abb. 06-01)*. Als Projektstandardwert sollten dann 25 fps festgelegt werden *(Abb. 06-02)*.

Ungewöhnlich ist die Ausrichtung der Pinnacle-Arbeitsfenster: Das Programm wird übersichtlicher hochkant (vertikal) bedient (die horizontale Darstellung erschwert die Bearbeitung eher). Das beginnt schon im Projektfenster *(Abb. 06-03)*, in dem entweder neue Projekte eröffnet (+) und benannt oder alte zur weiteren Bearbeitung geöffnet werden. Aus dem Projektfenster lassen sich über den nach rechts zeigenden Pfeil ganze Projekte beispielsweise in Cloudspeichern zur späteren Bearbeitung auf Desktoprechnern ablegen. Ebenso lassen sich Projekte per Linkspfeil aus der Wolke aus der Cloud auf das Smartphone herunterladen. Dies sind für einen Workflow, an dem mehrere Reporter beteiligt sind, wichtige Funktionen.

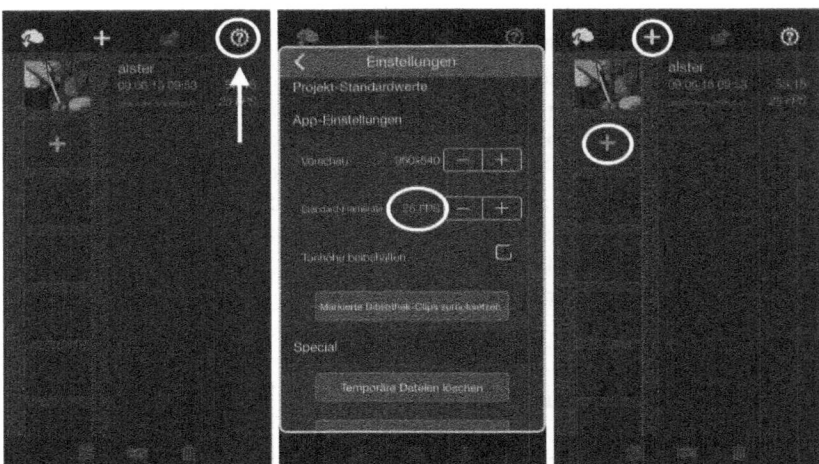

Abbildung 06-01, 02, 03

**Wird ein neues Pinnacle-Projekt angelegt oder ein altes durch Berühren ge-
öffnet, erscheint das eigentliche Arbeitsfenster**, in dem Videos editiert werden
können. Es teilt sich in drei größere Bereiche *(Abb. 06-04)*: Im oberen Fenster
erscheinen Medienbibliothek und Vorschauvideo bei der Bearbeitung. Ganz unten
erscheint die Timeline (aus einem kombinierten Audio-Videotrack und drei gesonderten Audiotracks). Dazwischen befindet sind ein Pinnacle-Unikum: das
„Storyboard". Es zeigt die Reihenfolge der Clips mit gleich großen Lesezeichen
unabhängig von deren jeweiliger Länge im Film. Der Nutzen erschließt sich möglicherweise nicht sofort: Warum braucht es Timeline *und* Storyboard? Gerade auf
dem kleinen Smartphone-Bildschirm hilft das Storyboard nach meiner Erfahrung
jedoch, die Überblick zu behalten. Ein Klick auf ein Lesezeichen im Storyboard –
und die Timeline „rauscht" zum entsprechenden Clip. Durch Festhalten der Lesezeichen lässt sich zudem die Reihenfolge von Clips ändern.

Die Menüleiste über den Arbeitsfenstern enthält die wichtigsten Funktionen
(Abb. 06-05): Über das Haus (1) gelangt der Nutzer zurück zur Projektansicht, über
die Filmrolle (2) zur Auswahl der Medien, die Teil des Films werden sollen. Fotos
(3) und Audioelemente (4) lassen sich ebenso einfügen wie bestimmte Übergänge
(5), zum Beispiel Blenden, und Text (6). Zudem hält Pinnacle bestimmte „Themen-
packs" (7) bereit, die in journalistischen Produktionen mutmaßlich eher seltener
verwendet werden. Wird ein Clip aus der Bibliothek ausgewählt, verschwindet die
Medienansicht: Im Fenster erscheint eine Vorschau des Videos *(Abb. 06-06)*. Die

Marker (1 und 2) lassen sich verschieben, der gewählte Abschnitt zwischen „In-"
und „Out"-Punkt kann abgespielt werden (3), bevor das Video über den Pfeil (4) in
die Timeline eingefügt wird. Auf diese Weise werden alle gewünschten Clips in
die Timeline importiert.

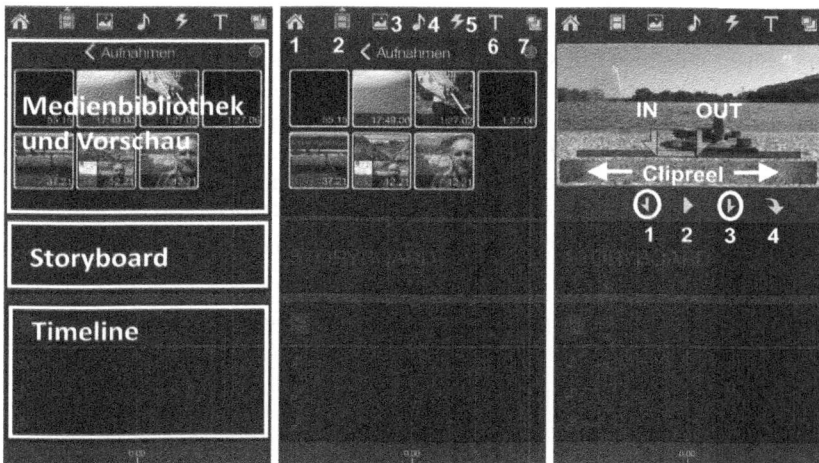

Abbildung 06-04, 05, 06

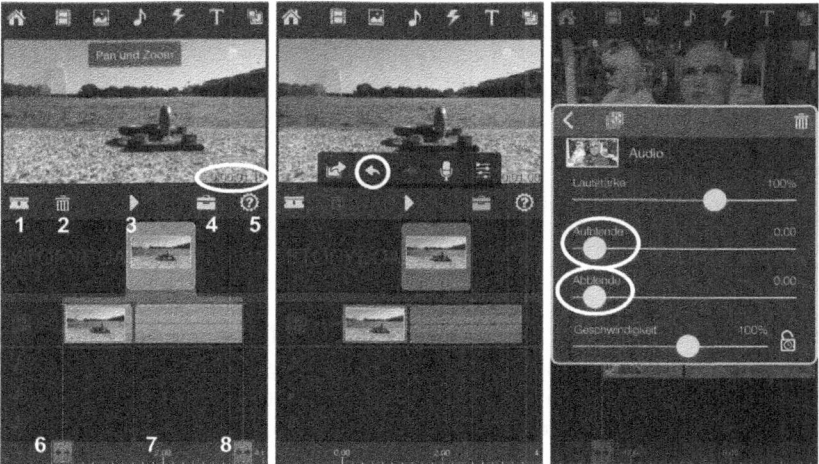

Abbildung 06-07, 08, 09

Der Videoclip in der Timeline lässt sich weiter bearbeiten: Wird er einmal berührt *(Abb. 06-07)*, kann er am Abspielkopf („Playhead", 7) über die Rasierklinge (1) geteilt werden. Die exakte Position in Sekunden und Frames zeigt der Timecode im Vorschaufenster unten rechts. Über den Papierkorb kann der Clip insgesamt verworfen (2) oder abgespielt werden (2). Über den Werkzeugkasten (4) lassen sich weitere Funktionen erreichen *(Abb. 06-08)*, insbesondere die „Undo"-/ Rückgängig-Funktion (im Kreis), mit der der letzte Editierschritt aufgehoben werden kann. Das Einstellungsrad (5) öffnet die Projekteinstellungen, in denen wir aber ja bereits festgelegt haben, dass unser Projekt in 25 fps bearbeitet werden soll. Die Schieber (6) und (8) sind jeweils „In"- und „Out"-Marken für den Clip der auf diese Weise verlängert und verkürzt werden kann. Die doppelte Berührung des Clips öffnet das Clip-Einstellungsfenster *(Abb. 06-09)*, in dem die Audiolautstärke, Auf- und Abblende sowie die Clipgeschwindigkeit (Zeitraffer, Zeitlupe) definiert werden können.

Abbildung 06-10, 11, 12

Zwischen einzelnen Clips lasse sich Übergänge einfügen, beispielsweise Blenden *(Abb. 06-10)*. Dabei täuscht die Timeline ein wenig: Auch, wenn der Effekt in der Timeline *zwischen* zwei Clips dargestellt wird, liegt er de facto *über* den Clips, er verbindet sie direkt miteinander. In journalistischen Filmen wird häufig auf Übergänge verzichtet. Wenn, dann sind selten einfache Blenden sowie Schwarzblenden (Auf-/Abblenden) oder Weißblitze zu finden, deren Einsatz aus meiner Sicht jedoch in 99 Prozent der Fälle reiner Bequemlichkeit geschuldet ist: Ein (an sich eher störender) Weißblitz wird genutzt, um Interviewteile zusammenzu-schneiden (oft, um Aussagen zu kürzen). Ohne Weißblitz würde das Bild „sprin-gen". Schnittbilder machen einen solchen Übergang jedoch aus meiner Sicht ele-ganter. Befürworter von Weißblitzen führen dagegen ins Feld, dass sie bearbeitete Interviewpassagen kenntlich machen und so zu mehr Transparenz führen. In der Regel hilft jedoch bereits, ein Interview so zu führen, dass der Protagonist geeig-nete Aussagen trifft, die direkt verwendet werden können.

Für die Bearbeitung der Tonspuren gibt es mehrere Optionen: Zum einen lässt sich das mit dem Video verbundene Audio im ersten Track direkt über den Doppelklick auf den Clip lauter und leiser regeln. Ein *Dreifach*klick auf den Clip führt jedoch dazu, dass die Ton- von der Videospur getrennt wird *(Abb. 06-11)*: Es entsteht automatisch eine Tonspur unterhalb des Videos, während die Lautstärke der Videospur dagegen auf „0" gepegelt wird (damit das Audio nicht doppelt in der Video- und der separaten Tonspur vorliegt). Die Audioclips lassen sich nun ebenso (durch einfache und doppelte Berührung) bearbeiten, verschieben, pegeln usw. Sie können auch getrennt verschoben werden, um sogenannte „Overlays" zu produzieren: Dabei beginnt die Aussage eines Interviewgastes beispielsweise be-reits, während ich im Bild noch seine Handlung betrachte. Er erklärt mir dann im O-Ton (anstelle des Off-Kommentars), was er tut.

Pinnacle erlaubt auch, den Sprechertext aufzunehmen: Nach Ende des Schnitts ist die Funktion über den Werkzeugkasten und das Mikrofon zu erreichen *(Abb. 06-12)*. Der Overvoice-Rekorder öffnet sich, der bereits auf der Spur liegt, auf er die Aufnahme aufgezeichnet werden soll *(Abb. 06-13)*. Soll das Overvoice auf einer anderen Spur gespeichert werden, lässt sich der Rekorder über das Symbol der drei stilisierten Tracks (3) über die Tracks verschieben. Der Rekorder zeigt einen Ton-pegel (eingekreist), über den ein externes Mikrofon gegebenenfalls ausgesteuert werden kann. Die Aufnahme beginnt, wenn der Aufnahmeknopf gedrückt wird (1). Der Timecode (4) startet. Ist die Aufnahme beendet, verschwindet der Pegel *(Abb. 06-14)*. Die Audiospur kann abgehört (4), beibehalten (2), verworfen (3) oder neu aufgenommen (1) werden. Ist die Aufnahme gelungen, erscheint die „Voiceo-ver"-Spur in der Timeline. Sie kann wie jeder andere Audioclip bearbeitet werden.

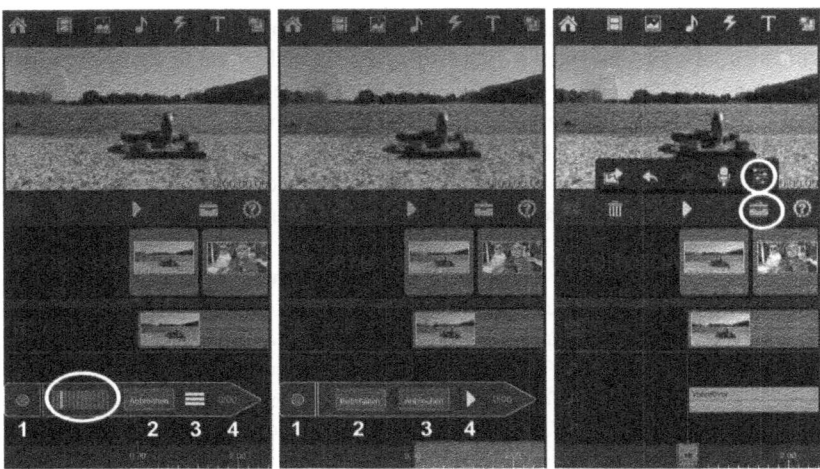

Abbildung 06-13, 14, 15

Die Tonbearbeitung in Pinnacle sollte früh geplant werden: Auf welchem der drei Audiotracks lege ich welche Elemente ab? Ein gutes Beispiel: Die gesamte Atmo des Films wird auf Track 1 gesammelt. O-Töne von Protagonisten liegen auf Spur 2, das Overvoice auf Spur 3. Wer derart planvoll vorgeht, kann am Ende mit dem Audiomixer, zu erreichen über den Werkzeugkasten und das Fader-Symbol *(Abb. 06-15)*, alle Spuren einmalig gegeneinander pegeln: Die Atmo wird leiser gestellt (Track 1 beispielsweise auf 20 – 30 Prozent), O-Ton- und Overvoice-Lautstärke werden angeglichen und bleiben bei etwa 100 Prozent.

Gespeichert werden fertige Filme über den Werkzeugkasten: Hierin verbirgt sich das Quadrat mit dem Pfeil nach rechts, das den Ausspielvorgang startet. Dabei kann der Journalist entscheiden, ob der Film im Telefon gespeichert oder direkt veröffentlicht werden soll, beispielsweise bei Youtube oder Facebook. Wer in die Cameraroll („Photos") speichert, sollte dies mit derselben Framerate tun, in der der Film gedreht und veröffentlicht werden soll. Gleiches gilt für die Tonspur (in der Regel 48 kHz). Zudem hat der Nutzer die Wahl zwischen verschiedenen Qualitätsmodi: Ausgespielt werden sollte in „Besserer" oder „Bester" Qualität. Allerdings produzierte Pinnacle in „Bester Qualität" in der Vergangenheit gelegentlich Fehlbilder, die in „Besserer Qualität" nicht auftauchten. Versuch macht klug!

Schwierig ist in Pinnacle Studio ein sogenanntes „Overlay" – also einen O-Ton im AUdio bereits beginnen zu lassen, während noch ein anderes Bild gezeigt wird.

Denn Pinnacle bietet (abgesehen von einem „Bild im Bild"-Effekt) keine zweite Videospur. Hier ist framegenaues Arbeiten (in Clips und Timeline werden jeweils framegenau die Längen angezeigt) wichtig. Eine Lösung bringen die Entwickler von Pinnacle in Kürze auf den Markt: Mit Luma Fusion befindet sich der erste Mehrspur-Editor für iPhones derzeit in der Beta-Phase – eine großartige, vielversprechende Innovation, die den Schnitt auf dem Mobiltelefon weiter vereinfachen und den gängigen Desktop-Schnittprogrammen angleichen wird.

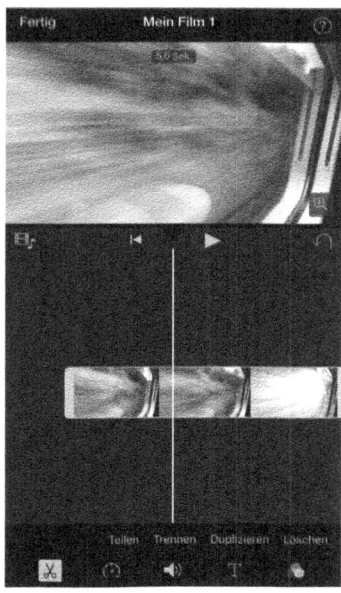

Abbildung 06-16   iMovie (nur iOs)

Auch iMovie ist ein solides Programm für den Videoschnitt. Allerdings hat es einen großen Nachteil gegenüber Pinnacle Studio: Es arbeitet ausschließlich mit knapp 30 Bildern pro Sekunde (29,97 fps). Damit ist es für PAL-Produktionen nicht wirklich geeignet. Die Oberfläche von iMovie empfinden einige Nutzer im Vergleich im Pinnacle Studio als etwas übersichtlicher. Für mich ist Pinnacle dagegen näher an den gewohnten professionellen Schnittprogrammen, iMovie dagegen empfinde ich als gewöhnungsbedürftig. Ein großes Problem von iMovie ist die ungenaue Bearbeitung: Die kleinstmögliche Korrektur beim Trimmen eines Clips sind 0,1 Sekunden – framegenaues Schneiden ist damit unmöglich. Die Übergänge zwischen Clips werden jeweils als Blendensymbol angezeigt, auch

wenn keine Blende vorgesehen ist: Dadurch ist es oft schwer, die Video- mit den
Audiospuren synchron zu halten, an deren Übergänge keine Blenden angezeigt
werden. Wer allerdings vor allem für Internet- oder NTSC-Angebote arbeitet, sollte iMovie ausprobieren und Vor- und Nachteile abwägen. Letztendlich wird auch
Geschmack in die Entscheidung einfließen – manche Schnittprogramme liegen
dem einen mehr, manche dem anderen. Leider „frisst" iMovie rund 700 MB kost-
baren Speicherplatz, während Pinnacle Studio nur etwa ein Zehntel davon benötigt
– ein weiteres Argument für die weiter vorn vorgestellte App.

6.3   Der Schnitt auf Android-Telefonen

**Kinemaster ist die herausragende Videobearbeitungs-App für Android-Tele-
fone** *(Abb. 06-17-Kinemaster)*. Sie ist über Jahre sorgfältig entwickelt und weiterentwickelt worden und bietet viele wichtige Funktionen. Für einige Telefone mit
bestimmten Prozessoren ist beispielsweise bereits eine zweite Videospur nutzbar
(Einzelheiten auf der Entwicklerwebsite). Zudem ist Kinemaster nach meinem
Wissen die einzige App, die die Framerate des verarbeiteten Materials nicht verändert. Das bedeutet: Bei der Kinemaster-Bearbeitung können Nutzer zwar nicht
in andere Framerates konvertieren. Material, das mit 25 fps gedreht wurde, liegt
nach der Bearbeitung in Kinemaster jedoch weiterhin mit 25fps vor, während andere Apps (wie beispielsweise PowerDirector) mit 30 fps arbeiten. Problematisch
an Kinemaster ist das Bezahlmodell: Die App kostet nicht etwa einmalig, die Entwickler verlangen regelmäßige Beiträge in einem Abonnement (subscription), sodass sich Kinemaster sich für den gelegentlichen Nutzer nicht wirklich lohnt.

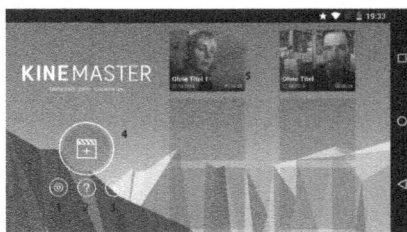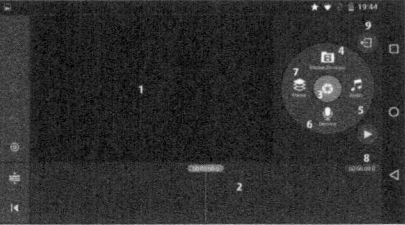

Abbildung 06-17, 18

Auch Kinemaster zeigt beim Öffnen zunächst eine Projektansicht – allerdings
im Querformat *(Abb. 06-17)*: Hier können wenige grundlegende Einstellungen verändert werden (1), Hilfsseiten mit kurzen Videos angezeigt (2) sowie der Support
von Kinemaster (3) kontaktiert werden. Über den größeren roten Button (4) kann

ein neues Projekt angelegt, über die Foto-Lesezeichen (5) ein bereits begonnenes zur weiteren Bearbeitung wieder geöffnet werden. Nach einem kurzen Zwischenschritt, in dem das Video ausgespielt oder verworfen werden kann, öffnet sich das Bearbeitungsfenster *(Abb. 06-18)*. Unter dem großen Vorschaufenster (1) befindet sich die Timeline (2), rechts neben vom Vorschaufenster ein rad- oder tortenförmiges Menü. Hier lassen sich Videos aufnehmen (3) – ich empfehle dafür allerdings die bereits vorgestellten Kameraapps. Zudem können Videos (4) und Audios (5) importiert sowie Schriften und andere Elemente auf das Bild gelegt werden (7). Mit dem Mikrofon (6) lässt sich nach der Bearbeitung das Overvoice aufnehmen. Zudem kann das bisher geschnittene im Vollbild abgespielt werden (8). Die Rückkehr zum Projektmenü wird über das Symbol (9) ausgewählt.

Abbildung 06-19, 20

Einfache Clips lassen sich über die Medienbibliothek importieren *(Abb. 06-19)*. Die jeweiligen Clips werden durch bloßes Berühren in die Timeline übertragen. Hier lassen sich sie nach dem Berühren (Cliprand wird rot) bearbeiten *(Abb. 06-20)*. Dafür stehen verschiedene Funktionen zur Verfügung: vom Rotieren und Spiegeln (2) über das Schneiden und Teilen (3), Effekte (4), Zooms auf Videoausschnitte (5) die allerdings immer Qualitätsverluste bedeuten, bis zur Veränderung der Lautstärke des Clips (6) und weitere Optionen (weiter nach unten scrollen). Wichtig bei der Bearbeitung ist die Position des Abspielkopfes (Playheads) (2). Hier lässt sich der Clip beispielsweise trennen. Zudem lassen sich Clips trimmen: Wenn der Clip berührt und die Option „Schneiden/Teilen" (3) gewählt wird, erscheinen gelbe Griffflächen zu Beginn und am Ende des Clips, mit denen die Cliplänge einfach verändert werden kann.

Abbildung 06-21, 22

Auch Kinemaster verknüpft auf der Videospur Bewegtbild und Ton. Wie bei
Pinnacle Studio lässt sich jedoch die Audiospur separieren Im Menü „Schneiden/
Teilen" gibt es die Option „Audio extrahieren" *(06-21):* Beim mit dem Video ver-
bundene Ton wird die Lautstärke automatisch auf „0" gesetzt, unter der Videospur
entsteht ein kleinerer Audiotrack. Die Tonspur lässt sich gesondert bearbeiten, so-
gar Tonblenden lassen sich über das Menu „Lautstärken-Hüllkurve" detailliert per
Hand steuern *(Abb. 06-22).* Wichtig ist zudem die kleine Reißzwecke (rechts im
Kreis): Über sie lässt sich ein Clip an der Timeline feststecken, so dass er beim
Bearbeiten nicht mehr verrutscht und beispielsweise Asynchronität zwischen Ton
und Bild entsteht.

Abbildung 06-23, 24

Über das Mikrofon kann ein Overvoice aufgenommen werden (Funktion 6 auf
Abb. 06-18). Hierfür stellt Kinemaster ein Audiolevel zur Verfügung und akzeptiert auch externe Tonquellen wie angesteckte Mikrofone. Über den Audioimport
(Funktion 5 auf *Abb. 06-18)* lassen sich zudem beispielsweise Musiktitel importieren, die in dem Video verwendet werden sollen.

**Kinemaster bietet zudem die größte Palette von sogenannten „Ebenen"-
Funktionen** *(Abb. 06-24).* Besonders interessant ist dabei die zusätzliche Video-
spur (1), die aber nur bei bestimmten Telefonmodellen verfügbar ist (siehe oben).
Ein Bewegtbild kann dabei durch ein anderes komplett über teilweise überlagert

werden. Im Unterschied zu professionellen Schnittprogrammen auf Desktop-Computern ist jedoch nicht die *obere*, sondern die *untere* Videospur die jeweils sichtbare. Diese Funktion ist großartig, um sogenannte O-Ton-Filme zu bearbeiten. Dabei kann der durchgehende erzählende O-Ton des Protagonisten auf die Videospur gelegt und mit Bildern von dessen Handlung immer wieder „unterschnitten" werden *(Abb. 06-25)*.

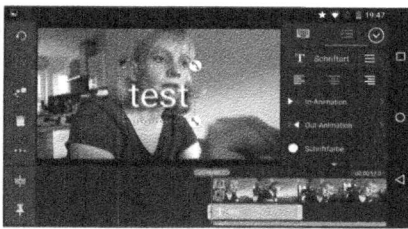

Abbildung 06-25, 26

Über weitere Ebenenfunktionen lassen sich ein Foto einfügen (2), sogenannte Sticker (kleine grafische Elemente) (3) aufbringen sowie Texte oder Handschrift einfügen (4 und 5). Insbesondere die Textfunktion ist verhältnismäßig flexibel und eignet sich dazu, sowohl Titel oder Abspann (Quellenangabe) anzulegen als auch Videos zu untertiteln *(Abb. 06-26)*: Mit der verstärkten Videonutzung auf Mobilgeräten stellt sich die Frage, wie oft der „übliche" Fernsehton noch wahrgenommen wird. Viele Videoportale, darunter AJ+-Net, gehen dazu über, Inhalte statt über Sprechertexte aus dem Off über „Captions", also Texteinblendungen, zu transportieren, O-Töne werden untertitelt.

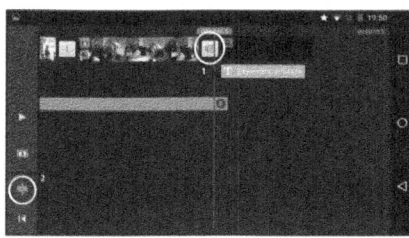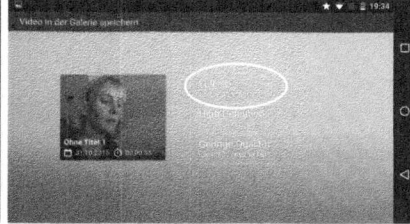

Abbildung 06-27, 28

Übergänge zwischen Videoclips regelt das „Blendensymbol" *(Abb. 06-27)*. Dies mag für Journalisten, die den Schnitt an Desktop-Rechnern gewohnt sind, (wie auch bei Pinnacle) etwas ungewöhnlich sein: Unabhängig von Länge und Art des Übergangs „hängt" dieses kleine Quadrat zwischen den Clips, als würden diese gar nicht direkt ineinander übergehen. Das gilt auch, wenn es wirklich um einen harten Schnitt geht: Das graue Quadrat mit dem einfachen Senkrechtstrich symbolisiert den häufigsten aller Übergänge.

Nach dem Schnitt wird der Beitrag in der Galerie gespeichert *(Abb. 06-28) oder* direkt bei Facebook oder Youtube veröffentlicht. Wer in Full HD gedreht hat, sollte auch in Full HD ausspielen. Die Bildrate (Framerate in fps) bleibt, wie weiter vorn beschrieben, erhalten. Wichtig ist, die App während des Speichervorgangs nicht zu schließen: Kinemaster braucht die volle Rechenleistung des Smartphones, um fehlerfreie Videos zu produzieren.

PowerDirector (Android) ist die Alternative zu Kinemaster auf Android-Telefonen. Die App ist weniger komplex und bietet weniger Möglichkeiten. Immerhin erlaubt auch sie seit kurzem auf bestimmten Telefonen die Nutzung eines zweiten Videotracks, um beispielsweise O-Ton-Schnitte zu überlagern. Zudem lassen sich mit der App vertikale Videos schneiden (beispielsweise im Format 9 : 16). Leider lässt sich keine Tonspur aus einer kombinierten Video-/Tonspur extrahieren. PowerDirector speichert Filme mit 29,97 fps, so dass sie für die Ausstrahlung im Fernsehen erneut konvertiert werden müssen – Qualitätsverluste sind die Folge. Auf der anderen Seite sind die Funktionen absolut ausreichend für den aktuellen Journalismus, beispielsweise Online. Ältere Android-Modelle kommen mit der weniger komplexen App zudem besser zurecht als mit Kinemaster. Ein weiterer Vorteil: PowerDirector wird gegen einmalige Bezahlung erworben, ein Abonnement mit regelmäßiger Bezahlung wie bei Kinemaster ist nicht erforderlich.

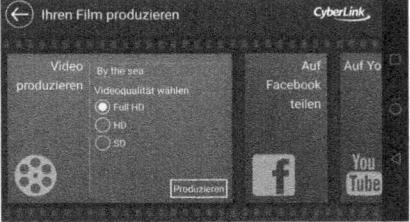

Abbildung 06-29, 30

Auch PowerDirector bietet unter dem Vorschaufenster eine Timeline *(Abb. 06-29).* Diese besteht aus einer kombinierten Video- und Tonspur, einer Spur für Texte und Overlays sowie einer gesonderten Audiospur, auf der auch der Overvoice aufgenommen werden kann (über „Audio hinzufügen"). Clips lassen sich über das Bleistift-Symbol bearbeiten. Sie können direkt über die grünen Knöpfe am Anfang und Ende des Clips getrimmt werden (weiße Pfeile). Außerdem können Lautstärke (1) und Geschwindigkeit (2) des Clips angepasst, Bildausschnitte gewählt (3) und die Ausrichtung verändert (4) werden. Der Clip kann auch horizontal gespiegelt (5) oder dupliziert werden. Über das Filmsymbol mit Pfeil (7) lässt sich der Film „produzieren" *(Abb. 06-30)*: Entweder kann er in der Galerie gespeichert oder direkt auf Facebook oder Youtube geteilt werden. Einige Einstellungen lassen sich über das Rädchen (8) erreichen. Ins Projektfenster, mit dem das Programm auch startet, gelangen Nutzer über den Pfeil (9). Das Video im Vollbild lässt sich über das Play-Symbol (10) wiedergeben.

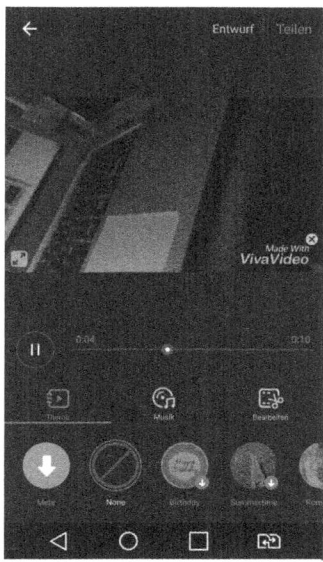

Abbildung 06-31   VivaVideo

Viva Video (Android, iPhone) *(Abb. 06-31)* ist eine sehr populäre Videobearbeitungsapp, die sich an den breiten Markt richtet. Teile der Bearbeitung geschehen zudem in der Cloud, so dass die Arbeit mit Vivavideo ohne gute Datenverbindung problematisch ist. Die Bearbeitung von Videos in der App ist sehr einfach, dafür sind viele zusätzliche Funktionen nicht verfügbar. Wer eine professionelle Timeline bei der Bearbeitung schätzt, wird enttäuscht. Zudem liefert Vivavideo nur Filme in einer Auflösung von 640 x 368 Pixeln – für TV unbrauchbar, und auch online sind die Qualitätsunterschiede sichtbar.

Partikel

Starten bei 0:00

Soundtrack ersetzen

Abbildung 06-32   AdobeClip

Eine weitere Möglichkeit für den Schnitt ist Adobe Clip (*Abb. 06-32*): Sie bietet
(noch?) lange nicht alle Funktionalitäten, die PowerDirector oder Kinemaster vorhalten. Insbesondere die Tonbearbeitung ist im Detail kaum möglich. Adobe Clip
mutet insofern etwas seltsam an: Die Oberfläche erinnert beispielsweise mit auto-
matisierter Zusammenstellungen von Szenen an Programme, die sich an die breite
Masse richten. Auf der anderen Seite – und das ist ein Vorteil von Adobe Clip
– fügt sich die App in einen Workflow ein, an dessen Ende die Bearbeitung mit
Adobe Premiere auf einem Desktop-Computer stehen kann. Das kann wiederum
attraktiv sein – insbesondere dann, wenn ein Reporter draußen eher rudimentär
Rohmaterial zusammenschneidet, aus dem dann im Schnitt ein fertiger Beitrag
erarbeitet wird.

Beliebt bei manchen #Mojos ist auch die App Wevideo, die aber ebenso (zum
Teil telefonabhängig) nicht „Full HD" ausspielt und somit gutes Drehmaterial he-
runterkonvertiert, also: schlechter macht.

6.4   Der Schnitt auf Windows-Telefonen

Für den Schnitt mit Windows-Telefonen ist der MovieMaker die App der Wahl. Sie ist wie Pinnacle Studio für iPhones für die vertikale Benutzung ausgelegt. Auch der MovieMaker unterscheidet sich in wichtigen Funktionen von klassischen Desktop-Schnittprogrammen: In der Timeline lässt sich direkt wenig arbeiten. Die Bearbeitung geschieht vor allem über die Editierfunktionen, die jeweils neue Fenster öffnen. Ein Clip lässt beispielsweise sich nicht direkt durch „Berühren und Festhalten" verschieben, sondern nur über die Menüfunktionen „Move Left" bzw. „Move Right". MovieMaker bietet nur eine kombinierte Video- und Audiospur sowie einen zusätzlichen Audiotrack. Zudem ist das Programm nach meinem Gefühl verhältnismäßig langsam.

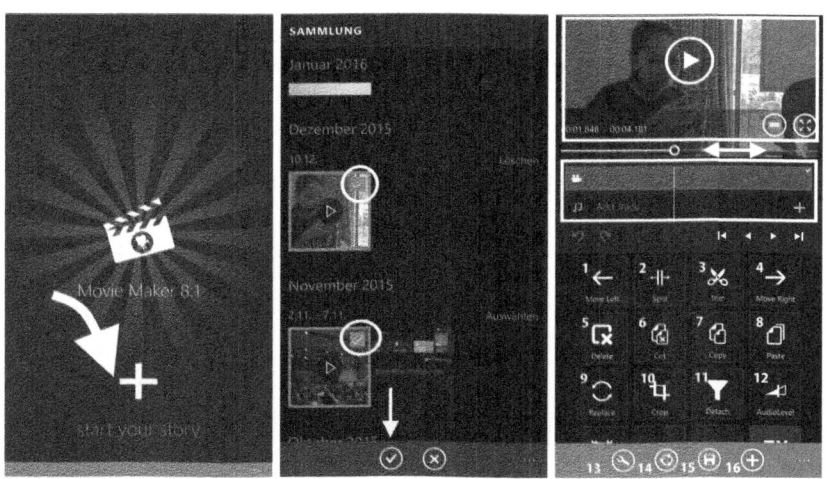

Abbildung 06-33, 34, 35

MovieMaker beginnt mit einem Projektfenster: „Start your story" *(Abb. 06-33)*. Mit dem „Plus"-Symbol öffnet sich die Medienbibliothek *(Abb. 06-34)*, in der die einzelnen Clips ausgewählt werden (blaues Häkchen). Nach Auswahl der ersten Clips (weitere können später importiert werden) wird die Auswahl über das weiße Häkchen quittiert (Pfeil). Das Bearbeitungsfenster öffnet sind *(Abb. 06-35)*.

Das Bearbeitungsfenster von MovieMaker teilt sich in drei große Bereiche auf: ganz oben das Vorschaufenster, darunter die Timeline. Zwischen beiden liegt der Bedienbereich für den Abspielkopf (mit Pfeil gekennzeichnet). In der Timeline

selbst lässt sich der als Strich dargestellte Abspielkopf nicht verschieben. Unter der
Timeline nehmen die verschiedenen Bearbeitungsoptionen fast den halben Bildschirm ein. Ein Clip wird durch Berühren markiert und lässt sich dann in der
Clipreihenfolge um einen Clip nach links (1) oder rechts (4) verschieben sowie
am Abspielkopf in zwei Clips auftrennen (2) oder an den Rändern trimmen (3). Er
kann gelöscht (5), ausgeschnitten (6), kopiert (7) und eingefügt (8) werden. Zudem
kann er durch einen anderen Clip ersetzt werden (9) – die Cliplänge und -position
bleibt dabei erhalten. Zudem lässt sich ein Bereich aus dem Clip herausschneiden
(„Crop", 10). Wichtig ist die folgende Funktion: Über „Detach" (11) lässt sich die
Audiospur vom Videoclip trennen. Ein neuer Audiotrack entsteht unterhalb der
Videospur. Zudem lässt sich die Cliplautstärke ändern (12). Im blauen Balken am
unteren Bildrand lassen sich Einstellungen (13) vornehmen, die MovieMaker auf
alle Clips bezieht: Beispielsweise kann die Dauer eingefügter Stillfotos verändert
oder die Lautstärke aller Clips ausgestellt werden. Über die „Share"-Symbol (14)
kann der Film auf Youtube, Instagram oder anderen sozialen Netzwerken geteilt
werden. Über die Diskette (15) kann er auf dem Telefon gespeichert werden. Über
das „Plus" (16) lassen sich weitere Medien hinzufügen.

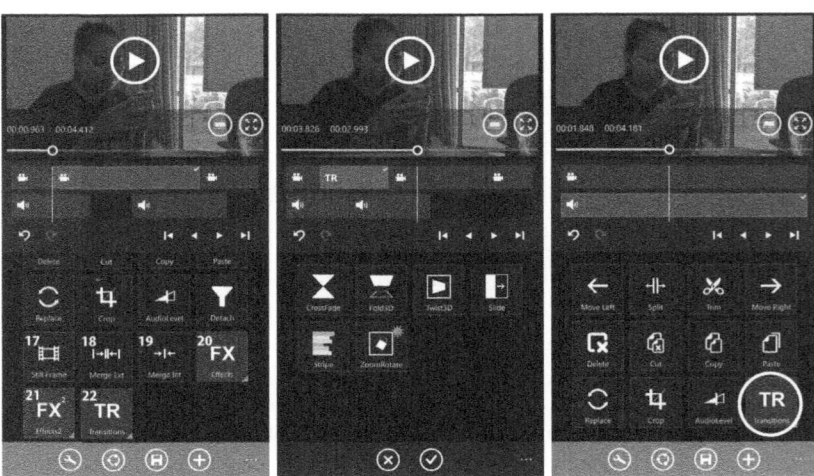

Abbildung 06-36, 37, 38

Die Video-Bearbeitungsoptionen sind vielfältig *(Abb. 06-36)*: Aus einem Be-
wegtbildclip lässt sich ein Still-Frame produzieren und in die Timeline einfügen
(17). Ein Clip kann mit allen angrenzenden (18) oder nur dem nächsten am Abspielkopf (19) zu einem Clip zusammengefügt werden. Viele Effekte (20 und 21)

sind für journalistische Filme eher erlässlich. Von den Transitions (22) werden in der Regel nur klassische Blenden sinnvoll sein, hier „Crossfade" genannt *(Abb. 06-37)*.

Für die Audiobearbeitung gibt es ein ähnliches Menü: Nach Berühren des Audioclips erscheinen viele der oben bereits für Videoclips beschriebenen Funktionen *(Abb. 06-38)*. Die wichtige Auf- und Abblende (Fade In/ Fade Out) verbirgt sich hinter dem Menüpunkt „TR" (Transitions) *(Abb. 06-39)*.

Nach Abschluss der Bearbeitung kann der fertige Film über das Disketten-Symbol gespeichert werden. Es erscheint ein Untermenü *(Abb. 06-40)*, in dem mehrere Optionen bestehen: Die Tonspur lässt sich separat als MP3 exportieren, das Projekt für MovieMaker kann als Projektdatei zur weiteren Bearbeitung abgelegt und dann nur mit MovieMaker wieder geöffnet werden. Das Projekt kann über WLAN weitergegeben werden oder – und das ist die entscheidende Option – gespeichert werden: „Save video". Das neue Fenster bietet verschiedene Optionen *(Abb. 06-41)*. Je nach Verwendungszweck sollte der Film dann in HD mit der erforderlichen Bildrate (für PAL 25 fps) gespeichert werden. Je größer die Bitrate, desto höher auch Qualität und Speicherbedarf. Die hier im Beispiel gewählten 15 Mbps liegen eher am unteren Rand der Skala sinnvoller Bitraten.

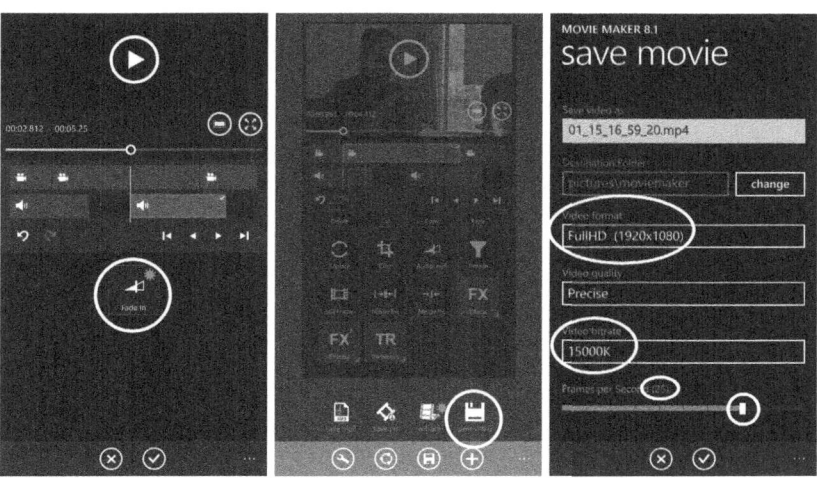

Abbildung 06-39, 40, 41

Fernsehen unterwegs: Live Streaming

7

Zusammenfassung

Live per Smartphone zu berichten birgt neue Chancen, aber auch neue Risiken. Wie lässt sich verantwortungsvoll live streamen, und was unterscheidet den Journalisten vom Augenzeugen? Welche Apps sind sinnvoll, und was ist beim Livestreaming zu beachten?

Livestreams unterscheiden sich von dem, was wir bisher an Live-Berichterstattung aus dem Fernsehen gewohnt sind: Weil bis dato ohne „Satellite News Gathering"-(SNG)-Lastwagen samt Kamerateam kein Livebild zustande kam, waren viele Reporter oft unbeweglich, standen vor Absperrungen oder leeren Straßen, über die ein Demonstrationszug noch laufen soll oder schon gelaufen war. „Mobil", von unterwegs, ließ sich Fernsehen aus einer Vielzahl von Gründen kaum machen: SNGs brauchen Zeit, um sich einzurichten, die Satellitenverbindung aufzubauen – und wenn sie steht, kann das Auto nicht mehr bewegt werden, schon gar nicht während einer Liveschalte.

Auf der anderen Seite sind teure Satelliten-Verbindungen – verglichen mit Livestreams vom Mobiltelefon – verlässlicher: Wer über das Internet streamt, muss mit Aussetzern rechnen. Manche Streams werden gar nicht zu Stande kommen, wenn die Netzabdeckung entweder schlecht oder das Netz überlastet oder blockiert ist, wie sich beispielsweise nach Terroranschlägen immer wieder beobachten ließ. Zudem ist bei Livestreams über das Netz die Verzögerung groß: Bei vielen

Apps liegen zwischen dem Live-Moment und dem Zeitpunkt, zu dem er für das Publikum sichtbar wird, 20 bis 60 Sekunden. Diese „Latenz" ist damit so groß, dass ein Gespräch zwischen einem Reporter vor Ort und einem Moderator im Studio nicht möglich wäre.

Livestreaming vom Handy öffnet eine neue Dimension für „mobilen Journalismus": Endlich sind die Mobilfunk-Bandbreiten gut genug, um Videos live von überall zu senden und zu empfangen. 3G liefert akzeptable Ergebnisse, 4G (LTE) bei Sender und Empfänger zum Teil sehr gute Qualität. Endlich gibt es Apps, die dieses Kapital nutzen und gute Encoding-Software liefern, um benutzerfreundlich zu streamen. Live-Streaming wird immer populärer: Während manche Apps wie Bambuser schon lange am Markt sind, gaben vor allem die Einführung von Meerkat sowie kurze Zeit später Periscopes Übernahme durch Twitter den ersten großen Schub. Facebook Live verursacht derzeit die nächste Welle – mit größeren Reichweiten durch die Einbettung in das Facebook-Umfeld und höherer Relevanz, weil viele journalistische Anbieter Live-Streaming im Rahmen ihrer Facebook-Dienste einsetzen werden. Facebook fördert Livestreaming derzeit intensiv und schiebt Livestreams oft weit oben in viele Timelines. Auch Instagram führte bei Redaktionsschluss dieses Buches eine Live-Funktion für die Nutzer seiner Smartphone-App ein.

„Falsehood flies, and the truth comes limping after it." Was der irische Satiriker Jonathan Swift im 18. Jahrhundert schrieb, ließe sich heute passgenau auf Livestreams übertragen: „Livebilder fliegen schon um die Welt, während die traditionellen Medien noch ihre Schuhe anziehen." Oder SNGs noch ihre Satellitenschüsseln ausklappen. 3 Milliarden Mobiltelefone „da draußen" bedeuten, dass theoretisch 3 Milliarden Menschen von einer auf die andere Sekunde live berichten könnten.

„Die zerstörerischste Innovation, der sich das klassische Fernsehen bisher gegenüber sah" – so beschreibt Michael Rosenblum Live-Streaming-Apps. Rosenblum gilt manchen als „Vater des Videojournalismus". Er hat weltweit tausende VJs trainiert und Medienunternehmen beraten, also: Hier spricht kein Blinder von der Farbe. Für Rosenblum bietet sich den klassischen Medien derzeit eine „enorme, lebensverändernde, branchenverändernde Chance." Aus Rosenblums Sicht sollten die Medien sich danach die Finger lecken und die Livestreams der Milliarden Menschen in der Welt für ihre eigenen Angebote kuratieren und an ihr Publikum weitergeben. Bei einem Vortrag vor der BBC sei ihm jedoch deutlich geworden, dass Medien in den „neuen Liveanbietern" keine Chance, sondern vor allem eine Gefahr sähen, eine Konkurrenz, wie er in seinem Blog „The VJ" schreibt.

Zwischen „Livestreaming" und „live berichten" liegen allerdings Welten, wie viele Streams der vergangenen Monate zeigen. Damit ließe sich auch der Kreis zu Jonathan Swift schließen, mit einer zweiten Abwandlung seiner Aussage: „Livestreams fliegen, brauchbare Live-Reportagen humpeln hinterher." Die inhaltliche Qualität vieler Streams ist miserabel, manche sind journalistisch gesehen ohne jede Relevanz. Andere greifen aktuelle Ereignisse auf – und machen deutlich, vor welche neuen Schwierigkeiten die neuen Apps Nutzer wie Anbieter stellen. Denn wer ein sich entwickelndes Ereignis vor Ort live verfolgt, hat selten die Zeit oder die nötige Distanz, einzuordnen, zu analysieren. Und wer kann einschätzen – geradezu vorhersagen –, welches Bild sich als nächstes vor seiner Kamera entwickelt, welches Motiv er in wenigen Sekunden in die Welt streamt? Als im August 2015 bei einem Bombenanschlag in Bangkok 20 Menschen sterben, waren in einem Periscope-Stream sogar live Leichenteile zu sehen – eine schwer erträgliche Grenzüberschreitung.

7.1   Nicht nur Augenzeuge: Verantwortung beim Live-Streaming

Durch den verantwortungsvollen Umgang mit Livestreaming-Apps können sich Journalisten von Augenzeugen unterscheiden. Selbstverständlich sind die Grenzen fließend, und selbstverständlich *können* auch Nicht-Journalisten (wie Augenzeugen) verantwortungsvoll mit dem Instrument „Live-Streaming" umgehen. Journalisten *müssen* es aber aus meiner Sicht, wenn sie nicht ihre Glaubwürdigkeit und das Vertrauen ihres Publikums verspielen wollen. Noch eine Selbstverständlichkeit: Es ist richtig, möglichst umfassend zu experimentieren und Grenzen zu erproben. Wichtig ist es aber auch, aus Erfahrungen zu lernen und Konsequenzen zu ziehen. In Deutschland haben die BILD-Zeitung und stern.de Live-Streaming-Apps, vor allem Periscope, ernst genommen und intensiv erprobt. Sogar eine eigene Form will die „BILD" dabei erfunden haben, die „Periscoportage". Dass für die folgenden – eher problematischen – Beispiele Reporter dieser Medien verantwortlich sind, muss daher besonnen interpretiert werden: Denn viele andere Medien haben sich keine Fehler erlaubt, weil sie sich schlichtweg das Live-Streaming nicht (zu-)getraut haben. Sie profitieren nun von den Erfahrungen, die wenige Vorreiter gemacht haben.

Die Anschläge von Paris in der Nacht vom 13. auf den 14. November 2015 gelten als einer der entscheidenden Momente für den Durchbruch von Live-Streaming-Apps bei einem breiteren Publikum, die bis dahin noch nicht einmal ein Jahr lang verfügbar waren. Binnen Minuten nach Beginn der Anschlagsserie waren Dutzende Streams online, in denen Schüsse zu hören und verängstigte Menschen zu sehen waren. So viele Augenzeugen streamten aus der Innenstadt von Paris, und so viele Menschen sahen die Streams, dass Periscope zeitweise zusammenbrach – was, nebenbei bemerkt, ein Problem der Livestreaming-Apps bei Großereignissen illustriert: Weil sie das Mobilfunknetz nutzen, sind sie anfällig für Störungen desselben.

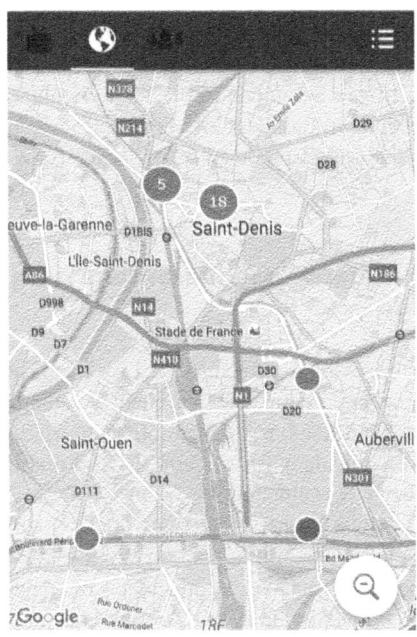

Abbildung 07-01   Periscope-Streams vom Antiterror-Einsatz in Saint Denis, Screenshot: Björn Staschen

Auch in den folgenden Tagen lieferte Periscope viele Streams aus Paris, für die zwar immer wieder auch Augenzeugen, oft aber auch auch Journalisten verantwortlich waren. Am Morgen des 18. November durchsuchte eine Hundertschaft der Polizei, unterstützt von Soldaten und Spezialkräften, dann Wohnungen im Pariser Stadtteil St. Denis. Es kam zu mehreren Schusswechseln, in deren Verlauf drei Menschen getötet wurden, darunter einer der mutmaßlichen Hintermänner der Terroranschläge. Auf Periscope konnte die Welt den Antiterror-Einsatz live verfolgen *(Abb. 07-01):* Insgesamt 23 gespeicherte Streams waren kurze Zeit

später abrufbar, darunter auch die Live-Bilder von stern-Reporter Philipp Weber
(Abb. 07-02). Der Blogger Stefan Niggemeier spricht vom „Terror-Porno" des stern
und zitiert in seinem Blog ausschnittweise den Originalton Webers:

Abbildung 07-02   stern-Reporter Philipp Weber auf Periscope, Screenshot: Björn Staschen

*„Okay, something is going on here. I just follow the crowd. Ich verfolge die Leute da
hinten, ich hab keine Ahnung, was da los ist.*

Man weiß nicht, was hier los ist, aber ich verfolge einfach …

*Oh oh, die Polizei, die Polizei rückt vor. Polizisten mit gezogener Waffe. Polizisten
mit gezogener Waffe. Gehen vor und …*

*Polizisten mit gezogener Waffe gehen hier lang. Man weiß nicht, was sie suchen. Ich
steh direkt hinter den Polizisten. Direkt hinter den Polizisten mit gezogener Waffe."*

**„Das unverantwortlichste Stück Journalismus, das ich seit langem gesehen
habe",** nennt Stefan Niggemeier Webers Periscope-Reportage in seinem Blog ste-
fan-niggemeier.de: „Da ist ein Journalist, der nach eigenem Bekunden nichts weiß
über die Situation, in der er sich befindet, außer dass sie vermutlich sehr gefährlich
ist. Der sich nicht nur selbst in Gefahr bringt, sondern womöglich auch die Polizisten, die er ‚verfolgt'. Der immer wieder wie besoffen wiederholt, dass er direkt
hinter einem Polizisten mit gezogener Waffe steht, mit gezogener Waffe, und keine
Sekunde überlegt, ob das eigentlich gut ist, dass er hier steht mit seinem Handy im
Anschlag, und filmt und rennt und filmt."

Die Kritik fällt heftig aus: Weber nutzt vor allem die technischen Möglichkeiten, vernachlässigt aber in Niggemeiers Augen seinen journalistischen Auftrag – einzuordnen, zu analysieren und zu informieren. Und nicht zuletzt bringt er sich und möglicherweise andere in Gefahr. Auf der anderen Seite nutzt Weber eine für viele Journalisten neue Form der Berichterstattung, mit der er selbst und viele andere erst Erfahrungen sammeln müssen. Er liefert wenig mehr als ein „bloßer" Augenzeuge – aber würde ein Augenzeuge ähnlich heftig kritisiert für einen solchen Stream? Viele Zuschauer haben Webers Liveberichte gesehen, und Online-Medien wie das erfolgreiche US-amerikanische Portal Vice machen die Erfahrung, dass authentische Streams, in denen ein Reporter subjektiv Erlebtes reportiert, gerade von jungen Nutzern intensiv genutzt werden. Weber ist nicht allein mit seinen Grenzerfahrungen , über die wir mit ihm für dieses Buch gesprochen haben (siehe Interview am Kapitelende): Auch die BILD experimentiert intensiv. Reporter Paul Ronzheimer hat syrische Flüchtlinge auf dem Weg nach Deutschland begleitet und unter anderem die Überfahrt über das Mittelmeer live per Periscope übertragen *(Abb. 07-03).*

Abbildung 07-03   BILD-Reporter Paul Ronzheimer, Screenshot: Björn Staschen

„Wir sind hier auf dem Mittelmeer. Panik ist gerade ausgebrochen, weil es offenbar Probleme gibt mit dem Motor. Es ist auf jeden Fall (…) Where are we now? Where are we? (...)"

Eine Gruppe von Menschen, darunter ein Journalist, in einer lebensbedrohlichen Lage – live auf Periscope. Ohne Zweifel eine Grenzüberschreitung und jenseits aller herkömmlichen Regeln für journalistisches Handwerk. 90.000 Menschen haben den Stream nach Angaben des Reporters abgerufen. Die Grenzüberschreitung des Reporters, der sich zum distanzlosen Augenzeugen oder gar zum Teil der Handlung macht, kommt an.

Live-Streaming-Apps fehlt der Filter, die Nachbearbeitung: Das macht sie für manche Nutzer vielleicht besonders attraktiv und authentisch. Das macht ihren Inhalt aber oftmals auch zur Grenzerfahrung – problematisch, wie die obigen Beispiele zeigen. Ein Reporter, der einen Livestream startet, sollte sich im Klaren darüber sein, dass er als Journalist wahrgenommen und seine Aussagen als glaubwürdig eingestuft werden. Er ist *auch* Augenzeuge, aber er ist mehr als das. Daher lohnt es sich, über die eigene Rolle beim Livestreamen nachzudenken: Wo sind (moralischen, rechtlichen, technischen) Grenzen? Welche Themen kann ein Reporter im Livestream beherrschen, welche überfordern ihn? Welche Situationen sind gefährlich, welche zumutbar?

7.2   Der rechtliche Rahmen beim Livestreaming

Für Livestreams gelten keine anderen Gesetze als für andere journalistische Formen. Die Meinungsfreiheit gilt auch für Periscope-Reporter, ein Journalist hat natürlich das Recht, von einem Polizeieinsatz oder einer Pressekonferenz zu streamen – in demselben Rahmen, in dem klassische Kamerateams berichten oder Zeitungsreporter schreiben. Wer per Smartphone auf Knopfdruck das eigene Erlebnis live in die Welt sendet, sollte sich jedoch zuvor einige Gedanken über die Einschränkungen journalistischer Arbeit machen. Auch sie gelten für alle Reporter gleichermaßen – sie geraten jedoch möglicherweise im Eifer des „Live-Gefechts" leichter in Vergessenheit.

Live-Streaming – Was erlaubt ist und was nicht

Persönlichkeitsrecht: Recht am eigenen Bild
➡ Menschen um Erlaubnis fragen!
Ausnahme: Personen der Zeitgeschichte, Versammlungen, „Beiwerk"
Hausrecht: Stadion, Konzerthalle, Bürogebäude
➡ Veranstalter/Eigentümer fragen.
Urheberrecht: Theater, Kino, Musikdarbietung
➡ Rechteinhaber um Erlaunbis bitten.
Rundfunkrecht: Regelmäßig journalistischer Inhalt?
➡ Sendelizenz erforderlich

Auch auf Facebook und Periscope gelten Persönlichkeitsrechte, allen voran das
Recht am eigenen Bild: Wer Bilder von Menschen live überträgt, braucht grundsätzlich deren Einwilligung, bei Kindern die Einwilligung der Eltern. Ausnahmen
sind Personen der Zeitgeschichte wie Politiker, sowie Menschen, die an Aufzügen
oder öffentlichen Versammlungen teilnehmen oder zufällig als „Beiwerk" auf das
Bild geraten. Auch, wer Bilder verdeckt dreht, ohne, dass die gefilmte Person dies
bemerkt, verstößt gegen ihr Persönlichkeitsrecht. Dies gilt insbesondere, wenn ein
Stream aus einer Wohnung oder einem sonstigen geschützten Bereich gesendet
wird. Besonders problematisch ist es, nackte oder wehrlose (beispielsweise betrun-
kene oder bei einem Unfall verletzte) Personen ohne Einwilligung zu filmen. Periscope selbst schließt in seinen Nutzungsrichtlinien „pornographische oder sexuell
offenkundige" sowie „brutale" Inhalte aus. Bei Unfällen oder Katastrophen sollten
auch Helfer wie Feuerwehr oder Krankenwagenbesatzung so gefilmt werden, dass
sie nicht erkennbar sind, es sei denn, sie geben ihre Zustimmung zum Livestream.

Auch das Hausrecht schränkt das Livestreaming ein: Museen, Sportvereine oder
Konzertveranstalter können das Filmen und Fotografieren reglementieren, um beispielsweise zu verhindern, dass teure Sportrechte an Wert verlieren, weil von vielen
Bundesliga-Spielen Livestreams aus dem Zuschauerraum zu finden sind. Oft sind
entsprechende Verbote auch in den Allgemeinen Geschäftsbedingungen festgelegt,
denen sich ein Fußballfan häufig beim Kauf der Eintrittskarte unterwirft. Urhe-
berrechtlich haben Sportveranstalter jedoch keine Handhabe gegen Livestreaming
– anders dagegen Kinos oder Theaterbühnen: Wenn das Gefilmte künstlerisch-ge-
stalterischen Wert hat, wäre ein Livestream ein Verstoß gegen das Urheberrecht.
Der Rechteinhaber müsste zustimmen, bevor beispielsweise eine Theaterpremiere
aus dem örtlichen Schauspielhaus live über Facebook gesendet wird.

Kein Scherz: Livestreaming kann zudem lizenzpflichtiger „Rundfunk" sein.
Nach dem Rundfunkstaatsvertrag (§ 2 sowie § 20 Absatz 1 und 3) benötigen nicht
nur klassische Sender wie ARD, ZDF oder RTL eine Sendelizenz. Unter bestimmten Bedingungen gilt die Vorschrift auch für Internet-Angebote („Telemedien").
Eine Sendelizenz benötigen Inhalteanbieter, wenn sie theoretisch mehr als 500
Personen gleichzeitig erreichen könnten, was auf Streaming-Apps zutrifft. Zudem müssten die Inhalte journalistisch-redaktionell gestaltet sind (§ 2 Abs. 3 Nr.
4 RstV), was auf Live-Reportagen zutreffen kann, nicht jedoch auf Katzenvideos.
Eine Sendelizenz ist erforderlich, wenn ferner nach einer Art Sendeplan regelmäßig gestreamt wird, beispielsweise immer Mittwochs nach einer Parlaments-
sitzung. Wer ereignisbezogen „immer mal wieder" streamt, aber nicht verlässlich
zu bestimmten Zeiten auf Sendung geht, benötigt damit keine Lizenz. Weiteres

Kriterium für die Lizenz ist, ob der Anbieter linear sendet – dies ist bei Livestreaming der Fall, nicht aber beispielsweise bei gespeicherten Filmen auf YouTube oder Vimeo, weil diese Videos jederzeit abrufbar sind (anders: Live-Streams zu Youtube, siehe Kapitel 7.4).

Die rundfunkrechtliche Bedeutung von Livestreaming wird viel diskutiert. Unter den Streaming-Stars sind sicherlich einige, die rechtlich gesehen Rundfunk anbieten, aber noch nie von einer Sendelizenz gehört geschweige denn sie beantragt haben. Der geltende Rundfunkstaatsvertrag ist nicht alt, und doch wirkt er beim Thema Livestreaming fast antiquiert. Interessant wird hier auch die politische Debatte über Änderungen am Rundfunkstaatsvertrag sein, der ja beispielsweise derzeit ARD, RTL & andere lineare Sender in Deutschland reglementiert, Netflix, Facebook oder individuellen Streamproduzenten aber mehr oder weniger freie Hand lässt.

7.3 Inhaltliche Tipps und Tricks beim Livestreaming

Livestreaming ist mehr als bloßes „Live senden". Als Teil der sozialen Medien sind viele Livestreaming-Apps auf Dialog angelegt – eine Kommunikation, ein Gespräch mit dem Publikum, dass sich meist über Textnachrichten beteiligt, Fragen stellt, Anregungen gibt. Das gilt insbesondere für Facebook Live oder Periscope. Wer regelmäßig streamt, kann eine größere Followerschaft aufbauen, ein festes Publikum, das Streams regelmäßig nutzt.

Nicht jeder Kommentar ist freundlich: Auch Kritik muss sich ein Livestreamer gefallen lassen. Aus meiner Sicht ist es wichtig, auch auf solche kritischen Kommentare und Fragen einzugehen. Dabei habe ich die besten Erfahrungen damit gemacht, schlichtweg authentisch zu sein. Wenn ich die Antwort auf eine Frage nicht weiß, sage ich das. Wenn ich anderer Meinung bin, sage ich das auch. Oft reagieren Nutzer dann freundlich überrascht – heutzutage sind es viele Menschen gar nicht mehr gewohnt, dass mit ihrer Kritik offen umgegangen wird. Eine Ausnahme sind unflätige Kommentare von Trollen: Auf die gehe ich nur dann an, wenn sie einer Richtigstellung oder Einordnung bedürfen, weil sie beispielsweise rassistisch oder beleidigend sind. Solche Kommentare können später gelöscht und Urheber gesperrt werden. Bei Streams, die ich für tagesschau.de, das NDR Fernsehen oder ARD Morgenmagazin mache, beobachtet in der Regel ein Social-Media-Redakteur schon während des Livestreams Übertragungsqualität und bearbeitet gegebenenfalls die Kommentare.

Timing ist wichtig: Wer eine Pressekonferenz streamen will, sollte nicht schon eine halbe Stunde vorher online sein. Denn zum einen kostet das Batterieleistung und Datenvolumen, und zum anderen verliert man in der Zeit, in der nichts passiert, viele Zuschauer – während man in der Facebook-, Periscope- oder Twittertimeline weiter und weiter nach unten rutscht. Wenn's dann losgeht auf dem Podium, schaut nur noch die Hälfte zu – und der Stream ist schon irgendwo unten unter „Ferner liefen" verloren gegangen. Auf der anderen Seite werden zu kurze Streams oft nicht gefunden: Es lohnt sich, die Zahl der Zuschauer im Auge zu haben und mindestens vier oder fünf Minuten Online zu sein. Es kann auch helfen, einen Stream per Tweet oder Facebook-Hinweis anzukündigen, zum Beispiel:

„Online in 20 Minuten von der Pressekonferenz des @hsv auf @periscopetv, Kanal: @bjoernsta."

What's your story morning glory? Viele Streams bei Periscope oder Facebook Live sind journalistisch gesehen irrelevant: in der Mehrzahl junge Männer, die vor sich hin plaudern – zum Teil übrigens recht erfolgreich, weil sie Livestreaming als Kommunikationskanal sehen und eben nicht nur senden. Wer journalistische Inhalte live streamen will, sollte sich im Klaren über seine Geschichte sein: Was ist der Inhalt des Streams? Direkt daraus resultiert der Titel: wie eine gute Überschrift, knapp, klar, verständlich. Und brauchbar in sozialen Medien wie beispielsweise Twitter. Denn viele Streaming-Apps ermöglichen es, einen Tweet abzusetzen, damit Zuschauer auf den Stream aufmerksam werden. Wichtig ist bei der Betitelung des Streams auch, Twitter-Regeln einzuhalten und Hashtags, viel wichtiger noch: Twitter-Handle (@) zu benutzen.

Versprechen muss man halten: Auch während des Streams sollte die Geschichte stimmen. Entweder entfaltet sich ein Ereignis gerade vor der Smartphone-Linse. Dann ist es wichtig, zwischen Wichtigem und Unwichtigem zu entscheiden, gegebenenfalls den Standort zu wechseln, um einen besseren Blick auf ein Ereignis zu bekommen – oder, um Szenen zu vermeiden, die in der Regel nichts in einem Stream verloren haben (beispielsweise identifizierbare Verletzte oder gar Tote nach einem Unglück). Wenn das Geschehen allein nicht ausreichend „trägt", wenn Pausen zu überbrücken sind, dann hilft es, wenn ein Reporter gut vorbereitet ist, Informationen und Einordnung beisteuern und ein Ereignis analysieren kann. Auch ein Interview, das vor dem Livestream mit einem Gesprächspartner fest verabredet wird, kann helfen und wichtige Informationen liefern.

Keine Quasselstrippe, sondern Reporter: Ein guter Reporter vor Ort tut das, was seine Berufsbezeichnung ihm aufträgt: Er soll etwas „zurücktragen", reportieren, was er vor Ort erlebt. Ein Reporter ist dann stark, wenn er nicht schildert, was der Zuschauer ohnehin schon sieht, sondern wenn er ergänzende Eindrücke wiedergibt: Was hört er oder sie, was riecht, fühlt, gegebenenfalls schmeckt er oder sie? Vielen, die sich sorgen, sie könnten über eine längere Strecke nicht frei sprechen, hilft diese Erinnerung daran, Sinneseindrücke wiederzugeben, und zwar nicht in erster Linie visuelle. Bei längeren Streams hilft es zudem, immer wieder zusammenzufassen und zu verorten: Wo ist der Reporter? Was ist bisher geschehen? Denn viele Zuschauer finden den Stream mit Zeitverzögerung und wissen zum Teil nicht, welches Ereignis sie plötzlich live auf ihrem Smartphone verfolgen.

Periscopes Lingua Franca ist englisch: Das sollte niemanden davon abhalten, auf Deutsch zu streamen. Jedem Autoren muss jedoch bewusst sein, dass die Zuschauerschaft potentiell größer ist, wenn in englisch gestreamt wird. Bei der Entscheidung zwischen den Sprachen gibt die Relevanz des Ereignisses die nötigen Anhaltspunkte: Geht es beispielsweise um ein politisches Ereignis auf regionaler (oder auch Bundes-) Ebene, wird ein deutscher Stream mehr Zuschauer erreichen. Bei einem überregional bedeutenden Ereignis (wie einem G20-Gipfel oder einem Flugzeugabsturz) wird ein international nutzbarer Stream auf englisch wahrscheinlich mehr Zuschauer anziehen. Wer eine große Followerschaft im deutschsprachigen Raum – insbesondere bei Facebook – besitzt, würde möglicherweise selbst in diesen Fällen trotzdem auf deutsch streamen.

Tipps für einen guten Livestream

1. Timing: Stream mit dem Ereignis beginnen, ggf. vorher ankündigen
2. Titel: verständlich, knapp, griffig – und kompatibel mit Twitter & Co.
3. Vorbereitung: wichtige Infos einholen für die Analyse, ggf. Interview verabreden
4. Sprache nach Relevanz des Ereignisses und Zielgruppe festlegen
5. Reportage: Sinneseindrücke schildern, alle Sinne berücksichtigen
6. Informationen: Immer wieder zusammenfassen, was passiert, weil Zuschauer später einschalten
7. Bildinhalt: Wenn nichts im Bild passiert, ggf. den Ort wechseln

7.4   Nicht nur auf den Inhalt kommt es an

Wer live streamt, sollte sein Datenvolumen im Blick haben. Apps wie Periscope, Facebook Live oder Meerkat übertragen Bewegtbilder in guter Auflösung: Spiegel Online hat ermittelt, dass Periscope beispielsweise mit einer Auflösung von 640 x 360 Pixeln streamt. Dabei fallen 400 bis 500 Kilobyte pro Sekunde an – Livestreaming frisst Datenvolumen. Es lohnt sich also, den eigenen Mobilfunkvertrag zu überprüfen und gegebenenfalls das abgeschlossene Datenvolumen aufzustocken.

Wichtig ist zudem die Netzabdeckung: Mindestens 3G, besser 4G helfen, den Stream einigermaßen ruckel- und ströungsfrei zum Zuschauer zu bekommen. Wer also feststellt, dass er/sie kaum Netz hat, sollte seine Energie besser in gute Videoaufnahmen für den späteren Upload als den Livestream stecken. Manchmal hilft es, ein W-Lan oder einen mobilen Hotspot zu nutzen, der ein anderes Mobilfunknetz nutzt. Manchmal reicht es sogar schon, sich einige Schritte zu bewegen: in Gebäuden beispielsweise in Richtung Fenster. Sogenannte „Speedchecker"-Apps helfen, die Verbindungsqualität vor dem Stream zu überprüfen. Meist sind aber schon die Netz-Statusbalken auf dem Handy aussagekräftig.

Bei Facebook Live, Periscope und anderen Apps sollte der Reporter seine GPS-Location freigeben. Nur dann können die Apps den Stream auf der häufig aufzufindenden Karte der verfügbaren Streams anzeigen. Und nur dann wird er auch gefunden, wenn Interessierte suchen. Im Fall des Antiterror-Einsatzes in St. Denis (siehe 7.1.) würde der eigene Stream sonst nicht auftauchen.

Hochkant oder Quer? Auch beim Livestreaming stellt sich die Frage nach der Bildausrichtung – wir haben sie bereits in Kapitel 5 (Fernsehen unterwegs – Der Dreh) diskutiert. Als Meerkat und Periscope auf den Markt kamen, waren sie ausschließlich auf vertikale Streams ausgelegt. Dahinter steckt die Erkenntnis, dass die Streams in der Regel auf Mobiltelefonen verfolgt werden und viele Nutzer ihre Handys eben nicht drehen. Mittlerweile bieten die meisten Apps (darunter Periscope, Birdplane, Bambuser oder LiveInFive) auch horizontale Streams an. Der Vorteil: Sie lassen sich später in klassischen „Querformaten" (wie linearem Fernsehen) besser wiedergeben. Zudem ist mehr Umfeld zu sehen, was insbesondere bei Livestreams von sich entwickelnden Ereignissen wichtig sein kann. Auf der anderen Seite spricht auch einiges für vertikale Streams: Wer beispielsweise eine Personality-Show plant, dem nutzt das Hochkant-Format vielleicht mehr (nicht umsonst wird es im Englischen auch „Portrait" genannt). Facebook Live geht den Mittelweg und streamt (zumindest aus der originären Facebook-App, anders jedoch bei der Nutzung von Regieapps, siehe Kapitel 7.12) quadratisch.

Eine ruhige Hand lohnt sich: Das Bild wird besser und wirkt professioneller. Manchmal ist es sinnvoll, im Zweierteam zu arbeiten – ein Reporter hält das Telefon, einer spricht im Bild. In jedem Fall bietet sich dann das Handstativ an. Ein festes Stativ macht die Livereportage dagegen sehr statisch, Livestreaming lebt auch von der Bewegung des Reporters, davon dass er seine Zuschauer – wenn möglich – „mitnimmt" durch ein Erlebnis oder Geschehen. Wer einen Stream allein produziert, wird möglicherweise dennoch ein Stativ (gegebenenfalls ein kleines Magnetstativ auf einem Autodach oder an einem Straßenschild) einsetzen, damit er vor der Kamera agieren kann. Wichtig ist dann, dass das Geschehen im Hintergrund möglichst gut zu erkennen ist.

Streaming in dunkler Nacht ist schwierig. Ein kleines Kopflicht kann helfen, zumindest den Reporter aufzuhellen. Wer keines dabei hat, kann die Nähe von Straßenlampen, Schaufenstern oder Einsatzfahrzeugen suchen, die zumindest ein wenig Licht abstrahlen. Geschehen im Hintergrund wird jedoch in der Regel kaum oder nicht zu erkennen sein. Umso wichtiger ist die gute Geschichte, die Story. Wer die bieten kann und mit Worten beleuchtet, was die Dunkelheit verschlingt, wird dennoch einen guten Stream bieten können.

Entscheidend ist auch bei Livestreams der gute Ton. Wer allein aus einem ruhigen Raum streamt, wird mit dem eingebauten Mikrofon akzeptable Ergebnisse erzielen. Wer aber „von vor Ort" berichtet oder einen Gesprächsgast interviewt, der wird schnell an seine Grenze stoßen. Ist der Stream eher auf den Reporterton zugeschnitten, sollte ein externes Lavalier-Mikrofon genutzt werden (siehe Kapitel 3.2). Geht es eher um den Originalton vor Ort, würde ein gerichtetes Mikrofon helfen, gute Ergebnisse zu erzielen. Schwierig kann dabei die Kontrolle der Audioqualität werden, weil Livestreaming-Apps (noch) keinen Audio-Rückkanal bieten, um Ton abzuhören. Eine Lösung können kleine Audiomischer sein, die in Kapitel 3.2 vorgestellt werden. Ein wenig platt, aber treffend: Der Ton macht die Musik, auch beim Livestream.

Ein Tipp: Bricht der Livestream aufgrund schlechter Verbindungsqualität ab, kann er nicht wieder aufgenommen, sondern muss neu gestartet werden. Das bedeutet zum einen, dass die Zuschauer diesen neuen Stream wiederfinden müssen – unweigerlich gehen dabei Zuschauer verloren. Insofern prüfe ich die Netzabdeckung vor einem Stream insbesondere dann, wenn ich mich bewege und während der Übertragung von einem Netz in ein anderes laufe (beispielsweise von einem WLAN in ein LTE-Netz). Zudem lege ich mir Stream-Titel und -Beschreibung in die Zwischenablage, indem ich Titel und Beschreibung markiere und kopiere. Bricht der Stream ab, kann ich sie über „Einfügen" schnell wiederherstellen und ohne große Verzögerung eine neue Überragung starten.

Live-Streaming: Tricks und Kniffe

1. Telefon aufladen, externen Akku mitbringen
2. GPS einschalten
3. Netzqualität prüfen, ggf. WLAN oder anderen Standort suchen
4. Licht prüfen, ggf. Kopflicht oder andere Lichtquelle suchen
5. Externes Mikrofon einsetzen, ansonsten: Travel light!
6. Oft hohe Latenz: Verzögerung einkalkulieren!
7. Streamtitel und -beschreibung in die Zwischenablage kopieren

7.5   Live-Streaming-Apps: Periscope

Periscope (iOs und Android) ist derzeit eine der populärsten Livestreaming-Apps. Das vom U-Boot genutzte „Sehrohr" (wörtlich übersetzt) gehört zum Twitter-Konzern und ist eng mit dem Twitter-Angebot verknüpft. Seit kurzem ist zwar es möglich, Periscope auch ohne Twitter-Account zu nutzen. Allerdings ist die Verknüpfung mit Twitter sinnvoll, um Follower auf den eigenen Stream hinzuweisen. Zudem erscheint im Tweet ein Periscope-Screenshot, was dem Tweet Aufmerksamkeit beschert, hübsch aussieht und nicht unbedingt für Tweets zu Livestreams mit anderen Apps gilt. Durch die Verbindung mit Twitter hat Periscope schnell viele Nutzer bekommen. Deutsche Medien wie BILD oder stern.de haben vor allem mit Periscope experimentiert. Dennoch darf dies nicht darüber hinwegtäuschen, dass die Periscope-Nutzerschaft noch immer extrem klein ist – Streaming in der App ist keine Massenveranstaltung: Wenn die Zuschauerzahlen vierstellig werden, ist das schon eine Ausnahme.

Periscope startet mit einer Auswahl aktiver und abgeschlossener Streams *(Abb. 07-04).* Im Menü oben lässt sich die Darstellung ändern: Neben der Startseite (1) lassen sich aktive und gespeicherte Streams auf einer Karte (2) nach Position ordnen oder als Liste darstellen (3). Populäre Periscoper sind über das Personen-Symbol abzurufen (4), in dem rechts oben dann auch das eigene Profil mit eigenen Followern und abonnierten Kanälen abrufbar ist. Wer einen Stream starten möchte, drückt das rote Kamera-Symbol unten rechts (Pfeil). Im folgenden Fenster *(Abb. 07-05)* wird der Stream vor dem Start noch betitelt. Zudem lassen sich verschiedene Attribute festlegen: Die Positionsbestimmung lässt sich ein- und ausschalten (1). Außerdem kann festgelegt werden, dass nur Nutzer, denen man selbst folgt, während des Periscope-Streams Nachrichten schicken können (2). Wichtig ist der Twitter-Vogel (3), der bei Aktivierung veranlasst, dass ein Tweet mit dem Titel im eigenen Twitter-Stream erscheint. Daher ist es wichtig, im Titel Hashtags und Twitter-Handle korrekt zu verwenden (siehe oben). Am oberen Bildschirmrand lässt sich festlegen, ob der Stream von allen (4) oder nur ausgewählten Nutzern (5) gesehen werden kann. Über die rote Taste startet der Livestream dann bei ausreichender Verbindungsqualität.

Während des Live-Streams *(Abb. 07-06)* erscheinen am Rand links unten (1) die Namen derjenigen, die den Stream anschauen, sowie deren Nachrichten und Fragen. Noch einmal: Periscope ist (wie viele andere Streaming-Apps) Kommunikation – wer also erfolgreich streamen möchte, sollte nach Möglichkeit auf die Kommentare eingehen. Diese Kommentare bleiben übrigens in der Aufzeichnung für die nachträgliche Ansicht erhalten. Am rechten unteren Rand ist die aktuelle Zahl der Zuschauer zu sehen: Immer, wenn diese während des Streams deutlich ansteigt oder sich die Zusammensetzung der Zuschauerschaft deutlich ändert, lohnt es sich, das bisher Geschehene zusammenzufassen und kurz einzuordnen: Von wo wird der Stream aus welchem Grund angeboten? Über die rote Taste (3) lässt sich der Stream stoppen, über das Kamerasymbol (4) lässt sich zwischen Front- und Rückkamera umschalten. Dies kann während eines Streams sinnvoll sein: Es kommt bei Periscope & Co. gut an, wenn sowohl Ereignis als auch der kommentierende Journalist zu sehen sind, nicht zuletzt, weil es Authentizität vermittelt, was in sozialen Medien immer wichtiger wird. Die Optionen lassen sich über den Pfeil (5) ein- und ausblenden.

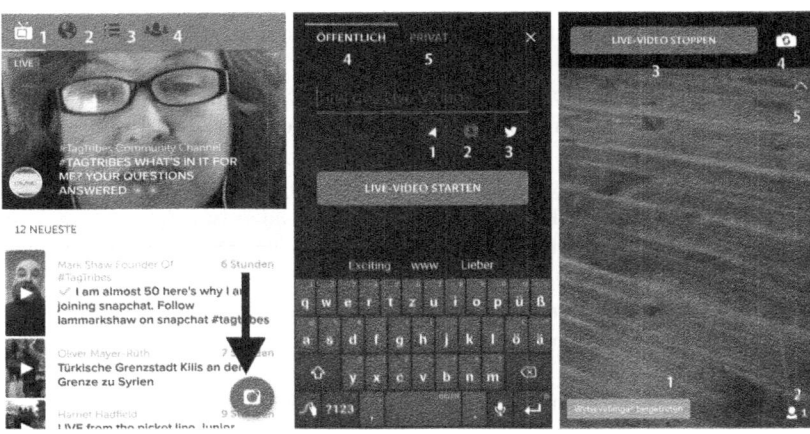

Abbildung 07-04, 05, 06

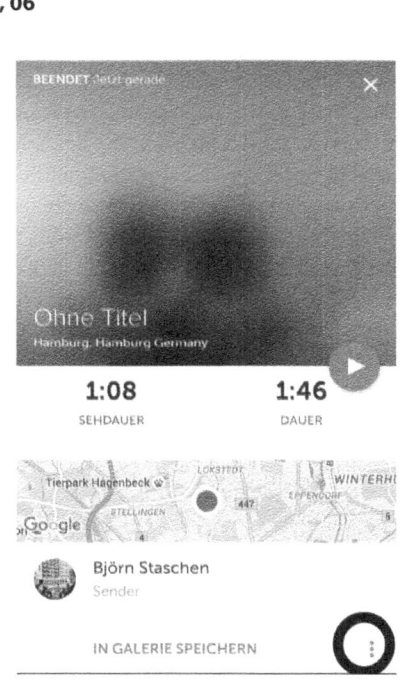

Abbildung 07-07

Nach Ende des Streams zeigt Periscope die durchschnittliche Sehdauer und die Gesamtdauer des Streams *(Abb. 07-07)*. Zudem kann der Autor entscheiden, ob ein Stream für gespeichert oder gleich gelöscht werden soll (über das Menü unter den drei eingekreisten Punkten). Periscope hat mit dem Markteintritt von Facebook Live seine Strategie aufgegeben, Videos nur 24 Stunden lang vorzuhalten – sie sind heute theoretisch unendlich abrufbar.

7.6 Live-Streaming-Apps: The rise and fall of Meerkat

Meerkat war für einige Tage die erfolgreichste Livestreaming-App, als sie im Februar 2015 kurz vor der Digitalmesse SxSW (South by Southwest) auf den Markt kam. Die Digital-Bohème umarmte die neue, schicke Chance, sich live der Welt mitzuteilen und über selbst Erlebtes zu kommunizieren. Einige Livestreaming-Anbieter waren zwar bereits auf dem Markt, darunter Bambuser, aber Meerkat brachten ein einfaches, gut designtes, übersichtliches Interface, die Konzentration auf eine App ohne Desktop-Registrierung und die Ausrichtung auf mobile und soziale Nutzung den Durchbruch: vom Smartphone für das Smartphone. Ein Teil von Meerkats Erfolg war die Nutzung von Twitter-Daten: Die App rief beim Kurzmitteilungsdienst ab, wer wem folgt – und übertrug diese Daten in die eigene App. Twitter ahndete dies als „Verstoß gegen die Nutzungsregeln" und sperrte Meerkat's Zugang, nur, um wenige Tage später Periscope zu erwerben und die eigene Livestreaming-App mit dem Kurzmitteilungsdienst zu verknüpfen. Am 4. Oktober 2016 hat Meerkat seine Livestreaming-App aus den Stores zurückgezogen und setzt seitdem auf ein für journalistische Nutzung wenig attraktives „Houseparty"-Streaming, einen Chat unter Freunden. Die App zeigt damit, wie schnell aus einem Hype ein Flop wird – und wie kurzlebig der Markt für Smartphone-Apps ist. Meerkats Schicksal steht auch dafür, dass es wenig sinnvoll ist, sich von einer App abhängig zu machen. Denn mit der App verschwindet auch die eigene Followerschaft und damit schlimmstenfalls die journalistische Existenz.

7.7   Live-Streaming-Apps: Facebook Live

Abbildung 07-08   Ein Livestream in der mobilen Facebook-App

Facebook Live ist die größte Konkurrenz für Periscope – nach dem Ende von Meerkat: Bis vor kurzem war die „Live"-Funktion *(Abb. 07-08)* unter dem Namen „Mentions" in Facebook nur für ausgesuchte Stars und Sternchen verfügbar. Ende 2015 öffnete Facebook sie jedoch zunächst für alle verifizierten Profile (die mit „blauem Häkchen" gekennzeichnet sind) und später für alle Nutzer. Facebook pusht Livestreaming massiv und spielt Streams in viele Timelines aus. Mittlerweile ist auch ein Livestream-Karte verfügbar, mit der Streams wie bei Periscope nach ihrer Position gesucht werden können.

Facebook baut sein gesamtes Angebot mehr und mehr zu einem „Neben-Internet" aus: In der eigenen Timeline ist dann alles verfügbar – von Artikeln beliebter Zeitungen über „Instant Articles" bis zu Live-Streams. Dies ist die große Chance von Facebook – und die Gefahr für bestehende Streaming-Dienste: Mit Facebook „Live" werden Streams direkt an eine bereits bestehende, möglicherweise große Followerschaft verteilt, die ohnehin die Inhalte eines Absenders abonniert hat. Zu Fotos, Filmen und Texten gesellen sich nun noch Livestreams, während Twitter zwar auf Periscope verweist, für Nutzer aber trotzdem der Wechsel in einen dezidierten Livestreaming-Dienst erforderlich ist. Dies könnte Facebook Mentions den entscheidenden Vorteil im Wettbewerb bringen und Livestreaming vom Nischen-Geschäft zum Massenphänomen wandeln.

Ein entscheidender Unterschied zur Konkurrenz ist das Bildformat: Während Periscope horizontal und vertikal streamt, lässt sich Facebook „Live" (bisher nur auf iOs) zwar horizontal halten, das Ergebnis ist jedoch immer ein quadratischer Stream. Ein Facebook-Stream bleibt in der eigenen Timeline erhalten – eine Funktionalität, die auch Periscope dazu gebracht hat, Streams nicht mehr nach 24 Stunden zu löschen, sondern durchgehend vorzuhalten.

Facebook Live lässt sich in etwa so bedienen wie die bereits beschriebenen Livestreaming-Apps. In der zentralen Facebook-App erscheint im „Posten"-Menü *(Abb. 07-09)* ein zusätzliches Symbol für Livestreams (eingekreist). Schon in diesem Menü kann festgelegt werden, wer einen Stream sehen kann: Wird er öffentlich gezeigt, also für alle Nutzer, nur für Freunde oder nur zur eigenen Nutzung. Letzteres ist beispielsweise für Testzwecke sinnvoll: Wer unsicher ist, ob beispielsweise der Ton richtig eingestellt ist, sollte zunächst testweise „privat" streamen. Das Beispiel ist nicht zufällig gewählt: Weder Facebook Live noch andere Livestreaming-Dienste unterstützen einen Ton-Rückkanal, der die Kontrolle des eingespeisten Signals erlauben würde. Schon in diesem ersten Fenster lässt der Stream sich betiteln und beschreiben (2).

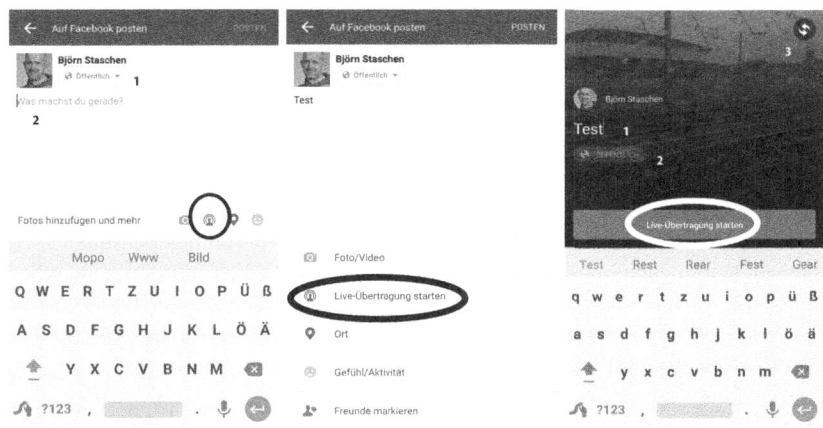

Abbildung 07-09, 10, 11

Wird das Live-Symbol gedückt, verändert sich die Posting-Screen *(Abb. 07-10)*. Im unteren Bereich erscheinen die wählbaren Optionen größer – auch das Livestreaming-Symbol. Nach wie vor können im Posting-Fenster Adressat, Titel und Beschrebung bearbeitet werden. „Live-Übertragung starten" öffnet dann das eigentliche Live-Fenster *(Abb. 07-11)* – auch wenn die Liveübertragung noch immer nicht begonnen hat. Auch hier können zunächst wiederum noch Titel und Beschreibung (1) sowie Adressat (2) geändert werden. Eingegraut ist zudem erstmals der Bildausschnitt zu sehen, mit dem die Übertragung beginnen würde. Dieser kann nun genauer eingerichtet werden. Dafür erlaubt Facebook Live die Nutzung von Front- und Rückkamera (3). Auch ein Wechsel zwischen beiden ist während des Livestreams möglich. Der eigentliche Start der Live-Übertragung geschieht dann durch die zunächst graue, bei ausreichender Verbindungsqualität blaue Taste „Live-Übertragung starten" (eingekreist).

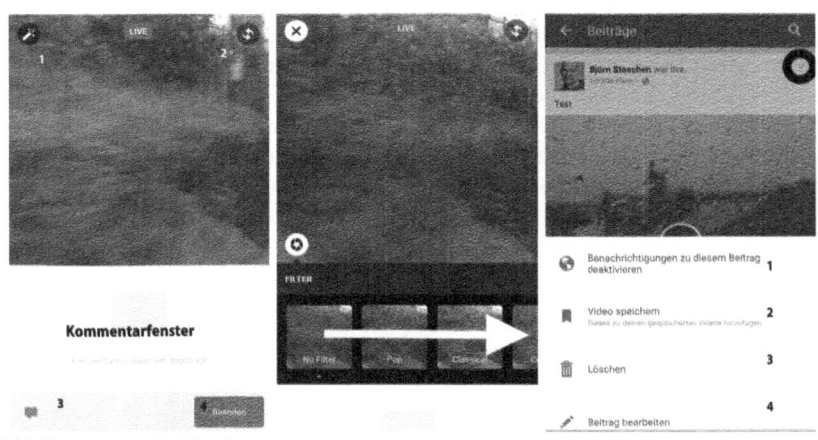

Abbildung 07-12, 13, 14

Erst jetzt beginnt die Liveübertragung auf Facebook: Die Farbgebung der Menüs wechselt von blau zu rot *(Abb. 07-12)*. Im unteren Teil des Fensters (3) erscheinen Kommentare und Fragen von Zuschauern. Über die Pfeile kann zwischen Front- und Rückkamera umgeschaltet werden (2). Über den Zauberstab (1) lassen sich verschiedene Filter (scrollbar) auswählen, die das Bild einfärben *(Abb. 07-13)*. Über die rote Taste (4) wird die Übertragung beendet.

Nach Abschluss der Liveübertragung erscheint die Videoaufnahme in der Timeline *(Abb. 07-14)*. Sie kann dort wie jeder andere Beitrag über das Pfeilmenü (eingekreist) bearbeitet werden: Zum Beispiel können Benachrichtigungen zum Beitrag deaktiviert (1) oder das Video im Telefon gespeichert werden (2). Letzteres bietet sich an, um es auf andere Kanäle, beispielsweise Youtube, hochzuladen. Der Beitrag kann gelöscht (3) oder der Beitragstext nachträglich bearbeitet (4) werden: Dies kann sinnvoll sein, weil die Facebook-App für Smartphones keine Tags (Verlinkungen zu anderen Facebook-Usern über „@"-Zeichen) erkennt, die nachträglich am Desktop-Computer ergänzt werden können. Auf diese Weise können beispielsweise Protagonisten des Streams nachträglich darauf aufmerksam gemacht werden, damit sie die Aufzeichnung teilen und die Reichweite erhöhen.

7.8 Live-Streaming-Apps: Bambuser

Bambuser ist schon sehr viel länger am Markt als die zuvor erwähnten Apps: Bereits 2007 entwickelte die schwedische Firma ihre ersten Apps, die mittlerweile für eine große Zahl von Plattformen (neben Android und iOs auch Symbian oder Windows Mobile) verfügbar sind. Für Einzelnutzer ist Bambuser kostenlos, für Unternehmen wird jedoch eine Gebühr verlangt, die je nach Kanalzahl und Nutzungshäufigkeit varriiert. Bambuser hat nicht den Anspruch, ein soziales Netzwerk zu sein, wenn es auch einige soziale Funktionen gibt: Zuschauer können dem Streamenden beispielsweise Kommentare schicken. Und während eines Bambuser-Streams ist es sogar möglich, gleichzeitig andere soziale Netzwerke wie Twitter oder ähnliches zu bedienen, um dort nicht nur auf den Stream zu verweisen, sondern Ereignisse fortzuschreiben.

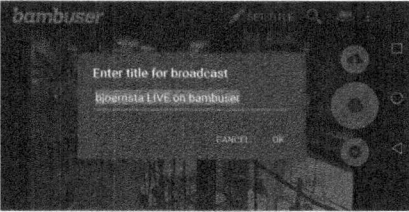

Abbildung 07-15, 16

Bambuser startet mit dem Streaming-Monitor im Ruhezustand *(Abb. 07-15)*. Oben rechts lässt sich der Titel eines Livestreams festlegen (1). Es erscheint ein neues Fenster *(Abb. 07-16)*. Ein willkommenes Detail versteckt sich hinter dem Lupensymbol (2): Bambuser kann auf Knopfdruck manuell den Fokus „ziehen" – außergewöhnlich für eine Livestreaming-App. Auch Bambuser kann beide Ka-

meras nutzen (3). Weitere Optionen (Smartphone-Licht, Kontoinformationen, Off-
line-Mode etc.) verbergen sich hinter den drei Punkten (4). Ein Offline produzierter Stream (der beispielsweise bei schlechter Mobilfunkverbindung zunächst auf
dem Telefon aufgezeichnet wird) kann später in die Bambuser-Cloud hochgeladen
werden (5). Eine Liveübertragung beginnt durch Druck auf den Aufnahmeknopf
(6), während sich die Qualität des Streams über das Rädchen (7) festlegen lässt.

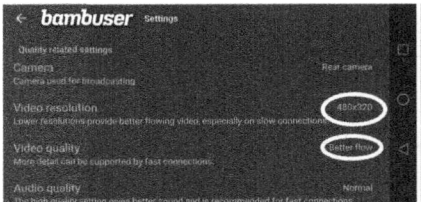

Abbildung 07-17, 18

**Bambuser bietet mehr Einstellungsmöglichkeiten als Periscope oder Face-
book Live:** Im Einstellugnsmenü *(Abb. 07-17)* kann der Nutzer beispielsweise
Bildauflösung, Kompressionsmodus (besseres Einzelbild oder flüssigeres Video)
sowie Audioqualität einstellen. Das ist Chance und Risiko zu gleich: Wer bei
schlechtem Mobilfunknetz eine zu ambitionierte Übertragung einstellt, wird seinen Zuschauern eine schlechte Streamqualität bieten. Wer jedoch bei gutem Netz
eine angemessen hohe, bei schlechtem Netz eine niedrige Auflösung wählt, kann –
gerade bei guter Netzabdeckung – oft deutlich bessere Bilder produzieren als Periscope oder Meerkat liefern. Bambuser gibt einen Anhaltspunkt für die Streaming-
qualität („Stream Health", *Abb. 07-21*): Am linken Bildrand erscheint ein Balken,
der je nach Datendurchsatz zeigt, wie gut das Videosignal übertragen wird.

Auch Bambuser lässt sich mit sozialen Medien koppeln. Allerdings müssen
Twitter- oder Facebook-Konten vor dem ersten Stream an einem Desktop-Com-
puter mit Bambuser verknüpft werden. Sonst lassen sich die Funktionen von der
Smartphone-App aus nicht nutzen. Während eines Bambuser-Streams kann der
Nutzer über das „Teilen"-Symbol oberhalt des Start-/Stop-Knopfes beispielsweise
twittern. Im Unteren Teil des Livebildschirms erscheinen Hinweise zum Stream,
beispielsweise die Internetadresse, unter der sich der Stream finden lässt, sowie
Chat-Beiträge von Zuschauern, die auf der der Bambuser-Platform eingeloggt sind.
Bambuser zeichnet Streams in der eigenen Cloud auf, wo sie später gelöscht, er-
neut geteilt oder bearbeitet (Titel, Tags etc.) werden können.

Bambuser richtet sich damit an Profis wie Amateure: Und auch das ist Chance und Risiko zugleich. Auf der Plattform tummeln sich Amateur-Streamer wie Rundfunksender. Einige kritisieren, die App werde damit niemandem wirklich gerecht. Und es stimmt – sie ist eine Art Zwitter aus sozialer Streaming-Plattform und professionellem Werkzeug für Journalisten, um kurzfristig in guter, im linearen TV nutzbarer Qualität live zu streamen. Bambuser hat diese Manko aber offenbar erkannt und auf Basis der Bambuser-Infrastruktur weitere Apps auf dem Markt gebracht.

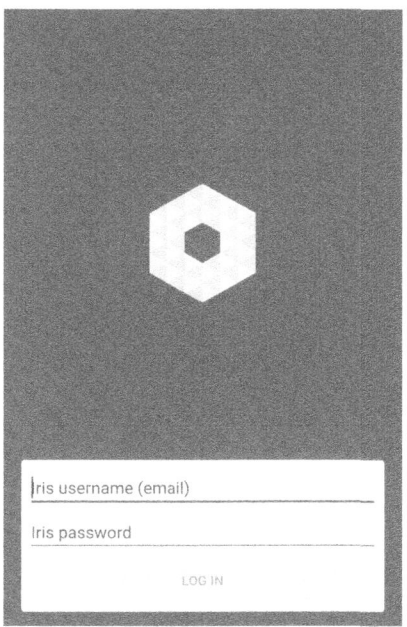

Abbildung 07-19   Live-Streaming-App „Iris"

Iris (iOs und Android) *(Abb. 07-19)* ist die vorwiegend an professionelle Nutzung gerichtete Variante von Bambuser. Der Dänische Rundfunk hat beispielsweise einen Vertrag mit Bambuser geschlossen, um eine vierstellige Zahl von Reportern mit Iris auszurüsten. Iris bietet verlässliches Live-Streaming in einer Qualität an, die im linearen Fernsehen genutzt werden kann. Allerdings erfordert die Nutzung von Iris eine senderseitige Infrastruktur mit Bambuser-Servern. Weitere dieser Lösungen, die sich nicht an Einzeluser richten und nicht ohne größere Investitionen installierbar sind, werden in Kapitel 7.10. vorgestellt.

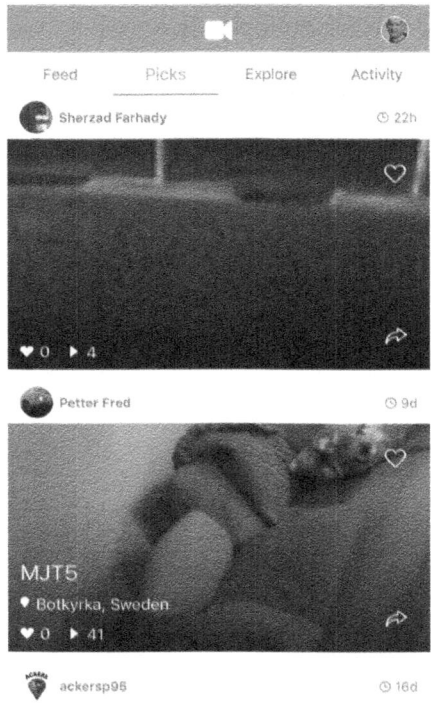

Abbildung 07-21   Live-Streaming-App „Birdplane"

Birdplane (nur iOs) *(Abb. 07-20)* dagegen ist die Bambuser-Variante, die sich an ein breiteres Publikum richtet und den sozialen Streaming-Plattformen Periscope und Meerkat ähnelt. Viele Funktionen sind gleich. Ein Feature, das viele an Birdplane schätzen, ist die zusätzliche Möglichkeit für den Anbieter eines Streams, sich per Textnachricht an der Unterhaltung mit seinem Publikum zu beteiligen. Bei Periscope ist die Chat dagegen eine Einbahnstraße: Der Anbieter streamt, die Zuschauer können sich per Textnachricht beteiligen.

7.9   Weitere Live-Streaming-Apps auch für professionelle Nutzer

Abbildung 07-24   Live-Streaming-App „Livestream"

Auch Livestream für iOs und Android *(Abb. 07-21)* ist seit 2007 am Markt aktiv. Die Livestream-App hat sich über die Jahre weiterentwickelt und ist mittlerweile einfacher zu benutzen als früher, aber immer komplizierter als Periscope oder Facebook Live. Livestream sendet Streams zur eigenen Plattform und bietet durchaus auch Lösungen für Einzelnutzer. Der Schwerpunkt liegt aber mittlerweile auf Hardware-Lösungen (inklusive soft- und hardwarebasierter Mehrkamera-Streaming-Werkzeuge). Livestream hat Verträge mit mehreren Sport-Ligen sowie Konzertveranstaltern, vorwiegend in den USA, und überträgt dort regelmäßig größere Ereignisse. Gerade hat Livestream die Kleinstkamera „Mevo" auf den Markt gebracht. Sie nimmt ein 4K-Bild auf, in dem sich per App ausschnittweise zoomen und schwenken lässt. Auf diese Weise lässt sich mit einer Kamera ein Livestream (auch für andere Plattformen wie Facebook) produzieren, der den Eindruck einer Mehrkamera-Produktion erweckt.

Ustream *(Abb. 07-22)* wurde fast zeitgleich 2007 gegründet und war damit früher am Markt als Periscope oder Meerkat. Die Idee der Gründer war, Angehörigen der US-Army eine Möglichkeit zu geben, mit den Daheimgebliebenen zu kommunizieren. Zwischenzeitlich nutzten Politiker wie Barack Obama oder Hillary Clinton oder die Sängerin Tori Amos Ustream für Live-Videos. Anfang 2016 kaufte IBM das Unternehmen mit dem Ziel, UStream in die Videocloud-Dienste von IBM einzubinden. Ob und welche Konsequenzen das für einzelne Nutzer haben wird, ist offen. Derzeit nutzen beispielsweise die NASA und US-Bildungseinrichtungen Ustream für Ausbildungsvideos – der Fokus liegt auch hier eher nicht auf journalistischen Angeboten.

Neu am Livestreaming-Himmel ist die französische App „plussh" *(Abb. 07-23)*. Sie bietet mehrere Nutzungsvarianten – kostenlos für einfache Nutzer auf der plussh-Plattform, aber auch Pakete für Unternehmen (ab 250 Euro im Monat). Letztere können auf ihre eigene Seite streamen und statt des plussh-Zeichens das eigene Logo einblenden. Plussh rühmt sich einer hohen Bildauflösung und streamt im Querformat. Ein Grund dafür könnte sein, dass plussh von drei Ex-Journalisten entwickelt würde, die für französische Medien gearbeitet haben. Plussh bietet noch keine adaptive Bitrate, die die Stream- der Verbindungsqualität anpasst. Allerdings zeigt die App die Qualität des Streams mit einem tachoähnlichen Instrument an, sodass Nutzer die Einstellungen für Bildauflösung (derzeit bis Full HD 1920 x 1080) und Bitrate anpassen können. Das Potential ist groß, die Marktdurchdringung klein.

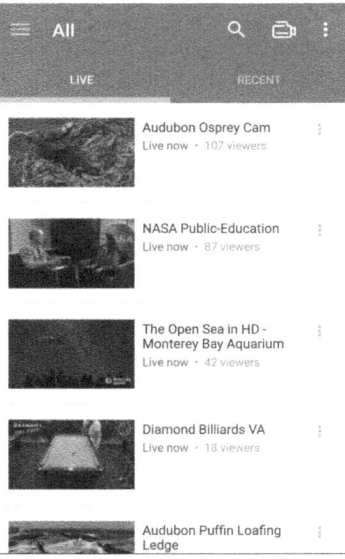

Abbildung 07-22   Live-Streaming-App „Ustream"

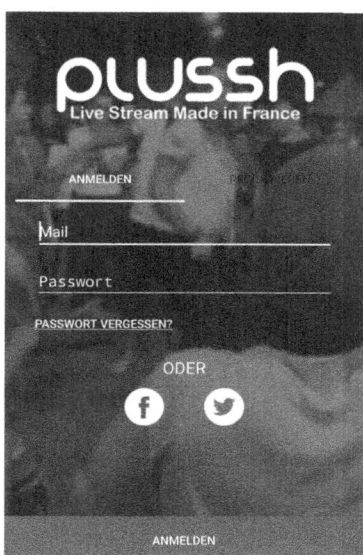

Abbildung 07-23 Live-Streaming-App „plushh"

7.10 Live-Streaming-Apps: Streams zu Youtube

LiveInFive (iOs, Android) *(Abb. 07-24)* ist seit kurzem eine sehr interessante Alternative für Live-Streams. Denn LiveInFive überträgt die Streams direkt in den eigenen Youtube Kanal. Bis vor kurzem blockierte Youtube/Google die Empfangbarkeit dieser Streams in Deutschland mit Verweis auf den Rundfunkstaatsvertrag (s. Kapitel 7.2). Anfang 2016 gab Google diese Zurückhaltung jedoch auf und schaltete die Streams frei. Die Verantwortung hat der Konzern damit an seine Nutzer weitergegeben. Wie bei allen anderen Streaming-Apps gilt: Ein Anbieter braucht in Deutschland, wenn er rundfunkartig streamt (regelmäßig „programmartig", an mehr als 500 Zuschauer, mit redaktionellem Inhalt), eine Sendelizenz der für Internet-Dienste zuständigen Landesmedienanstalt. Die Gesetzeslage in anderen Ländern unterscheidet sich von der deutschen zum Teil.

Abbildung 07-24   Live-Streaming-App „Live in Five"

Der Livestream im eigenen Youtube-Kanal hat Vorteile: Zum einen sind Streams nach Abschluss aus Aufzeichnungen verfügbar, können editiert, betitelt und auch wieder gelöscht werden. Ist der eigene Youtube-Kanal bereits populär und wird genutzt, weil beispielsweise gute Berichte abgerufen werden können, zahlt der Stream auf die eigene „Medienmarke" ein. Er versteckt sich nicht in einer dezidierten, aber nur von wenigen genutzten Livestreaming-Plattform, sondern läuft in einem bereits populäreren Angebot wie Youtube.

Vor dem ersten Livestream auf den eigenen Youtube-Kanal muss dieser für Live-Übertragungen freigeschaltet werden. Bedingung dafür ist, dass das eigene Youtube-Konto verfiziert ist, ein Vorgang, der per Verifizierungscode beispielsweise über eine SMS auf das eigene Smartphone durchgeführt werden kann. Zudem muss der Kanal „in gutem Zustand" sein. Das bedeutet: Wer wiederholt gegen Urheberrechtsbestimmungen oder andere Nutzungsrichtlinien von Youtube verstoßen hat, kann sein Konto nicht für Livestreams freischalten. Die Freischaltung erfolgt über einen Desktop-Computer. Ein spontaner erster Livestream über „Live-InFive" ist also nicht möglich – die Nutzung der App erfordert Vorbereitung.

 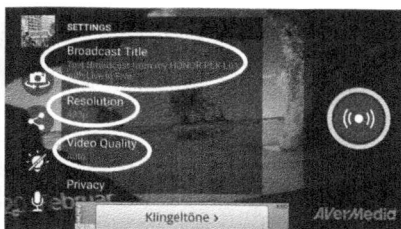

Abbildung 07-25, 26

Der Startbildschirm von LiveInFive ähnelt dem Live-Modus *(Abb. 07-25)*. Oben links in der Ecke kann der Nutzer sich in seinen Youtube-Kanal einloggen (1). Nach erfolgreichem Anschluss erscheint das Profilbild des Youtube-Kanals. In dem Menü lassen sich weitere Einstellungen vornehmen *(Abb. 07-26)*: Der Titel der Übertragung („Broadcast Title), der später sowohl die Aufnahme auf Youtube benennt als auch bei Tweets oder anderen Nachrichten in soziale Netzwerke genutzt werden kann. Zudem lassen sich die Auflösung („Resolution") und die Videoqualität („Video Quality") in Kilobyte pro Sekunde festlegen. Der „Auto"-Modus passt die Qualität der Netzwerkleistung an. Zudem gilt: Je höher die Auflösung, desto besser muss das Netzwerk sein. Im Menü gibt LiveInFive dazu einige Anhaltspunkte, beispielsweise wird für einen Full-HD-Stream in 1920 x 1080 Pixeln die Nutzung eines 4G-Netzwerkes (LTE) empfohlen *(Abb. 07-27)*.

Wie bei den meisten anderen Apps lässt sich auch die Frontkamera nutzen (2). Zudem kann vor und während des Streams eine Nachricht an soziale Netzwerke gesendet werden (3), die zuvor mit der App verknüpft werden müssen. Dies ist sinnvoll, damit potentielle Interessenten von dem Stream erfahren. Ein großartiges Detail der App ist die Audiosteuerung (5).

LiveInFive startet den Livestream über den blauen Knopf (4). Nach kurzer Vorbereitung ändert sich der Bildschirm *(Abb. 07-28)*, in der linken oberen Ecke erscheint ein kleiner „Live"-Timer, der die bisher verstrichene Sendezeit anzeigt (1). Daneben zeigt LiveInFive, wie viele Zuschauer der Stream hat (2), sowie wieviele Zuschauer den Inhalt gemocht (und nicht gemocht) haben. Ein großartiges Feature von LiveInFive: Ein kurzer Druck auf dem Bildschirm löst an der entsprechenden Stelle einen manuellen Fokus aus, sodass auch Elemente scharf gestellt werden können, die der Autofokus nicht erfassen würde. Schon vor dem Livestream zeigt ein kleines Audiometer unten links (5) an, ob der Audiolevel gut genug ist. LiveInFive ermöglicht es sogar, den Eingangslevel (Gain) anzuheben: Gleich neben dem Audiolevel verbirgt sich hinter dem Mikrofon-Symbol ein Schieberegler.

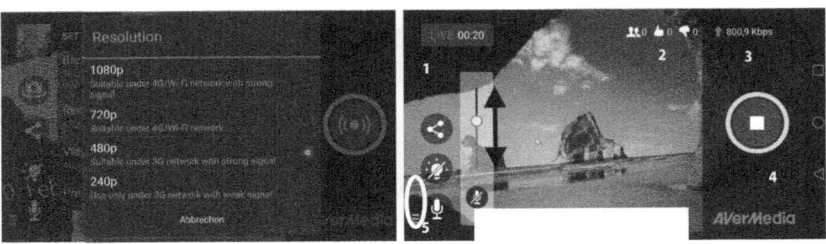

Abbildung 07-27, 28

Gewöhnungsbedürftig ist allerdings die Werbung auf dem LiveInFive-Bild-schirm: Es mutet auch etwas absurd an, dass der Streamende während seiner anspruchsvollen Live-Berichterstattung noch Werbung wahrnehmen soll, während die vielen Zuschauer bei der Nutzung auf Youtube werbefrei von der App profitieren. Auf der anderen Seite lassen sich kleine Unsinnigkeiten ertragen, weil die App ansonsten prima funktioniert – ein praktisches, schlankes Werkzeug.

Nach Abschluss des Streams kann dieser in der Youtube-App bearbeitet werden: Beispielsweise kann er mit Tags (Stichwörtern) versehen werden, damit er von Nutzern leichter aufgefunden wird. Er kann aus dem Listing genommen oder gelöscht werden sowie über den Videomanager auch verbessert werden – beispielsweise durch Stabilisierung oder Farb- und Helligkeitsanpassung. Diese Möglichkeiten gibt es nur bei Youtube – bei anderen Livestreaming-Apps gibt es nur die Möglichkeit, den Stream zu behalten, zu teilen oder zu löschen. In den App-Stores gibt es zudem weitere Apps, die Youtube-Streams ermöglichen. Nach meiner Kenntnis bietet jedoch keine eine vergleichbar gute Bild- und Audiosteuerung wie LiveInFive.

Es gibt weitere Apps, die bloße Streams zu multiplen Zielen ermöglichen: Sie bieten zum Teil unterschiedliche Videoformate und Auflösungen an, arbeiten über unterschiedliche Protokolle, erfordern aber zum Teil auch ein höheres technisches Verständnis. Zu diesen Apps gehören unter anderem BroadcastMe und Broadcaster, die beide sowohl für iOs und Android verfügbar sind.

7.11   Nicht-journalistische Live-Streaming-Apps

Der Markt für Livestraming-Apps explodiert: Immer neue Anbieter und Plattformen kommen auf den Markt, weil zum einen Mobilfunknetze leistungsfähiger werden und zum anderen die Preise für Mobilfunk-Datenvolumen, das beim Livestreaming umfangreich genutzt wird, sinken. Neben den oben beschriebenen Diensten, die sich entweder sowohl an journalistische wie nicht-journalistische Nutzer richten (Periscope, Meerkat) oder ihren Schwerpunkt auf eher professionellen Zielgruppen haben (Bambuser, Streams zu Youtube) gibt es Angebote, die heute so gut wie keine journalistischen Inhalte transportieren. Allerdings haben sie zum Teil riesige Nutzerschaften akquiriert, so dass sie als „Jagdrevier" für potentielle Zielgruppen durchaus interessant sein könnten.

Abbildung 07-29   Live-Streaming-App „YouNow"

YouNow (Android, iOs) (*Abb. 07-29*) ist bei jungen Zielgruppen extrem populär – die Live-Heimat vieler Teenager. 70 Prozent der Nutzer waren 2015 jünger als 24 Jahre, rund 100 Millionen Streams sind auf Younow monatlich verfügbar, also rund 150.000 täglich. Das ist deutlich mehr als Periscope und Meerkat zu ihrer Hochzeit zusammen boten – der Großteil der Streams ist allerdings aus journalistischer Sicht wenig relevant. Ein eigener Hashtag leitet Zuschauer zu schlafenden Teenagern: #sleepingsquad. Die Plattform finanziert sich darüber, dass Nutzer für Streams, die ihnen gefallen, „tippen", also reales Trinkgeld bezahlen, das sie zuvor eingezahlt haben. Jugendschützer beklagen die fehlende Altersverifizierung und nachhaltige Verstöße gegen den Jugendschutz. Younow ist für mobilen Journalismus derzeit kaum interessant. Allerdings ist die App aufgrund ihrer riesigen Nutzergemeinde ein Phänomen, das das Potential von Livestreaming-Apps zeigt.

Eyetok (iOs, Android) *(Abb. 07-30)* ist seit kurzem auf dem Markt: Auf der Mobile World in Barcelona 2015 fand die App viele Unterstützer und Freunde. Die Besonderheiten von Eyetok: Nutzer können Streams, die sie schätzen, selbst weiterstreamen. Und sie können dem Autoren über Richtungspfeile Hinweise geben, wohin er schwenken und was er noch zeigen soll. Bisher fristet die App eher ein Nischendasein. Die spanischen Entwickler haben sich jedoch mit den Erfindern des „Shoulderpod" (siehe Kapitel 3.5) zusammengetan, was die Zielrichtung ihrer Entwicklung anzeigen könnte – möglicherweise geht es Eyetok zumindest auch um professionelle Streams mit zum Teil journalistischen Inhalten.

Abbildung 07-30   Live-Streaming-App „Eyetok"

7.12   Livestreaming mit mehreren Bildquellen

Mehrere Apps erlauben, nahezu komplette Sendungen zu produzieren. Sie können beispielsweise mehrere Smartphones als Bildquellen nutzen, die sich in einem W-Lan-Netzwerk befinden. Zudem erlauben diese Systeme es, Bauchbinden („Lower Thirds"), beispielsweise zur Bezeichnung von Gesprächspartnern, oder Videos als

Einspielfilme zu nutzen. Einige der Apps haben ihren Preis, alle können aber Livestreams zu unterschiedlichen Plattformen schicken, beispielsweise zu Facebook oder Youtube. Verfügbar auf dem Markt sind unter anderem Teradek, Wirecast und SwitcherStudio. Sie zielen vor allem auf Streams zu Facebook. Allerdings hat auch sich auch Periscope kürzlich für Streams von externen (sogenannten „Third-Party"-)Apps geöffnet – ein interessanter Schritt im Wettbewerb mit Facebook.

Offen ist aus meiner Sicht die Frage, wie erfolgreich ein aufwändig produzierter Facebook-Livestream mit mehreren Kameras und Einspielfilmen überhaupt sein kann: Erinnern wir uns daran, dass die Streams von Periscope und Facebook vor allem mobil genutzt werden. Einigen professionellen Regeln zu folgen ist sicher richtig. Die „Sprache des Fernsehens", den Bau einer Sendung mit (unnahbarem) Moderator, Studiodebatte und Einspielfilmen eins zu eins nach Facebook zu übertragen, widerspricht aus meiner Sicht jedoch der Erkenntnis, dass soziale Medien nach ihrer eigenen Sprache verlangen. Wichtig bei Facebook Live, Periscope und den übrigen Diensten ist der Dialog – wie würde ein Moderator auf Kommentar eingehen, wenn er seine „klassische Studiorolle" ausfüllen muss? Zudem haben wir die Erfahrung gemacht, dass die Zuschauer den authentischen Blick hinter die Kulissen schätzen – die Sicht ins Studio kennen sie eh schon. Insofern können die hier vorgestellten Apps auch als Möglichkeit gesehen werden, unterwegs eine Sendung zu produzieren, die im linearen TV ausgestrahlt wird. Sie könnten zudem der Auslöser sein, über eine neue Formen nachzudenken – ein aufwändig produzierter Mehrkamera-Stream, der in den sozialen Medien funktioniert und eben nicht nur 1 : 1 Fernsehen in die sozialen Medien sendet: Ich bin gespannt auf Ergebnisse und Experimente.

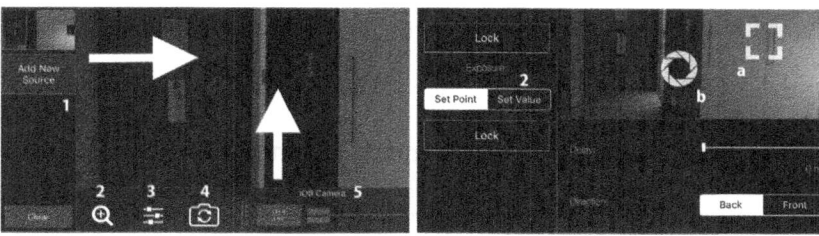

Abbildung 07-31, 32

„Live Air" von Teradek (nur iOs) ist sogar kostenlos zu haben, wenn man sich während der ersten Tests nicht am Teradek-Wasserzeichen stört. Die App (die ich hier exemplarisch für andere vorstelle) hat einen enormen Funktionsumfang. Sie streamt unter anderem zu Youtube oder Ustream. Die Facebook-Unterstützung musste Teradek in seiner Smartphone-App dagegen ausschalten, weil die Firma kein offizieller Facebook-Partner ist. Vom iPad sind Streams zu Facebook mit „Teradek Videoswitcher" nach wie vor möglich. Dies zeigt die Marktmacht von Facebook: Eine sehr vielversprechende App darf nicht mehr vom Mobiltelefon in einen Kanal mit viel Publikum streamen – schlichtweg, weil Facebook es nicht möchte. Ins Kamerafenster *(Abb. 07-31)* können von drei Seiten (Pfeile) durch „Swype" Menüs eingerollt werden, in denen unter anderem zwischen verschiedenen Quellen (1) wie anderen iPhones als Kamera oder Einspielfilmen auswählen und überblenden. Im unteren Menü sind neben dem nicht zu empfehlenden Zoom (Qualitätsverlust) weitere Kameraeinstellungen (3), der Wechsel zwischen Front- und Rückkamera (4) sowie ein Audiopegel vorhanden. Die Grundeinstellungen der App lassen sich über das Rädchen (6) ändern.

Teradek erlaubt weitgehende manuelle Kamerakontrolle *(Abb. 07-32)***:** So kann der Focus (1) über das Fadenkreuz (a) auf einen festen Punkt oder per Hand eingestellt werden. Dasselbe gilt für die Blende (2) und das Blenden-Fadenkreuz (b). Daneben können Weißabgleich (3) und Färbung („Tint", 4) manuell definiert werden. Je nach Einsatz kann es hier jedoch auch sinnvol sein, die automatische Korrektur ausnahmsweise eingeschaltet zu lassen, insbesondere bei längeren Streams. Eine Stärke von Teradek ist die Audio-Behandlung: Jede Bildquelle liefert auch Ton, der getrennt vom Bild in einem eigenen Mischer ein- oder ausgeschaltet und gepegelt werden kann. Nur eingeschränkt lassen sich in Teradek dagegen Kommentare von Nutzern verfolgen: Hier sollte der Stream auf einem zweiten Gerät verfolgt werden, um den wichtigen Dialog mit dem Publikum aufrecht zu erhalten. Ein ruckelfreier Stream von Teradek steht und fällt mit einem guten Router, zudem sollten die Bildquellen (iPhones) mit Strom versorgt werden, beispielsweise über USB-Verlängerungskabel. Die Ausrüstung vor Ort wird also etwas umfangreicher sein als für #Mojo üblich.

7.13   Professionelle Lösungen mit eigener Hardware

Eine Schwierigkeit aller vorgestellten Livestreaming-Apps: Der Erfolg einer Übertragung steht und fällt mit der Qualität der Mobilfunk- oder Internetverbindung (wenn ein WLAN genutzt wird). In Kapitel 3 habe ich einige Tricks und Kniffe beschrieben, wie man bei einer schlechten Mobilfunkverbindung trotzdem Daten übertragen kann. Dabei habe ich auch Speedify erwähnt – eine App, die die Mobilfunkverbindung mit einer W-Lan-Verbindung kombiniert. Dieses sogenannte „Bundling" sorgt dafür, dass Daten über zwei Wege transportiert werden können. Dies macht die Übertragung sicherer und weniger anfällig für Netzwerkschwankungen. Zudem kann „Bundling" von zwei allein nicht ausreichenden Verbindungen helfen, das erwünschte Ziel doch zu erreichen – doppelt hält besser. Mehrere Unternehmen haben sich dieses „Bundling" zu Nutze gemacht, um das Video-Livestreaming zu verbessern – die Qualität fernsehtauglich und die Übertragung ausfallsicherer zu gestalten. Dabei wird das Videobild über eine Hard- oder Software-Encoder in einen Datenstrom gewandelt, der über zwei Wege zu einem Server geschickt wird, in dem das Bild dann wieder „zusammengesetzt" wird.

Die Sendesicherheit ist höher, die Latenz geringer: Die Anwendungen sind heute so leistungsfähig, dass sie bis zu 8 LTE-Mobilfunk-und ggf. zusätzliche W-Lan-Verbindungen bündeln können. Auf diese Weise ist die Gefahr, dass ein Stream ausfällt, geringer. Zudem ist die Verzögerung sehr viel kürzer: Die Anwendungen erreichen heute Latenz von unter 2 Sekunden, sodass Live-Gespräche zwischen dem Moderator im Studio und dem Reporter vor Ort möglich sind. Die nötigen Server kosten jedoch Geld, ebenso die Hardware- bzw. die Lizenz für die Nutzung der Software-Encoder. Daher lohnt sich die Technik nicht für den einzelnen mobilen Journalisten, sondern nur für größere Rundfunkunternehmen, die bereit sind, zu investieren. Die Preise für eine Sendeeinheit wie einen Empfangsserver beginnen heute bei 8 bis 12.000 Euro, manche Anbieter verlangen mehr als 20.000 Euro.

Die Zahl der Anbieter wächst stetig: Etwa ein halbes Dutzend tummelt sich weltweit auf dem Markt. Die größten darunter sind LiveU aus Israel mit hohen Marktanteilen vor allem in Europa sowie Dejero aus Kanada, die vor allem auf dem US-amerikanischen Markt viele Kunden haben, aber auch beispielsweise in Großbritannien. Weitere Anbieter sind AviWest (aus der Bretagne), TVU oder Comrex (beide USA).

Abbildung 07-33　LiveU – Acht Mobilfunkverbindungen auf dem Rücken, Foto: LiveU

Alle Unternehmen bieten sogenannte Live-Rucksäcke an *(Abb. 07-33)*, die bis zu zehn Mobilfunkmodems kombinieren Sie erreichen eine Datenüberragungsrate von bis zu 8 Megabit pro Sekunde. Daneben gibt es kleine Einheiten mit vier oder zwei Modems, die beispielsweise direkt an Kameras angebracht werden können, um Live-Bilder zu übertragen. Zudem haben alle Unternehmen mittlerweile Apps im Angebot *(Abb. 07-34, Abb. 07-35)*, die, wie oben beschrieben, W-Lan und Mobilfunkverbindung bündeln können. Dies ermöglicht sendefähige Livestreams mit einer Verzögerung von rund 2 Sekunden, die Live-Gespräche gerade noch möglich macht. Diese Apps sind für Android und iOs zwar kostenlos, funktionieren aber nicht ohne die teuren Server als Empfänger.

Abbildung 07-34, 35　Die Dejero-App, Foto: Dejero (links); Die LiveU-App, Foto: LiveU (rechts)

Weiterführende Links

Maya Kosoff, „How to use YouNow app". Business Insider Germany. Abgerufen am 20. Februar 2016. http://www.businessinsider.de/how-to-use-younow-app-2015-11?r=US&IR=T.

Periscope „Gemeinschaftsrichtlinien". Abgerufen am 8. Februar 2016. https://www.periscope.tv/content

Frauke Schobelt, „Live auf der Flucht mit Periscope und Twitter". Wundv Online. Zuletzt abgerufen am 8. Februar 2016. http://www.wuv.de/medien/live_auf_der_flucht_mit_periscope_und_tw

Jörg Breithut, „Meerkat vs. Periscope: Das können die neuen Livestreaming-Apps". Zuletzt abgerufen am 9. Februar. http://www.spiegel.de/netzwelt/apps/meerkat-versus-periscope-livestreaming-apps-im-vergleich-a-1025738.htmlitter

Stefan Niggemeier, „Ich steh direkt hinter den Polizisten mit gezogener Waffe: Der Terror-Porno des Stern." stefan-niggemeier.de. Zuletzt abgerufen am 8. Februar 2016. http://www.stefan-niggemeier.de/blog/22247/ich-steh-direkt-hinter-den-polizisten-mit-gezogener-waffe-der-terror-porno-des-stern/

Michael Rosenblum, „Reflections on Live Streaming with The BBC". The VJ. Zuletzt abgerufen am 6. Februar 2016. https://www.thevj.com/vjworld/reflections-on-live-streaming-with-the-bbc/

Interview mit Philipp Weber

Philipp Weber arbeitet als Redakteur, Reporter und Videojournalist bei „stern.de", der Online-Ausgabe des stern-Magazins. Er hat an der „Hamburg Media School" Journalismus und zuvor in Bayreuth Theater- und Medienwissenschaft studiert. Philipp Weber ist einer der wenigen Journalisten in Deutschland, die früh mit Livestreams experimentiert haben. Seine Übertragungen aus Paris und Brüssel nach den dortigen Terroranschlägen 2015 / 2016 gehören zu den bis dahin meistgesehenen in Deutschland und Europa.

Wann hast du angefangen, live zu streamen, in welcher Situation?

Den erste Livestream habe ich tatsächlich produziert, als ich in Griechenland war – auf dem Höhepunkt der Finanzkrise. Damals durften Griechen nur bis zu 60 Euro pro Tag abheben. Ich habe die Schlangen vor den Geldautomaten in Athen live gestreamt und danach selbst gezeigt, dass ich als Deutscher 100 Euro abheben konnte – im Gegensatz zu den Griechen. Das war mein erster Einsatz von Periscope.

Warum ist Livestreaming für euch als Online-Ausgabe eines gedruckten Magazins interessant?

Es gibt uns zum ersten Mal die Möglichkeit, den großen Fernsehanstalten eben nicht nur mit Textinhalten, sondern auch mit Bewegtbild Konkurrenz zu machen: Apps wie Periscope oder Facebook Live ermöglichen bei aktuellen Ereignissen wie beispielsweise den Terroranschlägen in Paris oder in Brüssel, schnell per Video zu berichten, weil man in einer kleinen Tasche das hat, was die ARD, das ZDF, BBC und Co. in einem riesigen Ü-Wagen mitbringen. Das ist vielleicht ein wenig übertrieben dargestellt, aber in Ansätzen ist das schon so.

Warum sind Live-Bilder für euch überhaupt wichtig?

Grundsätzlich spielt Bewegtbild auf einer Website wie stern.de natürlich eine große Rolle. Bewegtbild ist einer der großen Trends der letzten Jahre, und der Trend geht weiter. Das merkt man an den Nutzerzahlen, an den eigenen Gewohnheiten und auch daran, dass man beispielsweise morgens auf dem Weg zur Arbeit in der U-Bahn viele Leute sieht, die Videos schauen. Und nun gibt es erstmals die Möglichkeit, live in Bewegtbildern zu berichten – eine große Chance für Online-Angebote, die schneller sein wollen und müssen als ihre gedruckten Ausgaben.

Du hast ja auch nach den Anschlägen in Paris live gestreamt. Vor allem dein Stream aus dem Umfeld der Polizeidurchsuschungen in Saint Dénis hat auch Kritik geerntet. Was war das für eine Situation, aus der du gestreamt hast?

Die Situation, die skurrilerweise deutschlandweit eine der größten Nutzerzahlen auf Periscope generiert hat, ergab sich wenige Tage nach den Anschlägen von Paris, als in Saint Dénis, im Vorort von Paris, Drahtzieher der Attentate bei Razzien gesucht wurden. Es gab dort einen weiträumig abgesperrten Bereich. Im Verlauf des Polizeieinsatzes habe ich beobachtet, wie fernab der Absperrung Polizisten eine Straße kontrolliert haben. Ich bin im Pulk mit ungefähr 100 anderen Journalisten hinterher gelaufen, habe aber – und das ist wirklich ganz wichtig zu sagen – weder die Polizei behindert, noch irgendwelche Straßenabsperrungen überschritten. Im Gegenteil: Ich bin einfach hinterher gelaufen und habe mit dem Handy live eingefangen, was die Polizisten machten. Man muss diesen Stream auch im Zusammenhang mit insgesamt 15 weiteren Streams sehen, die ich aus Paris gemacht habe: vom Bataclan-Nachtclub, vor der Kirche Notre-Dame beim Gedenkgottesdienst, vom Place de la République während der Schweigeminute. Dieses Werkzeug, Periscope, schafft es, eine Authentizität einzufangen, die mich sehr an frühere Live-Reportagen im Radio erinnert, nur, dass man jetzt nicht nur live hört, sondern auch sieht. In Saint Dénis habe ich die Verunsicherung der Polizei sehr authentisch einfangen können. Man kann den Stream sicherlich kritisieren, man kann aber auch sagen: Das war authentisch. Was aber ganz wichtig ist, und das muss jedem klar sein: Man darf seine journalistischen Grundsätze nicht über Bord werfen. Ich kann für mich nur sagen, ich habe sie in dieser Situation nicht über Bord geworfen. Ich habe authentisch einen Polizeieinsatz verfolgt. Das war, meine ich, journalistisch durchaus angemessen, und es hat offensichtlich auch viele Leute interessiert.

Wie groß ist die journalistische Herausforderung einer solchen Live-Situation?

Ich finde das durchaus anspruchsvoll. Ein guter Stream findet für mich eine Balance zwischen authentischem "Nah-Dran-Gefühl"und journalistischer Distanz.

Technisch gesehen ist man zwar in weniger als 20 Sekunden online und mitten-
drin, aber darum geht es nicht: Um deine journalistische Distanz und Reflektions-
fähigkeit zu bewahren, musst du dich mental darauf vorbereiten – am besten sogar
schriftlich. Ich selbst habe neben meinem Equipment auch immer noch einen kleinen Block dabei, damit ich alle wichtigen Elemente der aktuellen Nachrichtenlage
aufschreiben kann. Man muss sich also genauso vorbereiten, wie für alle anderen
journalistischen Formen. Wer denkt, er drücke auf den Broadcast-Button und dann
laufe es schon, der wird scheitern.

**Vorbereitung ist das eine. Wie schätzt du die Live-Situation ein, in der du al-
leine sendest und eigentlich niemanden mehr hast, der dir beisteht oder deine
Arbeit redigiert – wie einen geschriebenen Artikel?**

Ein wichtiger Tipp: Man sollte nicht allein livestreamen, weil man Gefahr läuft,
viele Dinge zu verpassen. Eigentlich sollten zu Hause in der Redaktion – in meinem Fall ist das das Onlineportal stern.de in Hamburg – Kollegen den Stream
beobachten. Es wäre aus meiner Sicht eine spannende Erweiterung für Livestreaming-Apps, eine Art „Supervisor" vorzusehen, der sich in einen Stream einklin-
ken kann. Ich empfehle zudem, immer ein zweites Handy dabei zu haben, auf dem
man im Zweifel angerufen werden kann. Man könnte sich auch überlegen, während eines Livestreams telefonisch mit der Heimatredaktion verbunden zu bleiben.

**Du hast beim Livestream also niemanden, der in der Regie sitzt, dich führt,
der auf die Qualität von Bild und Inhalt schaut?**

Genau. Es ist wahnsinnig schwierig, alle Ebenen gleichzeitig zu bedenken. Deswegen ist auch die Vorbereitung so wichtig: Man muss die Fakten kennen, eine
Kombination aus Agenturmeldungen und der eigenen Recherche vor Ort – also
eine ganz normale journalistische Aufgabe. Dann musst du aber auch noch filmen,
vielleicht live in der Situation Leute befragen. Du musst auf die Kommentare der
Zuschauer Deines Streams eingehen und aufpassen, dass nicht irgendwelche Trolle
fragwürdige Kommentare abgeben. Das habe ich auch schon erlebt. Und du musst
darauf achten, dass Deine Technik einigermaßen funktioniert – ganz einfach: Ist
die Batterie noch voll, und ist das Mobilfunknetz stabil?

Meinst Du, Livestreaming wird für euch als journalistischer Anbieter im Netz wichtiger?

Ich glaube, dass es wichtiger wird, weil viele Dinge im Journalismus eng verknüpft sind mit den technischen Möglichkeiten – auch wenn man das selbst gar nicht unbedingt wahrhaben möchte. Eine Print-Marke, die nun auch online verfügbar ist, gewinnt auf einmal Möglichkeiten, die bisher nur klassische Fernsehsender hatten. Natürlich ist auch Livestreaming wichtig, und es wird weiterhin eine Rolle spielen. Auf der anderen Seite ist es klar, dass eine Seite wie stern.de nicht in 3 Jahren ausschließlich gestreamte Videos anbieten wird. Und ich bin mir auch nicht sicher, ob eine App wie Periscope das Ende der Fahnenstange ist. Am Anfang gab es noch Meerkat, davon spricht heute kaum noch wer. Und Facebook tritt mit Macht auf den Livestreaming-Markt.

Ein paar praktische Fragen: Wie betitelst du deinen Stream?

Ich wähle einen relativ konkreten Titel: Worum geht es? Und dann meistens noch einen Hashtag, um zu kennzeichnen, dass es sich um ein journalistisches Angebot handelt. Denn livestreamen kann ja heutzutage jeder. Ich mache meist den Hashtag „Stern" oder „Stern-Reporter" dazu, damit klar ist, dass ich als Journalist und nicht als Privatperson streame.

Was rätst du, welche Ausrüstung sollte man mitnehmen?

So wenig wie möglich. Ich selbst finde drei Dinge enorm wichtig: Zum einen eine Halterung. Der Unterschied dazu, ein Handy in der Hand zu halten, ist enorm. Die Qualität wird deutlich besser, weil es weniger wackelt. Wenn man ganz verrückt ist, kann man auch auf einer herkömmlichen Videokamera oder einer Spiegelreflexkamera „normal" Video drehen und oben darauf noch sein Handy befestigen und live streamen. Das habe ich selbst jetzt schon öfters gemacht, es funktioniert recht gut. Aber im Endeffekt reicht eine kleine Halterung. Ich benutze immer den Shoulderpod (siehe Kapitel 3.5.). Man kann auch einen Selfie-Stick nehmen. Zweitens rate ich zum Extra-Akku, weil man gar nicht glaubt, wie schnell sich so ein Akku beim Livestreaming leert: besser größer als kleiner und besser mit einem kleinen Karabiner-Haken, damit man die Powerbank schnell an der Hose oder am Rucksack festmachen kann. Drittes Thema ist der Ton: Ich gehe auf Nummer sicher und nutze fast immer ein externes Mikrofon (siehe Kapitel 3.3). Ich weiß, dass die Tonqualität von Handys allein gar nicht so schlecht ist, aber sobald ich einen geschlossenen Raum verlasse, traue ich den internen Handymikrofonen nicht mehr.

Welche Mikrofone nutzt du für einen Livestream?

Wenn ich weiß, dass ich selbst spreche und im Fokus stehe, nehme ich ein Lavalier-Mikrofon, zum Beispiel das Rode-Smartlav+. Das Kabel schiebe ich schon lange vor dem Stream unter das Hemd oder T-Shirt, damit ich es jederzeit anstecken kann. Ansonsten habe ich ein gerichtetes Rode-Mikrofon, das ich auch noch nutze. Mit dem kann man relativ gut Leute interviewen. Periscope oder Facebook Live sind nicht unbedingt die Medien, die auf absolut perfekte technische Qualität setzen. Nur: Wenn die Zuschauer nicht verstehen, was ich sage, kommen innerhalb von Sekunden Beschwerden in der Kommentarleiste: "lauter" oder "Ton rauscht". Tatsächlich verzeihen Leute schlechten Ton weniger als schlechtes Bild.

Lässt sich Periscope-Material aus deiner Sicht nach einem Livestream gut in weitere Berichte einbauen?

Es ist nach dem Stream nur bedingt einsetzbar. Man kann das Material in einem Beitrag einbauen und und dann mit einer Einblendung, etwa „Aus dem Live-Stream", kennzeichnen. Das kann ein wenig Abwechslung in einen klassischen Beitrag bringen – wenn das Live-Material besonders gut oder authentisch ist. Man kann auch aus verschiedenen Streams im Nachhinein eine Art „Best Of" schneiden oder sie ungeschnitten nachträglich verlinken. Letzteres ist jedoch nicht optimal, da die Streams meist relativ lang sind. Wichtig ist in jedem Fall, zu kennzeichnen, dass es sich um einen Periscope- oder Facebook-Live-Beitrag handelt. Denn nur dann versteht der Zuschauer, dass es ein Live-Stream war und die Qualität daher etwas schlechter sein kann.

Abbildung Philipp Webers Ausrüstung

Philipp Webers Ausrüstung: Samsung Galaxy S5, Shoulderpod S1 mit R1 Pro-Halterung, Rode Videomic mit Windschutz und TRRS-TRS-Adapter, Rode Smartlav+-Ansteckermikrifon und EasyAcc-Ersatzakku mit Karabinerhaken

Digital Storytelling unterwegs

8

Zusammenfassung

Die Vorzüge des Smartphones ausspielen: Fotos und Bewegtbilder bearbeiten, Texte animieren und Medien miteinander kombinieren.

Smartphones können mehr als herkömmliche Produktionsmittel. Bisher habe ich vor allem gezeigt, wie sich per Smartphone sendefähige Videos drehen lassen – wie Smartphones also die Arbeit einer TV-Kamera übernehmen können. Ich habe beschrieben, wie sich per Smartphone gute Tonaufnahmen machen lassen – wie Smartphones also die Arbeit eines Tonaufnahme-Gerätes (Flashplayer etc.) übernehmen können. Deutlich wird bei allen Beschränkungen, dass sich ein guter Teil der aktuellen journalistischen Arbeit für Hörfunk, Fernsehen und Online per Smartphone erledigen lässt.

Die wirklichen Stärken spielt das Smartphone allerdings erst aus, wenn es um die Weiterverarbeitung geht: Denn Smartphones sind Kraftzentren des digitalen Geschichtenerzählens. Eine große Zahl verschiedener Apps erlaubt es, Medieninhalte zu bearbeiten, sie miteinander zu kombinieren und zu neuen Sinneinheiten zusammenzufügen. Hier leistet das Smartphone deutlich mehr als TV-Kamera, Hörfunk-Rekorder oder Fotoapparat. Philipp Bromwell, Reporter beim irischen Sender RTÉ (siehe Interview am Ende von Kapitel 5), sieht die große Chance der Smartphones in kombinierten Storytelling-Formen, vor allem für soziale Medien. Er hat über Jahre „klassisches Fernsehen" per Smartphone produziert, verlagert seinen Schwerpunkt aber zunehmend auf neue Formen von „Digital Storytelling". Denn hier sind die journalistischen Ergebnisse von Smartphones im Vergleich zu herkömmlichen Produktionsmitteln – bei allen Limitationen – nicht mehr nur „gleich gut", sondern besser.

Die Anforderungen an Videos für soziale Medien unterschieden sich nachhaltig von denen im klassischen Fernsehen. (Aber: Würden manche vielleicht ebenso gut im linearen Fernsehen funktionieren, wenn wir uns nicht auf unsere „herkömmlichen" Formen verlassen würden?). Sie sind in der Regel kürzer (oft nur 30 Sekunden lang), kommen ohne Ton aus, dafür mit Texteinblendung (weil bei der mobile Nutzung oft kein Ton gehört wird), leben noch stärker von starken Bildern und Emotionen. Birgit Klumpp, die sehr erfolgreich neue Webvideos für Tagesschau und Tagesthemen entwickelt, hat mir ihre wichtigsten Regeln für Videos in sozialen Medien zusammengestellt. Und weil sie das per Twitter-Kurznachricht gemacht hat, ist die Zusammenstellung hervorragend knapp und präzise.

Regeln für Webvideos

1. Die Reihenfolge der Geschichte ist wurscht: Fange mit dem besten Bild an.
2. Kein Audio – sondern Text im Bild.
3. Wo ist Dein Auge? Dahin muss der Text.
4. Weniger (Text) ist mehr
5. Schwarze Schrift ist zu hart – lieber weiß und kleiner.
6. Suche das Detail, das Besondere.

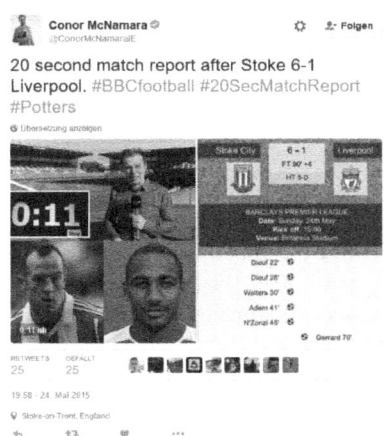

Abbildung 08-01   Connor McNamara: Multimedia-Spielbericht per PicPlayPost

Die Story zählt: Bei allen Möglichkeiten, die Smartphones für das digitale Geschichtenerzählen bieten, sollte niemand die Inhalte aus den Augen verlieren. Unendlich viel ist möglich, aber nicht auch nötig oder angemessen. Die wichtigste Frage ist: Welche Geschichte willst Du erzählen? Wenn das „Wie" diese Geschichte stützt, dann trifft man in der Regel die richtige Auswahl. Wenn das „Wie" eher verwirrt oder ablenkt, dann ist es die falsche Entscheidung. Zwei „best practice" Beispiele: Der BBC-Sportreporter Connor McNamara hat eine ganz eigene Form für Fußballberichte aus der britischen „Premier League" entwickelt. In der App „PicPlayPost" (siehe 8.3.) kombiniert er – parallel sichtbar – Spielstatistik, wichtige Szenen und Spielerbilder sowie einen kurzen, gefilmten Aufsager zum Spiel. Das knackige Video produziert er auf dem Smartphone und verschickt es über Twitter *(Abb. 08-01)* kurz nach Spielende – eine grandiose Form, um einen schnellen Überblick über ein Spiel zu geben. Hier passt der Inhalt perfekt zur gewählten Form.

Ähnlich erfolgreich ist die Journalistin Eva Schulz *(Abb. 08-02)*, die unter dem Snapchat-Namen „hurraeva" großartige Erklärgeschichten veröffentlicht: Nach den Anschlägen von Paris hat sie beispielsweise den Brüsseler Stadtteil Molenbeek besucht. Während der Präsidentschaftswahl in Österreich 2016 hat sie die Kandidaten unter die Lupe genommen, Umfragewerte erklärt und den Wahlausgang analysiert *(Abb. 08-03)*. Ihre Erklärungen und Analysen in kleinen Schritten passten perfekt zum Medium Snapchat.

Abbildung 08-02, 03   Eva Schulz auf Snapchat (links); Erklärvideos zur Wahl in Österreich (rechts), Screenshots: Björn Staschen

Es gibt unzählige Apps, mit denen Bilder, Texte und Töne nachbearbeitet werden können. Im folgenden Stelle ich einige Beispiele vor, die aus meiner Sicht die besten und einfachsten Möglichkeiten bieten, digital Geschichten zu erzählen. Manchen wird die eine oder andere App fehlen, andere werden den einen oder anderen Vorschlag nicht erwähnenswert finden, natürlich: Denn Arbeitsweisen sind verschieden. Es lohnt sich, in den Appstores die Veröffentlichung neuer Programme zu verfolgen und sich in Foren und auf Twitter immer wieder darüber zu informieren, welche Apps welche neuen Formen ermöglichen.

8.1   Nachbearbeitung von Fotos

Smartphones sind gute Kameras: Mit manueller Kamerakontrolle sind oft großartige Bilder machbar. Beim iPhone helfen – neben der eingebauten Kamera-App – Programme wie ProCamera, Camera+, VSCO Camera oder „Manual". Ähnliche Funktionalität für Android-Telefone bieten ProShot, CameraFV5, Open Camera oder „Manual Camera". Das Windows-Phone bringt bereits eine hochgradig manuell steuerbare generische Kamera-App mit.

Auch zur Bearbeitung von Fotos bieten Smartphones sehr gute Werkzeuge und Programme. Der Markt ist extrem reich an Varianten (und entsprechend übersichtlich). Daher beschränke ich mich im Folgenden auf wenige, besonders populäre oder für Journalisten besonders geeignete Apps.

Auf allen Plattformen (Android, iOs, Windows) verfügbar ist „Snapseed". Die App ist kostenlos und wurde 2012 von Google aufgekauft – Übernahmepreis: unbekannt. In ihr stecken extrem viele hilfreiche Funktionen, die die Bildbearbeitung in wenigen Schritten möglich machen – mit oft hervorragenden Ergebnissen. Die Bedienung ist etwas gewöhnungsbedürftig, aber sehr praktisch und dem Smartphone angepasst: Über das Stift-Symbol unten rechts lässt sich ein Menü mit vielfältigen Bearbeitungsoptionen öffnen *(Abb. 08-04)*. Die Auf- und Abbewegung mit dem Finger wechselt zwischen den verschiedenen Bearbeitungsoptionen, die Links- und Rechtsbewegung verringert bzw. erhöht die jeweiligen Werte *(Abb. 08-05)*.

Mit Snapseed lassen sich unter anderem Helligkeit, Kontrast, Sättigung und Farbwerte feinabstimmen (1). Auf diese Weise lässt sich jedes Bild „aufpimpen": Etwas mehr Kontrast, Sättigung und Ambiente machen oft schob einen großen Unterschied. Zudem kann die App Fotos frei oder auf vorgegebene Formate (quadratisch, 4:3) zuschneiden (2). Sie kann sie zudem transformieren (3): Dabei kann das zweidimensionale Bild gedreht und gekippt werden. „Selektiv anpassen" (4) lassen sich kleine Bereiche, in denen Helligkeit, Sättigung und Kontrast verändert werden können – beispielsweise, um unterbelichtete Bildsegmente leicht aufzuhellen. Snapseed kann Vignetten am Bildschirmrand setzen (5), Bilddetails (Strukturen, Linien) schärfen und hervorheben (6). Sehr hilfreich ist die Möglichkeit, das Bild zu drehen *(Abb. 08-06)* – sollte beispielsweise der Horizont nicht gerade sein (7) (passiert dem Besten, oder?). Per Finger (Pinsel) können Bildbereiche angepasst (8) und sogar repariert werden (9): Hierbei berechnet die App aus umliegenden Bildpunkten eine Korrektur (9). Weiter unten (hochscrollen) bietet Snapseed zudem eine große Zahl von zum Teil großartigen Filtern an (10). Mit den jüngsten Updates lässt sich mit Snapseed auch Text auf Bilder schreiben, so dass einfach auch beispielsweise sogenannte „Quote Cards" *(vgl. Abb 8.10)* hergestellt werden können.

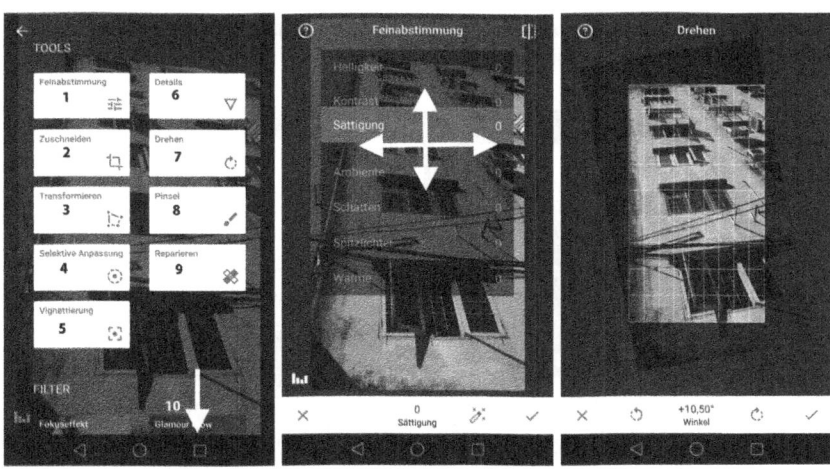

Abbildung 08-04, 05, 06

Neben Snapseed gibt es weitere professionelle Bildbearbeitungsprogramme. Adobe stellt seinen „Lightroom" für Android und iPhone zur Verfügung – und das sogar kostenlos. Das Kalkül ist, dass „Lightroom" Nutzer dazu bringt, die Bearbeitung eines Bildes auf dem Smartphone zu beginnen und in der kostenpflichtigen Desktop-Software „Photoshop" – sozusagen dem großen Bruder von „Lightroom" – zu beenden. Der Funktionsumfang ist groß, die Qualität prima – eine gute Option *(Abb. 08-07).*

Abbildung 08-07   Screenshot: Björn Staschen

Abbildung 08-08, 09   VSCO (links); Instagram (rechts)

Ebenso populär ist die App VSCO (Android und iPhone), die eine große Zahl von (zum Teil käuflich zu erwerbenden) Filtern und Bearbeitungsmöglichkeiten bietet *(Abb. 08-08)*. Die Filter ermöglichen es, den Look verschiedener Filmfabrikate für Fotos mit „herkömmlichen" (beispielsweise Spiegelreflex-) Kameras ziemlich realistisch nachzuahmen. Die „Visual Supply Company" (VSCO) verdiente ihr Geld ursprünglich damit, Filter und Voreinstellungen für Programme wie Adobe Lightroom oder Aperture zu entwickeln. Seit sie selbst damit begonnen hat, Apps zu entwickeln, handeln manche sie bereits als „das nächste Instagram". Denn sie ist zeitgleich auch Foto-Community.

Auch die Instagram-App selbst gibt viele Möglichkeiten, ein Bild nachzubearbeiten *(Abb. 08-09)*. Allerdings beschränkt sie das Format auf das für Instagram charakteristische Quadrat. Instagram ist mehr als eine Foto-Plattform: Die Zahl der Videos auf Instagram nimmt rasant zu, ebenso die Zahl der Medien, die Instagram als wichtigen Verbreitungsweg nutzen. Mehr und mehr gewinnen Texte Gewicht, die Fotos begleiten: Manche halten Instagram für eine Alternative zu Facebook, um journalistische Inhalte aus Text und Bild zu veröffentlichen. Daneben schwären viele auf Photogene (iOs),

8.2 Fotos zum Leben erwecken

Ein Bild sagt mehr als tausend Worte – diese Plattitüde ist bekannt. Nach der Bearbeitung im Smartphone kann ein Bild jedoch noch mehr: Es kann Geschichten erzählen, Rechercheergebnisse und -wege offenlegen oder nicht nur die Augen, sondern auch die Ohren ansprechen. Dafür gibt es einige Apps, in denen sich Bilder mit anderen Informationsträgern verbinden lassen.

Beliebt für die Nutzung auf Twitter sind beispielsweise sogenannte „Quote Cards" – Fotos (meist von Protagonisten), die gleichzeitig Zitate transportieren *(Abb. 08-10)*. Zum einen sind Zitat und Urheber so auf den ersten Blick grafisch ansprechend sichtbar, zum anderen sind Quote Cards gerade bei längeren Zitaten ein gutes Instrument, um mehr als die bei Twitter erlaubten 140 Zeichen zu transportieren. Das hier enthaltene Beispiel habe ich beispielsweise auf einem Android-Telefon mit der kostenlosen App „Photosuite" in wenigen Minuten hergestellt. Photosuite ist ein umfangreicher Bildeditor, mit dem sich auch Grafiken bearbeiten lassen. Weitere Apps, die mit wenigen Handgriffen Texte auf Bilder aufbringen, sind Phonto (Android), Wordswag (iOs & Android), Textgram (Android) , Typic (iOs), Over (iOS & Android) oder die in Kapitel 8.1 vorgestellte App Snapseed. Eine App, die aus gelesenen und in die Zwischenablage kopierten Textstellen direkte „Quote Cards" produzieren, ist beispielsweise Xcerpt (Android).

Abbildung 08-10   Beispiel für eine Quote Card, hergestellt mit PhotoSuite für Android.

Mehrere Fotos lassen sich mit sogenannten „Grid"-Programmen kombinieren. Ich schätze sehr den Twitter-Service der Kollegen Nick Sutton (BBC) und Philipp Bromwell (RTÉ), die täglich die Titelseiten der Tageszeitungen aus Großbritannien bzw. Nordirland twittern. Philipp Bromwell nutzt hierzu die App „Diptic" (iOs und Android), aber auch andere Apps wie Photo Grid, PicGrid oder ähnliche erledigen dieselbe Arbeit. Sie sind flexibel, um verschiedene Formate mit verschiedenen Zusammenstellungen herzustellen. Bei „Diptic" lassen sich zudem die einzelnen Rahmen verschieben und färben. Ich habe selbst damit begonnen, unter dem Twitter-Handle „ineinemtweet" die deutschen Titelseiten zu twittern – hergestellt sind die Bilder jeweils mit Diptic *(Abb. 08-11)*. Auch PicPlayPost (siehe 8.3.) kann solche Foto-Collagen erstellen.

Björn Staschen
@BjoernSta

Deutschlands Titelseiten in einem Tweet.
#Brexit

RETWEETS 67   GEFÄLLT 49

12.04 - 25. Juni 2016

Abbildung 08-11   Diptic

Ein Foto erfahrbar macht die App „Thinglink". Auf einem Bild lassen sich verschiedene Inhalte mit kleinen Lesezeichen versehen, hinter denen Informationen (Beschreibungen, Links) abgelegt sind. Der Betrachter kann die verschiedenen Bildstellen berühren (auf dem Smartphone per Finger, am Computer mit der Maus) und die Informationen abrufen. Thinglink eignet sich, um Bildinhalt näher zu beschreiben. Ein Beispiel ist das Gruppenbild von Flüchtlingen am Strand von Kos: Hinter jedem Thinglink-Punkt verbirgt sich die persönliche Fluchtgeschichte eines der Porträtierten. Zudem finden sich im Netz viele Thinglinks, die Ordnung in „Wimmelbilder" bringen, beispielsweise meine Ausrüstung für „Mobile Journalism" *(Abb. 08-12)*. Gerade hat Thinglink seinen Dienst auch für 360-Grad-Fotos und -Videos freigeschaltet – eine spannende Option für digitale Geschichtenerzähler (siehe Kapitel 9).

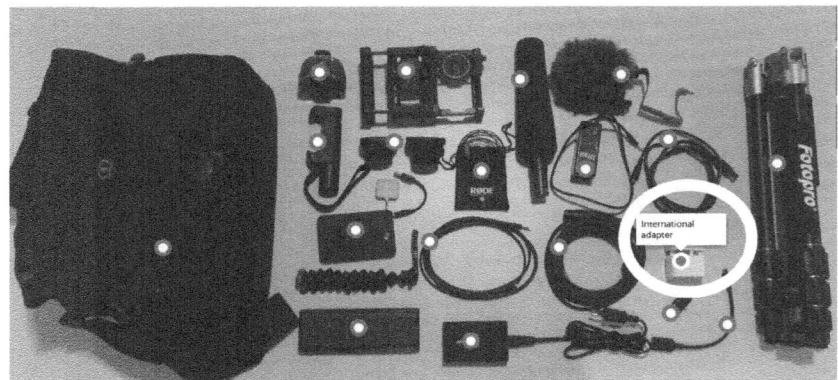

Abbildung 08-12   Thinglink erklärt, was zu sehen ist: pro markiertem Punkt eine Information (eingekreist).

„**Thinglinks für die Ohren**" **produziert die App Jamsnap** (nur iOs): Hier lassen sich Fotos an Stellen markieren, hinter denen Audioaufnahmen versteckt sind. Jamsnap ist kein rein journalistisches Angebot: Es finden sich viele Hobby-Jamsnapper. Dennoch ist das Angebot journalistisch nutzbar – einige Beispiele: Das Foto von der Pressekonferenz mit drei Rednern, deren Kernaussagen jeweils per hinter Bildpunkten hinterlegten Audios verlinkt sind. Das Foto von der Schiffstaufe, bei dem der „entscheidend Moment" (Flasche trifft Bug) sowie ein kurzer Aufsager zur Einordnung verlinkt sind. Oder: Die Demonstration mit den VoxPops von drei auf dem Foto erkennbaren Teilnehmern.

Die Bedienung von Jamsnap ist intuitiv und einfach: Ein neuer Beitrag beginnt mit einem Foto *(Abb. 08-13)*. Dieses kann entweder in der App aufgenommen (1) oder aus der Galerie geladen (2) werden. Zudem stellt Jamsnap einen Blitz (3) zur Verfügung. Auch die Frontkamera (4) kann genutzt werden. Auf dem fertigen Foto können dann ein oder mehrere Audiofiles (siehe Pfeil) platziert werden *(Abb. 08-14)*. Diese werden entweder in der App aufgenommen, sie können aber auch aus einem Cloudspeicher wie Dropbox oder aus Audiopaste eingefügt werden. Jamsnaps können direkt auf Facebook, Twitter oder Tumblr (eingekreist) ausgespielt werden *(Abb. 08-15)*. Beim Upload erhält der Snap einen Namen (1), die Veröffentlichung auf der Jamsnap-Seite kann abgewählt werden (2). Über den „Share"-Knopf (3) wird der Snap dann veröffentlicht.

Abbildung 08-13, 14, 15 Jamsnap

Eine ähnliche App wie Jamsnap für iOs ist auch für Android und Windows erhältlich: Foundbite. Der entscheidende Unterschied zwischen beiden Apps ist, dass Foundbite *mehrere* Fotos mit *einem* darunterliegenden Audio verknüpft, während Jamsnap (wie gezeigt) *ein* Foto mit *mehreren* Audios verknüpft. Auch Foundbite ist kein rein journalistisches Angebot: Auch hier lassen sich Bild- und Tonstrecken aber direkt auf Twitter oder Facebook verlinken. Vorstellbar sind Aufnahmen von einem Demonstrationszug mit einem zentralen Stückchen atmosphärischen O-Tons, Bilder aus einer Backstube mit einem kurzen Interview, in dem der Bäcker die wichtigsten (auf den Bildern erkennbaren) Schritte beim Brotbacken erklärt – oder der eigene Bericht über das Treffen mit einem eindrucksvollen Menschen, von dem Fotos zu sehen sind.

Auch Foundbite startet mit der Auswahl der Fotos: Sie können entweder aus der Galerie geladen oder direkt in der App aufgenommen werden. Anschließend öffnet sich das Fenster, in dem der Audiotrack zum Bild aufgenommen wird *(Abb. 08-16)*. In einem weiteren Schritt kann dieser „getrimmt" (also am Anfang und am Ende gekürzt) werden. Zudem lassen sich weitere Bilder hinzufügen. Beim Upload *(Abb. 08-17)* kann der Nutzer entscheiden, ob er das Foundbite mit Geodaten (1) versehen möchte. Zudem kann die Foto-Ton-Kombination betitelt (2) und ihre Veröffentlichung beim Upload (5) auf Facebook (3) oder Twitter (4) verlinkt werden. Im Hauptmenü (1) *(Abb. 08-18)* lassen sich veröffentliche Foundbites nach Orten (2) durchsuchen. Zudem kann direkt mit Mitgliedern kommuniziert (3) so-

wie das eigene Profil samt eigenen Foundbites bearbeitet (4) werden. Unter den
Menüpünktchen (5) können Grundeinstellungen vorgenommen und die Hilfe abgerufen werden.

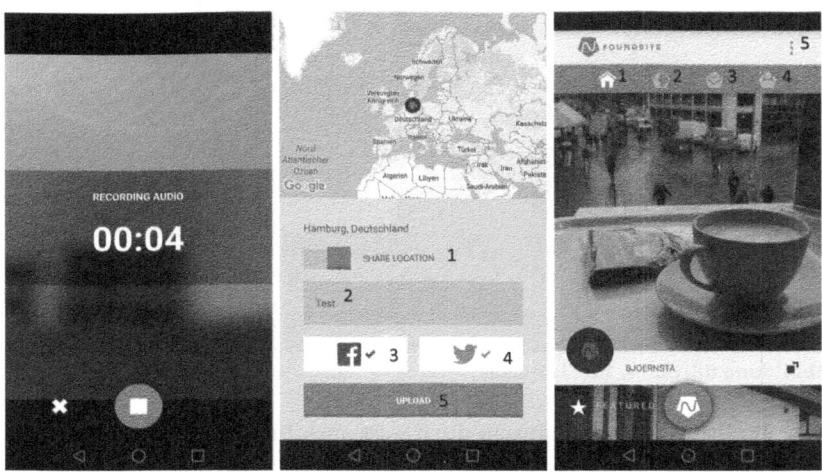

Abbildung 08-16, 17, 18 Foundbite

8.3   Ton, Bild und Video kombinieren

Die App PicPlayPost ist ein großartiges Werkzeug, um die Stärken des Smartphones auszuspielen. Oben *(Abb. 08-01)* habe ich bereits die Premier-League-Be-
richte von Connor McNamara erwähnt, für die er in der App Ton, Foto und Video
kombiniert. Zudem ist PicPlayPost auf allen Plattformen (iOs, Windows, Android)
erhältlich, was selten vorkommt – auch das spricht für sie. Die App kann kleine,
knackige Miniaturen produzieren – beispielsweise der Kurzaufsager des Reporters in die Kamera von einem Hausbrand, dazu die Karte, die den genauen Ort
des Feuers zeigt (Screenshot aus Google Maps oder einem anderen Kartenpro-
gramm) sowie Fotos von den Löscharbeiten, aus denen PicPlayPost eine Diashow
generiert. Ebenso denkbar: eine Umfrage unter Passanten gepaart mit Grafiken
einer aktueller Meinungsumfrage. Oder eben der Sportbericht. PicPlayPost lässt
sich für unterschiedliche Formate produzieren (16:9, 4:3 oder auch quadratisch für
Instagram etc.).

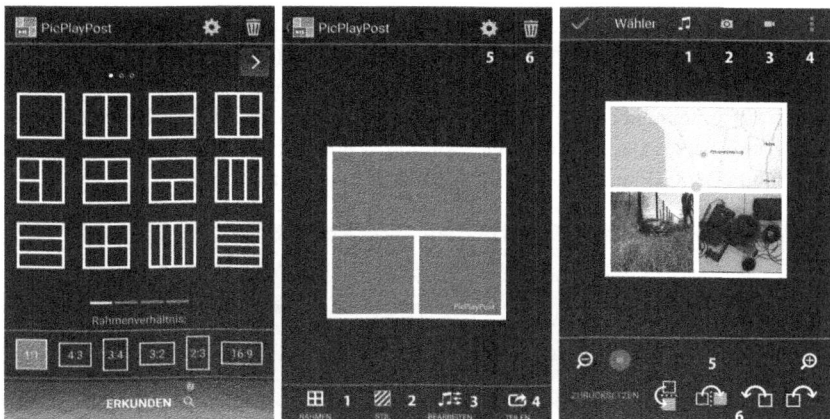

Abbildung 08-19, 20, 21   PicPlayPost

PicPlayPost startet mit der Auswahl des Rahmens *(Abb. 08-19):* Hier wird entschieden, wie viele Medien in welcher Anordnung miteinander kombiniert werden sollen. Unten auf der Seite sind zudem die Rahmenformate auswählbar – von
quadratisch über 4:3 bis 16:9. Der ausgewählte Rahmen öffnet sich nach Auswahl
(Abb. 08-20) und kann befüllt und bearbeitet werden. Über die Menüoption Rahmen (1) kehrt man zur Rahmenauswahl zurück, zudem lassen sich der Stil des
Rahmens (2) sowie Audiooptionen (3) bearbeiten. Unten rechts kann das fertige
Werk geteilt (4) werden. Weitere Einstellungen sind über das Einstellungsrädchen
erreichbar, insbesondere ein Hilfemenü. Zudem kann eine kostenpflichtige Erweiterung der App gekauft werden, die Wasserzeichen (der Schriftzug „PicPlayPost"
in den fertigen Produkten) und Werbung in der App verschwinden lässt. Fotos,
Videos und Audio lassen sich in die Rahmen einfügen, indem ein Feld einfach berührt wird. Es öffnet sich ein neues Fenster *(Abb. 08-21)*, in dem Audio (1), Fotos
(2) oder Videos (3) hinzugefügt werden können. Über die Menüpunkte (4) lassen
sich zudem eine Diashow, eine Gif-Reihe aus Giphy oder ein Youtube-Video hinzufügen. Zudem lässt sich ein eingefügtes Medium wieder löschen. Deren Größe
kann über die Schieber (5) verändert werden. In ein anderes Fenster lässt sich ein
Medium mit den Menüpunkten unten auf der Seite (6) verschieben.

Mit weiteren Einstellungen lässt sich das Multimedia-Werk individualisieren.
Wer den „Stil" ändern möchte, öffnet das entsprechende Menü *(Abb. 08-22)*. Hier
lassen sich Rahmendicke (1), Rundung der Ecken (2), Farbe (3) bzw. Grauton der
Rahmenlinien festlegen. Auch Audio- und Videodetails können definiert werden

(Abb. 08-23), beispielsweise, ob Videos in unterschiedlichen Rahmen erst nacheinander starten sollen (1). Audio lässt sich ausblenden (2), zudem kann die Video- (3) und Musiklautstärke (3) festgelegt werden. Das fertige Produkt lässt sich dann direkt auf unterschiedliche Plattformen ausspielen *(Abb. 08-24)*, beispielsweise Instagram, Facebook, Youtube oder Tumblr. Zudem kann die Multimediakombi als Video oder GIF in der Galerie des Telefons abgelegt werden.

Abbildung 08-22, 23, 24

Text für Videos lässt sich mit der die App „Legend" animieren – ideal für kurze Videotitel, Vor- und Abspann oder Texteinblendungen. Legend bietet viele verschiedene Schrift- und Animationstypen, Farbpaletten und Ausspielmöglichkeiten. Als Hintergrund verwendet die App entweder eine farbige Fläche oder ein vorhandenes Foto. Legend ist derzeit für iOs und Android erhältlich und kostenpflichtig.

Legend startet mit der Eingabe des Textes *(Abb. 08-25)*: Wichtig ist, hierbei an den richtigen Stellen per Enter-Taste den Zeilenumbruch festzulegen. Gerät er später zufällig, stört dies oft die gewünschte plakative Aussage. Im Auswahlmenü unterhalb des Vorschaufensters lässt sich der Hintergrund auswählen: Ein Foto kann aus der App heraus aufgenommen (1) oder aus der Galerie geladen (2) werden. Zudem lässt sich ein Bild in Flickr suchen (4) – oder das Projekt verwerfen (5). Nach Ende der Texteingabe startet die Animation dann über den „Play"-Knopf (3).

Abbildung 08-25, 26, 27

Legend produziert die jeweils ausgewählte Vorschau: Das macht die Arbeit leicht, weil erzielte Effekte sofort sichtbar werden *(Abb. 08-26)*. Mit Legend lässt sich wunderbar herumspielen und ausprobieren. Verschiedene Animationsmuster können über die obere Menüzeile ausgewählt werden (2), die scrollbar viele Varianten bietet. Verschiedene Farbpaletten lassen sich darunter auswählen (3), ebenfalls scrollbar. Über (3) lässt sich die Animation direkt in Facebook als GIF verschicken. Geteilt (4) wird sie – als Video oder GIF-Animation – mit verschiedenen Apps – oder sie kann direkt in die Galerie des Telefons heruntergeladen werden (5). Wichtige Einstellungen der App sind über die Menüschieber (1) erreichbar *(Abb. 08-27)*. Hier kann die Bildauflösung festgelegt werden: 1080p steht für die klassische HD-Fernsehauflösung in 1920 x 1080 Pixeln, wenn darüber das Querformat ausgewählt wird. Eine quadratische Animation eignet sich dagegen perfekt für Instagram.

Während Legend Text nur auf unbewegte Hintergründe produziert, kann die App „Gravie" (nur iOs) Text auf Videos legen – und sie kann noch viel mehr: Mit ihr ließen sich kleine Filme komplett produzieren – von der Aufnahme über den groben Schnitt bis zur Untermalung mit Musik. Ich würde dies jedoch nicht empfehlen, weil die im Kapitel 6 vorgestellten Apps sehr viel mehr Möglichkeiten und Varianten zum Videoschnitt vorsehen. In der Regel schneide ich ein Video beispielsweise in Pinnacle Studio fertig und lege anschließend die Titel mit Gravie auf den fertigen Film lege.

Abbildung 08-28, 29, 30

Ein neues Gravie-Projekt lässt sich über das „Plus-Symbol starten. Zunächst kann eine Vorlage für die Titeleinblendung ausgewählt werden. Danach öffnet sich das Kamerafenster *(Abb. 08-28)*, in dem ein Video direkt aufgenommen werden kann. Per Klick wird zwischen Front- und Rückkamera (1) ausgewählt sowie der Blitz eingeschaltet (2). Zudem kann vor der Aufnahme eine Dauer festgelegt werden (3): Wer beispielsweise immer dreisekündige Szenen einfangen will, stellt „3" ein – die Kamera stoppt dann jeweils automatisch. Die Aufnahme beginnt per Druck auf den roten Auslöser (4). Allerdings greift Gravie auf die generische Kamera zu – mit all ihren Problemen bei der Videoproduktion: Fokus und Blende lassen sich nicht feststellen. Insofern rate ich zur Videoaufnahme mit den in Kapitel 5 vorgestellten Kamera-Apps. Diese lassen sich dann über (5) in die App importieren. Die Auswahl ist etwas gewöhnungsbedürftig: Entweder kann das gesamte Video importiert oder ein Teil davon „aufgenommen" werden, in dem der rote „Record"-Knopf gedrückt wird. Dies ersetzt das von Schnittprogrammen bekannte Setzen von In- und Out-Marken. Im Fenster lassen sich auf diese Weise auch mehrere Videosequenzen gruppieren.

Ist die Videosequenz erstellt, kann sie mit verschiedenen Titeln belegt werden *(Abb. 08-29):* Der Text wird über die Tastatur (1) eingegeben. Effekte lassen sich über (3) hinzufügen. Verworfen wird das Projekt über den Mülleimer (4). Die Veränderungen zeigt Gravie in einer Timeline, in die auch auch Musik importiert werden kann. Wichtige Videoeinstellungen, beispielsweise die Exportqualität oder eine Ein- und Ausblendung von/in Schwarz oder Weiß können über das Zahnrad (5) vorgenommen werden. Die Positionierung der Titel im Video kann über das Symbol (2) festgelegt werden. Es öffnet sich ein neues Fenster *(Abb. 08-30)*, in dem In- (1) und Out-Punkt (2) der Einblendung vorgenommen werden können. Der Titel kann sich auch über das gesamte Video erstrecken (3) oder jeweils von Schnittmarke zu Schnittmarke (4).

Abbildung 08-31

Gravie hilft auch dabei, ein großes Problem von Filmen für soziale Medien zu lösen: Weil viele Filme auf dem Mobiltelefon geschaut werden, nehmen die Nutzer die Audiospur oft nicht wahr. Es ist laut in der U-Bahn, und wer hat schon den Kopfhörer dabei? Wenn ich auf einen Dreh gehe, ist mein Ziel in der Regel ein „herkömmlicher" Film für das lineare Fernsehen. So auch, als ich kurz vor dem Referendum über den britischen Brexit 2016 Mike Smithson traf, der eines der meist gelesenen Blogs über politische Wetten verantwortet. Die Bilder von seinem Dreh habe ich für einen Bericht in der Sondersendung im Ersten verwendet. Zuvor habe ich jedoch eine Kurzfassung ohne Ton mit Gravie erstellt und über Twitter verbreitet *(Abb. 08-31)*. Auf diese Weise lässt sich Material ohne doppelten Dreh und ohne allzu großen Aufwand also mehrfach nutzen.

Text auf Video legt auch die App Vont. Die iOs-App ist in der Bedienung weniger komfortabel als Gravie, bietet aber einen großen Vorteil: Vont kann eigene Schriftschnitte importieren und anwenden. Werden Videos also für ein größeres Medienunternehmen produziert, lassen sich Titel und Texteinblendungen schon auf dem Smartphone gemäß Vorgaben für das „Corporate Design" produzieren.

Quik (iOs & Android) ist eine weitere App, die Videos, Fotos und Ton kombiniert. Sie war ursprünglich als kostenpflichtige App „Replay" auf dem Markt, bis sie von GoPro übernommen wurde. Seitdem ist sie kostenlos zu haben. Wie Legend (siehe oben) bietet Quik verschiedene Design-Themen, in denen Medien zusammengestellt werden. Quik eignet sich vor allem dazu, unterwegs schnell ein Video zu produzieren, das aufwändig aussieht, aber nur wenig Zeit in der Produktion kostet.

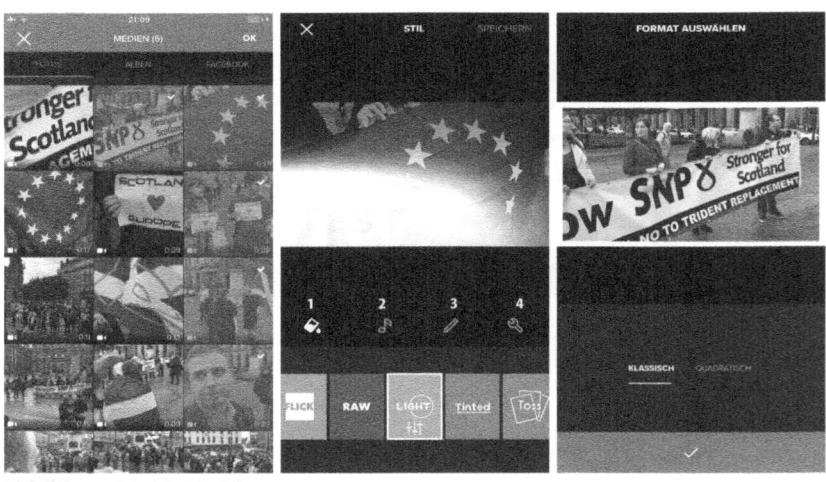

Abbildung 08-32, 33, 34

Quik startet mit einer Übersicht, in der ausgewählte Videos angeschaut, eigene erstellt sowie bereits produzierte verwaltet werden können. Das „Erstellen"-Menü öffnet zunächst die Medienauswahl *(Abb. 08-32)*. Hier können sowohl Fotos als auch Videos für die spätere Animation ausgewählt werden – Quik verlangt mindestens 5 Elemente. Die Reihenfolge der Auswahl bestimmt die Reihenfolge der späteren Verwendung im Film. Nach erfolgter Auswahl gelangt der Nutzer über „Ok" ins eigentliche Bearbeitungsmenü *(Abb. 08-33)*. Hier kann ein Design ausgewählt (1) oder die Musik bearbeitet oder ausgetauscht (2) werden. Der Stift (3) öffnet ein Menü, in dem Details bearbeitet werden können: Wo liegt der „wichtige

Bereich" eines Fotos, auf den gegebenenfalls gezoomt werden soll? Soll Text ein-geblendet oder ein Bild überlagert werden? Das Format des Videos (quer oder quadratisch) lässt sich über den Werkzeugschlüssel erreichen (*Abb. 08-34*). Ein fertiges Quik-Video kann direkt aus der App auf Instagram, Facebook oder über Twitter geteilt werden. Zudem kann es zur weiteren Bearbeitung oder für den Up-load aus der App in die Kamerarolle geschrieben werden.

Es gibt zahlreiche Apps, die ähnliches leisten, beispielsweise **Storyo**: Die App kombiniert und animiert Fotos zu Musik und Text in vorgegebenen Designs und hilft, äußerst schnell erfolgreiche Videos zu produzieren. Die Ergebnisse werden es mutmaßlich eher nicht ins lineare, klassische TV schaffen, dafür aber in sozia-len Medien möglicherweise erfolgreicher sein. Bei einem Seminar mit Schülern der Henri-Nannen-Schule bin ich zudem gefragt worden, ob ich solche Videos für journalistische Produkte halte. An sich bin ich auch eher Purist und setze Musik und Effekte nur ein, wenn dies inhaltlich begründbar ist. Auf der anderen Seite lassen die vorgestellten Apps vor Ort in kurzer Zeit eindrucksvolle Ergebnisse entstehen, was „mobile reporting" zuträglich sein kann. Am Ende zählt immer die Geschichte, die Story, und Bild und Ton müssen sie unterstützen.

8.4   Snapchat und Instastories

Irgendwo zwischen Hype und Mysterium liegt Snapchat – zumindest aus der Sicht deutscher Medien. 35 Prozent der deutschen Jugendlichen nutzen Snapchat (nach einer Studie der Jugendzeitschrift Bravo). Die App liegt damit auf Platz 4 der meistgenutzten Apps, nach Whatsapp, Youtube und Instagram, aber: vor Face-book! Deutsche Journalisten sind – mit wenigen Ausnahmen wie beispielsweise Eva Schulz (hurraeva) oder Richard Gutjahr (gutjahr) – nicht unter den erfolg-reichen Snapchat-Nutzern zu finden. Die ZDF-Sendung heute+ hat im Mai 2016 erste Snapchat-Versuche gestartet. Auch das junge Angebot von ARD und ZDF, „funk", produziert seit kurzem mit „hochkant" einen eigenen, nachrichtlich ge-prägten Snapchat-Kanal. In den USA nutzen Medienunternehmen Snapchat da-gegen intensiv. Auffällig ist, dass Online-Medien dabei deutlich erfolgreicher mit ihren Snapchat-Angeboten sind als klassisch Medien: Buzzfeed nutzen 54 % der 13 bis 24-jährigen US-Snapchatuser häufig (nach einer Umfrage unter 1117 Nut-zern für den „Snapchat-Report" des Forschungsinstituts „futurescape, siehe „Wei-terführende Links" am Ende des Kapitels), während beispielsweise CNN gerade 24 Prozent der Snapchat-Millenials gern nutzen.

Snapchat ist ein wichtiger Kanal zu jüngeren Mediennutzern. Philipp Steuer schreibt in seinem Buch „Snap Me If You Can", das er im Internet zum kostenlosen Download anbietet (mit vielen Tipps und Tricks übrigens eine gute Gebrauchsanweisung für Snapchat): „Snapchat wird von der Öffentlichkeit als besonders jung und cool empfunden. Während du auf Facebook mittlerweile auch deine eigene Oma finden kannst, hat es Snapchat von Beginn an durch seine mobile-fist Strategie auf die jüngere Generation abgesehen." „Mobile first" bedeutet, das Snapchat ausschließlich auf die Nutzung mit dem Smartphone ausgerichtet ist – anders als beispielsweise Facebook. Steuer macht weitere Unterscheide zwischen den Plattformen aus: „Snapchat ist im Gegensatz zu Facebook oder Twitter ein viel intimeres Netzwerk, in dem sich die User sicherer und weniger beobachtet fühlen. (...) Neben dieser Tatsache ist Snapchat ein Netzwerk voller Aufmerksamkeit. Jedes Bild/Video wird von den Nutzern bewusst angeklickt und geht so im Gegensatz zu anderen Netzwerken nicht in den überfüllten Timelines unter, was es besonders für Unternehmen und Marken interessant macht." Allerdings sagten in einer Umfrage der US-Zeitschrift Variety auch mehr als 30 Prozent der Snapchat-Nutzer, dass sie das Netzwerk vor allem deswegen nutzten, weil ihre Eltern eben nicht auf Snapchat seien. Und mal ehrlich, sind klassische Medien nicht auch so etwas wie „die Eltern"? Wie erfolgreich können Medienmarken also auf Snapchat sein?

Snapchat ist ein Kanal mit seiner ganz eigenen Sprache und Funktionsweise. Denn Snapchat setzt vor allem auf die Kommunikation in Freundesgruppen: Snapchat-Nachrichten („Snaps") können an einzelne oder mehrere Freunde geschickt werden. Zudem lassen sich Snaps in der eigenen „Story" posten, so etwas wie der aktuellen Lebensgeschichte, dem aktuellen Tagebuch. Nur Follower können diese betrachten – und neue Snapper zu finden, macht die Plattform nicht gerade leicht: Es gibt keine klassische Suchfunktion wie bei Twitter, keine Hashtags, keine Timeline, in die wie bei Facebook Inhalte gespült werden. Insofern ist es auch eher schwer, eine eigene Followerschaft aufzubauen: Nutzer müssen den genauen Snapchat-Namen oder den „Snapcode" (das quadratische, gelbe, individuelle Snapchat-Symbol jedes Nutzers) kennen, um einem Snapper zu folgen.

Snaps sind selbstzerstörerisch: Snapchat-Nachrichten sind nur für kurze Zeit sichtbar. Der Absender stellt ein, wie lange sie auf dem Handy des Adressaten erscheinen – zwischen einer und zehn Sekunden. Empfänger können sie ein zweites Mal betrachten (die Zahl der Zweitabrufe ist allerdings begrenzt). Macht der Empfänger dabei keinen Screenshot, sind die Snaps danach für immer und ewig verschwunden. Gleiches gilt für die Inhalte der eigenen „Story": Sie sind nur 24 Stunden verfügbar und werden danach gelöscht.

Snapchat liebt es hochkant: Auch das ist eine Besonderheit. Die App kombiniert kurze Videos und Fotos mit Zeichnungen und Texten. Mir macht Snapchat unheimlich viel Spaß, weil man mit der App malen , kleine Kunstwerke verschicken und empfangen kann. Allerdings ist Snapchat extrem flüchtig. Und Journalisten werden für die Nutzung eine eigene Sprache, eine besondere Art, Geschichten zu erzählen, entwickeln müssen. Denn eine Snapchat-Story setzt sich aus Häppchen zusammen, die zusammen eine Geschichte ergeben, deren Reihenfolge sich aber nicht mehr ändern lässt. Ein Snap in der Story kann nicht nachträglich verändert oder getauscht werden: Daher lohnt es sich, eine Snapstory zu planen, sich zu überlegen, in welcher Reihenfolge welche Gedanken in welcher Form präsentiert werden – es sei denn, ein aktuelles Ereignis passiert vor den eigenen Augen / der eigenen Handylinse, so dass keine Zeit für Planung bleibt.

Snapchat braucht Zeit – „nebenbei" zu snappen und gleichzeitig gute TV-Videos zu drehen und einen fernsehtauglichen Film zu schneiden, wir kaum gelingen. Aufgrund der besonderen Sprache und Spezifika von Snapchat (nicht zuletzt, weil es hochkant arbeitet), ist das gefertigte Material zudem kaum mehrfach verwertbar. Wer also über ein aktuelles, sich entwickelndes Ereignis snappt, muss sich nach meinem Gefühl auch darauf konzentrieren.

Gute Beispiele für Snapstories hat die oben erwähnte Eva Schulz (@hurraeva) entwickelt. Ihre Snaps funktionieren prima und sind sehr erfolgreich: Sie haben ihr sogar eine Nominierung für den Grimme Online Award 2016 eingebracht. Warum? Eva Schulz versteht und spricht die Sprache von Snapchat – kurze, knappe Informationen, die aufeinander aufbauen. Sie nutzt alle Medien: Videos, beispielsweise aus dem Brüssel Stadtteil Moolenbaek, in dem die Attentäter von Paris lebten. Sie zeigt Straßenszenen, Eindrücke. Ihre Geschichten sind aber auch stark personalisiert – Eva ist oft selbst im Bild, wenn sie berichtet. Das macht ihre Snaps authentisch – ebenso wichtig für einen Erfolg bei Snapchat. Außerdem leistet sie kreative Einordnung, in dem sie beispielsweise kleine Animationen aus zurechtgeschnittenen Papiersymbolen liefert, wie beispielsweise von der Wahl in Österreich im Frühjahr 2016.

Eine gute Snapchat-Story...

... ist gut geplant: kurze Gedanken bauen aufeinander auf

... ist selten länger als zwei bis drei Minuten

... ist hoch personalisiert und authentisch

... nutzt Video, Foto und grafische Elemente kreativ und witzig

... entsteht vor Ort

... kann nachträglich nicht bearbeitet, sondern nur gelöscht werden

... zerstört sich selbst nach 24 Stunden

... kann gerettet und auf Youtube, Facebook oder anderswo als Video gepostet
werden

Snapchat startet mit dem Aufnahmefenster *(Abb.* 08-35 – gezeigt wird hier die
Bedienung der Android-App – Snapchat für iOs unterscheidet sich in wenigen
Details): Vergesst alles, was Ihr bisher über Kamera- und Bildbearbeitungs-Apps
gehört habt – Snapchat funktioniert ganz anders. Beruhigend ist immerhin, dass
dass Blitz-Symbol (1) auch bei Snapchat den Blitz ein- oder ausschaltet. Das Snapchat-Symbol (2) bringt Euch ins Freunde-/Followermenü und zu den Profilein-
stellungen *(siehe Abb.* 08-38*).* Zwischen Front- und Rückkamera lässt sich mit
dem Kamerasymbol (3) wechseln oder einem schnellen Doppelklick auf dem
Bildschirm. Das Quadrat (4) bringt Euch zur Übersicht bisherigen Konversationen
(dasselbe erledigt ein Wischer nach rechts), zu den Storys anderer Nutzer und den
von Snapchat kuratierten Discovery- und Live-Angeboten bringen Euch die drei
Striche (6) oder ein Wischer nach links.

Die eigentliche Bearbeitung eines Snaps beginnt mit dem Auslöser (5): Lang
gedrückt nimmt Snapchat ein Video auf, kurz gedrückt ein Foto. Wer lange auf
dem Bildschirm auf sein Gesicht (oder das eines anderen) drückt, aktiviert die
Gesichtserkennung, über die Masken und Verzerrungen hinzugefügt werden können: journalistisch mutmaßlich weniger interessant, aber ein großer Spaß. #Mojo-
Kollege Yusuf Omar (yusufomarsa) hat die Masken allerdings kürzlich in einer
Snapchat-Reportage über Missbrauchsopfer in Indien sinnvoll eingesetzt: Er hat
die Gesichter seiner Gesprächspartner mit den Masken unkenntlich gemacht und
so anonymisiert.

Abbildung 08-35, 36, 37   Snapchat1

Die fertige Aufnahme kann anschließend bearbeitet werden *(Abb. 08-36)*. Emojis und andere Symbole lassen sich über das stilisierte Blatt (2) hinzufügen, Text über das „T" (3). Insgesamt gibt es drei Arten, Text auf Bild oder Video zu schreiben (im grauen Balken, frei linksbündig oder mittig) – einfach das „T" einmal, zwei- mal oder dreimal drücken. Der Text lässt sich anschließend durch Anfassen und Halten verschieben. Per Bleistift (4) kann auf dem Bild gemalt werden. Sowohl für Text als auch Malfunktion kann eine Farbe in der Farbpalette ausgewählt wer- den. Wer die Farbpalette länger drückt, bekommt eine größere Auswahl. Über die kleine Stoppuhr (5) wird eingestellt, wie lange Nutzer den Snap betrachten dürfen (1 bis 10 Sekunden). Über den Pfeil (6) kann ein Snap in der Gallerie des eigenen Telefons abgelegt werden. Über das „Plus" (7) wird er der eigenen Story hinzu- gefügt und ist damit für alle Nutzer 24 Stunden lang sichtbar. Soll ein Snap nur an eine oder mehrere Person(en) verschickt werden, erledigt dies der Pfeil (8). Wer auf seinem fertigen Snap von horizontal wischt, kann zudem Farbfilter, Temperatur, Geschwindigkeit oder Bilder zur jeweiligen geografischen Position *(Abb. 08-37)* auf sein Bild legen.

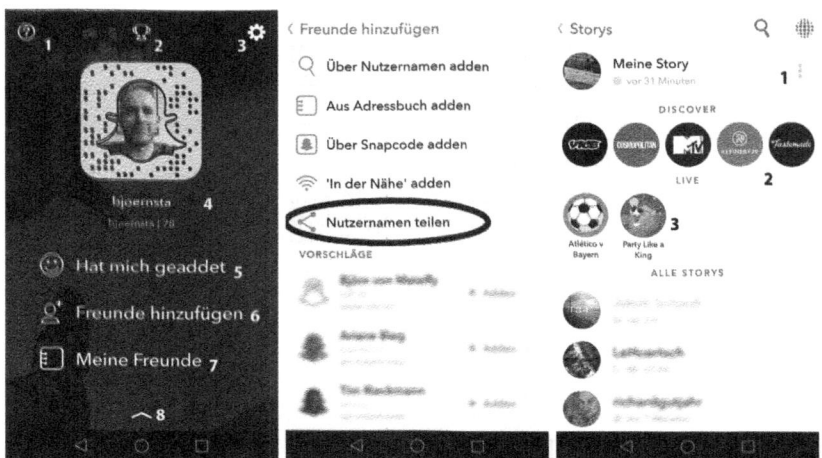

Abbildung 08-38, 39, 40

Snapchat gibt zudem einen Überblick über die eigenen Freunde *(Abb. 08-38)*
– wer mich kürzlich hinzugefügt hat (5) und wer meine Freunde sind (7). Neue
Freunde lassen sich über (6) hinzufügen, aber nur, wenn der genaue Snapchat-Na-
me bekannt (oder der gelbe „Snapcode"). Hilfe bekommen neue Nutzer über das
Fragezeichen (1). Snapchat geriert sich zudem als Spiel und verspricht für bestimmte Aktivitäten Trophäen (2). Wichtige Einstellungen lassen sich über das Zahnrad
vornehmen (3), beispielsweise Benachrichtigungseinstellungen oder, wer die eigene
Story anschauen oder Dich auf Snapchat kontaktieren darf. Wichtig ist es, die eigene Followerschaft aufzubauen: Das Berühren des eigenen Snapcodes öffnet diesen.
Das Profilbild (eine Reihe von vier Aufnahmen) kann neu aufgenommen oder über
das „Share"-Symbol geteilt werden. Snapchat generiert dann einen Link, der beispielsweise auf Twitter verwendet werden kann. Derselbe Link lässt sich über das
Menü „Freunde hinzufügen" (6) abrufen *(Abb. 08-39)* – über „Nutzernamen teilen"
(eingekreist). Die eigene Story wird im Discovermenü verwaltet *(Abb. 08-40)*. Hier
sind neben kuratierten Snaps von Medienanbietern (2) und Liveereignissen (3) die
Stories derjenigen zu sehen, denen ich folge. Zudem kann ich meine Story über die
drei Punkte (1) öffnen und ganz oder in Teilen löschen oder als Video herunterladen,
um sie beispielsweise bei Youtube einzustellen. Auf diese Weise werden Snapstories
„unsterblich", obwohl Snapchat sie nach 24 Stunden löscht. Vor kurzem hat Snapchat
die Möglichkeit geschaffen, Snaps zu speichern und später in Geschichten einzubau-
en sowie Fotos und Videos aus der Galerie zu posten. Das macht die App ein wenig
flexibler und die Produktion der linearen Geschichten etwas einfacher.

Ganz ähnlich und doch ganz anderes sind „Instastories": Instagram hat im Sommer 2016 das Konkurrenzprodukt zu Snapchat auf den Markt gebracht. Neben Fotos und Videos lassen sich auf der Instagram-Plattform nun auch Stories veröffentlichen – Konzept und App-Oberfläche sind Snapchat durchaus ähnlich. Über das „Plus"-Symbol am oberen Rand der Smartphone-App öffnet sich ein Bildschirm, mit dem Fotos und kurze Videos aufgenommen und anschließend mit Text und Zeichnungen bearbeitet werden können. Diese lassen sich linear, in Reihe, in der eigenen „Story" veröffentlichen.

Der Vorteil von Instastories gegenüber Snapchat: Die Stories sind nicht das einzige Angebot von Instagram. Wer schon eine funktionieren Präsenz mit vielen Followern hat, kann seinem Publikum über die Stories eine weitere attraktive Storytelling-Form anbieten. Die Instagram-Community ist zudem älter (und breiter) als die von Snapchat und stärker fokussiert auch ästhetische Bilder, aber auch inhaltsstarke Angebote, wie der Erfolg beispielsweise der Tagesschau-Videos zeigt.

Der Nachteil von Instastories gegenüber Snapchat: Bisher sind die Möglichkeiten, Stories zu gestalten, sehr viel beschränkter. Instastories bietet weder Filter noch die Vielzahl der Emojis und Grafiken, die Snapchat ausmachen. Daniel Fiene hat für die Rheinische Post die Vor- und Nachteile von Snapchat und Instastories verglichen (siehe „Weiterführende Links").

8.5   Digital Storytelling Apps

Digitale Geschichtenerzähler hatten viel Hoffnung in sie gesetzt: Storytelling-Apps, die Fotos, Videos und Textelemente in einem scrollbaren Artikel verbinden. Sie sind auch praktisch, weil sich von unterwegs schnell Videos, Fotos und Texte ohne große Bearbeitung zu einer Geschichte kombinieren lassen. Die unterschiedlichen Passagen erzählt jeweils ein passendes Medium, zum Beispiel: Die Geschichte über einen verarmten Ex-Fußballprofi beginnt mit einem Foto seiner spärlich eingerichteten Wohnung, im Text wird seine Geschichte kurz erzählt, danach folgt ein Video-O-Ton, in dem er kurz von dem Moment erzählt, in dem er seinen Absturz realisierte. Es folgt ein Text-Abschnitt mit den wichtigsten Stationen seit dem Abschied aus dem Profi-Fußball, vielleicht ein Foto aus der Zeit als Profi, und ein erneutes Statement im Video, in dem sich der Protagonist an bessere Zeiten erinnert. Die Möglichkeit, Fotos, Text und Video zu kombinieren, erlaubt die Nutzung von Videoschnipseln ohne lange Bearbeitung – eine schnelle Art, Geschichten zu erzählen, die auf den jeweiligen Plattformen in ein klares

Layout gegossen werden. Storytelling-Apps sind sowohl auf Smartphone als auch Desktop-Computer konsumierbar – auch das ein Vorteil. Der niederländische TV-Journalist Wytse Vellinga, auch er einer der #Mojo-Vorreiter in Europa, hat einige seiner Geschichten auf die Plattform „Storehouse" geladen – spannende Einblicke in den Alltag als „mobile journalist".

Durchgesetzt haben sich die Storytelling-Apps aber nicht wirklich: Möglicherweise ist die Konkurrenz durch allumfassende Plattformen wie Facebook oder Instagram zu groß, die ja auch erlauben, Fotos und Videos mit Text zu kombinieren. Möglicherweise suchen auch zu wenig Konsumenten diese speziellen journalistischen Winkel des Internets. Zudem gibt der Nutzer seine Rechte an Fotos und Videos zum Teil an die Plattformbetreiber ab – und seine Geschichten helfen nicht seiner eigenen Website, sondern einem Fremdanbieter. In Zeiten, in denen sich mit Wordpress schnell ein einfaches Blog aufbauen und selbst von unterwegs mit Inhalt füllen lässt, hat das Konzept der Storytelling-Apps vielleicht keine große Chance. Storehouse, der Pioneer der Storytelling-Apps und Apple-Designpreis-Gewinner 2014, hat daher 2016 aufgegeben und seinen Dienst eingestellt.

Facebook experimentiert derzeit unter dem Titel „Canvas" mit einer Form des Storytellings, das Fotos, Videos und Text in eine linear erzählte, scrollbare Geschichte kombiniert. Bisher ist Canvas nur von Unternehmens-, nicht aber von Personenaccounts nutzbar. Es ist offen, ob Canvas dem Storytelling neuen Schub verleiht oder bestätigt, dass die Form eher ein Schattendasein fristet. Twitter hat mit „Moments" die Möglichkeit geschaffen, am Desktop aus mehreren Tweets (mit möglicherweise unterschiedlichen Medien) kleine Geschichten zusammenzustellen.

Es gibt mittlerweile eine ganze Reihe von Storytelling-Apps – auf dem Mobile World Conngress 2016 in Barcelona haben zwei junge Entwickler aus Sri Lanka beispielsweise ihr Projekt „Kawoo" vorgestellt (bisher nur iOs), bei dem Nutzer gemeinsam Geschichten entwerfen können – sogenanntes „collaborative storytelling". Auf derselben Messe haben zwei Programmierer aus Großbritannien ihr Projekt „Doko" vorgestellt, in dem Inhalte wie in einem Magazin auf verschiedenen Seiten platziert werden, zwischen denen ein Konsument nicht scrollen, sondern blättern kann.

Platzhirsch unter den Storytelling-Apps bleibt jedoch nach dem Aus für „Storehouse" die App „Steller", die zunächst nur für iOs verfügbar war, mittlerweile aber auch für Android-Telefone veröffentlicht wurde. Steller hat sich – anders als Storehouse, das bis zum Schluss auf klassisches, schlichtes Scroll-Design setzte – weiterentwickelt und bietet zunehmend mehrere Grafik- und Schriftvorlagen. Zudem erzählen sich Steller-Geschichten über mehrere Seiten, zwischen denen ein Nutzer blättern kann: entweder Bild (mit Überschrift), Video oder Text.

Steller kann auch über den Twitter- oder Facebook-Account genutzt werden und startet mit der Übersicht über andere und eigene Geschichten. Eine eigene Geschichte startet mit Anwahl des Stift-Symbols unten rechts. Es öffnet sich zunächst das Fenster für die Auswahl des Designs *(Abb. 08-41)*. Die Vorlagen unterscheiden sich durch Schrifttypen und -größen, Anordnung, Farben und Designelemente. Nach Auswahl eines Designs können verschiedene Seiten *(Abb. 08-42)* gestaltet werden – entweder eine Titelseite wie in unserem Beispiel mit Überschrift und Unterzeile, oder Texttafeln, Bildtafeln oder Seiten mit Videos. Die Auswahl erfolgt über das Rastersymbol (1). Eine Seite lässt sich über das Plus (2) hinzufügen, die Reihenfolge der Seiten lässt sich einfach über das Quadratsymbol (3) ändern. Eine Geschichte kann zur weiteren Bearbeitung unsichtbar für andere gespeichert (4) oder sichtbar für andere veröffentlicht (5) werden. Vor der Veröffentlichung erlaubt das lange Berühren der Titelseite eine Vorschau auf die fertige Geschichte *(Abb. 08-43)*.

Abbildung 08-41, 42, 43

Weiterführende Literatur

Steuer, Philipp. Snap Me If You Can. Ein Buch für alle, die Snapchat endlich verstehen wollen. Eigenverlag. Zu beziehen kostenlos unter http://snapmeifyoucan.net/.

Weiterführende Links

Let's snap! BRAVO präsentiert neue Daten zur mobilen Mediennutzung der Jugendlichen. Zuletzt abgerufen am 12. Mai 2016. http://www.bauermedia.com/presse/newsroom/artikel/lets-snap-bravo-praesentiert-neue-daten-zur-mobilen-mediennutzung-der-jugendlichen/controller/2016/4/25/
How Traditional Media Companies Successfully Innovate On Snapchat. Zuletzt abgerufen am 12. Mai 2016. http://www.futurescape.tv/media-innovation/how-traditional-media-companies-are-successfully-innovating-on-snapchat/

Vellinga, Wytse. Mobile Storytelling: Tell Your Story. Anytime, Anywhere. Zuletzt abgerufen am 14. Mai 2016. http://mobile-storytelling.com/?page_id=10
Fiene, Daniel. Snapchat vs. Instagram-Stories — die Story-Apps im Reportertest. Zuletzt abgerufen am 3. September 2016. http://zeitgeist.rp-online.de/debatte/snapchat-vs-instagram-stories_696.html

360 Grad – Rundherum unterwegs 9

Zusammenfassung

Glaubwürdigkeit, „das ganze Bild zeigen": 360 Grad Video drehen, bearbeiten, veröffentlichen. Welche Apps, welche Technik eignet sich für die mobile Produktion unterwegs? Wie funktioniert Storytelling in 360?

Die Nutzung von 360-Grad-Material im Journalismus steckt noch in den Kinderschuhen. Rundum-Fotos und -Videos waren bis vor kurzem weder in erträglicher Qualität zu produzieren noch zu konsumieren. Doch dies hat sich rasant verändert: 360-Grad-Kameras, die sehr gute Fotos und akzeptable Videos drehen, sind für unter 400 Euro zu haben. Die Produkte auf dem Markt richten sich mittlerweile mehr an die breite Masse der Konsumenten als an spezialisierte Medien. „360 Grad" startet seine Markteroberung von „unten", vom Kunden, mit Fotos von Geburtstagspartys, Hochzeiten und Familienurlauben. Konsumiert werden die Bilder auf Mobiltelefonen, die einige für die bessere Wahrnehmung des räumlichen Eindrucks in „Cardboards" oder andere Gestelle stecken, oder mit VR-Brillen wie dem „Oculus Rift", „Samsung 360 Gear" oder „HTC Vive". Cardboards und VR-Brillen verengen das Sichtfeld und verstärken den Eindruck, in eine Welt einzutauchen und sich in ihr bewegen zu können – die „Immersion".

Perfektioniert hat diese Immersion die Spiele-Industrie. Viele Gaming-Enthusiasten tauchen mit Brillen in die virtuelle Realität (VR) ab. „VR" geht weiter als 360-Grad-Video (und noch weiter als 360-Grad-Foto): Im virtuellen Raum kann der Nutzer sich frei bewegen, umherlaufen – er kann (je nach Programmierung) Dinge anfassen, hochnehmen – kurzum: interagieren. Die Nutzung von VR-Brillen wird aus meiner Sicht jedoch kein Massenphänomen werden. Die Nutzung auf bewegten Smartphones wird jedoch mehr Nutzer finden – weil sich 360 Grad eben dort gut nutzen lässt, wo Menschen ohnehin Nachrichteninhalte nutzen (nämlich auf dem Telefon). Im 360-Grad-Raum ist der Betrachter allerdings an den Standpunkt der Kamera gebunden – er sieht den Raum jeweils von der Position aus, an der die Kamera ihn auch aufgenommen hat. Er kann sich in diesem Bild umschauen und er kann bei Qualitätsverlust in das Bild hineinzoomen, er kann sich aber nicht bewegen.

Es gibt erste Ansätze und Projekte für VR-Journalismus – Inhalte vermittelnde virtuelle Szenarien: Das „Wall Street Journal" hat beispielsweise eine Achterbahnfahrt simuliert, die das Auf und Ab des Börsenindex NASDAQ illustriert. Die US-Regionalzeitung „Des Moines Register" hat das Leben einer Familie in Iowa in Vergangenheit, Gegenwart und Zukunft in VR abgebildet, während das Magazin der News York Times einen Rundgang durch Street Art in Manhatten programmiert hat. Darum soll es hier aber nicht gehen: Mit „mobilem Journalismus" hätte das wenig zu tun, sehr viel mehr dagegen mit tage- und wochenlanger Programmierarbeit am Bildschirm.

360-Grad-Videos sind nicht virtuelle Welten, sondern das reale, gefilmte Abbild unserer Welt – in der Rundumsicht, einer gefilmten Sphäre in 360 Grad, horizontal und vertikal, so etwas wie ein von innen betrachtbarer Bild- oder Videoball. Dieser lässt sich mit geringem Aufwand auch unterwegs – mobil – produzieren: Fotos sogar mit der entsprechenden App per Handy, Videos mit kleinen Zusatzkameras. Obwohl die technischen Mittel vorhanden und erschwinglich sind, haben sich viele professionelle Medien in Deutschland noch nicht wirklich aufgemacht, 360-Grad-Videos (und Fotos) für sich zu nutzen.

Einige gute Beispiele liefert dagegen „Ryot News": Mit „Welcome to Aleppo" produzierte das US-amerikanische Startup ein 360-Grad-Videos aus den vom Krieg zerstörten Straßen der syrischen Stadt Aleppo. Die Stimme einer jungen Frau erzählt die jüngste Geschichte der Stadt. Etwas problematisch ist aus meiner Sicht der Umgang mit Archivmaterial, das Ryot in das 360-Grad-Video eingebunden hat, dass aber die Immersion zerstört. Die Huffington Post hat Ryot kürzlich aufgekauft mit dem Ziel, 360-Grad-Journalismus in alle Huffington-Post-Büro weltweit zu bringen – ein Hinweis darauf, wie sehr die Zahl von 360-Grad-Videos im Journalismus wachsen wird. Vice hat den „Marsch der Millionen" am 13. Dezember 2014 in Washington abgebildet, bei dem Zehntausende forderten, die Polizei müsse Fehler bei Einsätzen offenlegen und Verantwortung dafür übernehmen. Eindrucksvoll ist auch die Internetseite Hongkongunrest.com, die die Pro-Demokratie-Proteste in Hongkong 2014 in 360 Grad abbildet. Die deutsche BILD, die ja auch beim Livestreaming Pionierarbeit geleistet hat, schickte ihren Krisenreporter Paul Ronzheimer mit einer 360-Grad-Kamera auf ein Flüchtlingsschiff im Mittelmeer – das Material vermittelt sehr intensiv, wie eng Flüchtlinge auf dem Schiff reisen und wie gefährlich die Passage ist.

Auch der Guardian hat interessante Experimente mit 360-Grad-Video produziert – beispielsweise das sehr reduzierte Projekt „6 x 9", dem Blick in eine Isolationszelle in einem Gefängnis. Das Guardian-Projekt fällt auch durch eindrucksvolle Höreindrücke auf – eine Achillesferse von 360-Grad-Video: Denn der Markt für sphärischen Ton kommt erst sehr langsam in Gang. Das macht das Storytelling in 360 Grad schwer, weil der Betrachter seine Blickrichtung ständig ändern kann, ohne von räumlich wahrnehmbarem Audio geleitet zu werden.

360-Grad-Videos liefern einen Zusatznutzen: Sie werden lineares Fernsehen und Online-Videos aus meiner Sicht auf absehbare Zeit nicht ablösen. Sie können aber helfen, eine wichtige Aufgabe im Journalismus besser zu erfüllen: nämlich Grenzen zu überwinden. Menschen bekommen einen immersiven, intensiven Einblick in eine Welt, die ihnen sonst verschlossen bliebe – weil sie nicht für jedermann zugänglich ist (wie die Steuerkabine eines Hafenkranes oder eine Sammelunterkunft für Flüchtlinge), weil sie zu gefährlich ist (wie ein Kriegs- oder Krisengebiet), oder weil soziale Grenzen sie umgeben (wie zum Beispiel die Wohnungen von Menschen, die in Deutschland unterhalb der Armutsgrenze leben).

Das ganze Bild zeigen: Viele Medien sehen sich (zumindest in Deutschland) einer Glaubwürdigkeitsdebatte ausgesetzt: „Lügenpresse" schallt ihnen entgegen, und immer wieder stellen Kritiker in Frage, ob Medien „das ganze Bild" zeigen – buchstäblich in Fernsehen und Online, im übertragenen Sinne gilt diese Frage aber auch für Hörfunk und Print. In der Tat bedeutet Journalismus, auszuwählen – das Wichtige vom Unwichtigen zu trennen, Fakten zu berücksichtigen, die der Bericht braucht, und andere wegzulassen, die überflüssig sind. Diese Auswahl gehorcht zwar bestimmten objektivierbaren Kriterien – beispielsweise den Nachrichtenwertkriterien. Ein sorgfältig arbeitender Journalist wird so auswählen, dass er die angelegten Kriterien transparent und für sein Publikum nachvollziehbar macht. Dennoch wird es immer Ansatzpunkte für Kritik an diesem Auswahlprozess geben.

Als nach den Anschlägen auf die französische Satirezeitschrift „Charlie Hebdo" Hunderttausende in Paris für Toleranz und gegen Terror demonstrierten, kamen auch Dutzende Politiker nach Paris: Auch sie marschierten – allerdings nicht an der Spitze des Hauptdemonstrationszuges, wie erste Berichte und Fotos suggerierten. Die Politiker trafen sich in einer abgesperrten Seitenstraße und bildeten einen gesonderten Demonstrationszug – aus Sicherheitsgründen. Erst spätere Berichte illustrierten dies. Hier und bei vielen anderen Anlässen könnten 360-Grad-Bilder den Entstehungsprozess eines Berichtes transparent machen: Der Zuschauer kann sich selbst ein Bild davon machen, wie es vor Ort wirklich aussah – wie sehr die Arbeit von Journalisten beispielsweise eingeschränkt wurde, als US-Präsident Obama 2016 die Hannover-Messe besuchte: Im 360-Grad-Video würde der Zuschauer nicht nur den winkenden Obama, sondern auch die eingepferchte Journalistenmeute hinter den Sicherheitsabsperrungen sehen.

360-Grad-Videos (und -Fotos) können also einen Beitrag zu Transparenz leisten und Medien und ihren Inhalten zu mehr Glaubwürdigkeit verhelfen. Zudem bieten sie eine Chance, neue Zielgruppen für journalistische Inhalte zu erschließen, beispielsweise Nutzer, die dieselbe Ausrüstung und dieselben immersive Rezeptionssituation bisher im Gaming schätzten. Der Einsatz von VR und 360-Grad-Bild im Journalismus sollte jedoch verantwortungsvoll erfolgen: Denn die Wirkung einer gut gemachten Immersion kann ungleich stärker als die eines herkömmlichen Videos sein. Dies bedeutet Chance und Risiko zugleich – denn mutmaßlich ist die Gefahr, ein Publikum zu manipulieren, bei 360 Grad / VR deutlich größer als beim linearen Fernsehen. Michael Madary und Thomas K. Metziger haben einen ersten Verhaltenskodex für VR erarbeitet (siehe „Weiterführende Links" am Ende dieses Kapitels). Mit Blick auf die journalistische VR-Nutzung schreiben sie: „We should not give the illusion that immersive journalism will tell the whole story about a complex situation."

Noch sind auch viele praktische Fragen offen, insbesondere mit Blick auf den Aufbau von 360-Grad-Videos, das Storytelling, den roten Faden, sowie den Einsatz von Audio. Es gibt aber viele Argumente, die dafür sprechen, die Chancen und Grenzen von 360-Grad-Videos genauer zu evaluieren, also: die Technik in unterschiedlichen Situationen und Szenarien auszuprobieren. Dies fällt umso leichter, als die erforderliche Technik günstig ist (wenn man auf aufwändige Mehrkamera-Aufbauten verzichtet und Abstriche bei der Bildqualität hinnimmt) und Facebook und Youtube im Internet 360-Grad-Player bereit halten (sollte das eigene Medienunternehmen diesen nicht für die eigene Website vorhalten). 360 Grad ist *auch* ein Hype, das neue Medium hat nach meiner Überzeugung aber gute Chancen,

zumindest in einigen Bereichen einen festen Platz in der journalistischen Landschaft zu finden.

9.1   360 Grad – per App

Eine App reicht aus: Ohne zusätzliche Hardware lässt sich mittlerweile ein
360-Grad-Foto herstellen. Damit kann das 360-Grad-Bild auch einmal spontan
geschossen werden, weil ein Thema, ein Ort sich dafür anbietet. Die Produktion
nimmt einige Minuten in Anspruch. Zudem muss die Belichtungssituation einigermaßen ausgeglichen sein, damit alle Teile des 360-Grad-Bildes zu erkennen sind.
Android, iOs und Windows bieten entsprechende Apps. Für Android beispielsweise hilft bei einigen Telefonen sogar die generische Kamera-App mit dem „Photo
Sphere"-Modus, 360-Grad-Bilder zu erstellen. Gute Ergebnisse liefert zudem die
App „Panorama 360" *(Abb. 09-01):* Sie starte mit einigen Informationstafeln, bevor der Nutzer sich über Facebook, Google+ oder Email-Adresse einloggt. Eine
probeweise Nutzung ist auch ohne Anmeldung möglich. Die Ergebnisse sind akzeptabel, aber nicht atemberaubend.

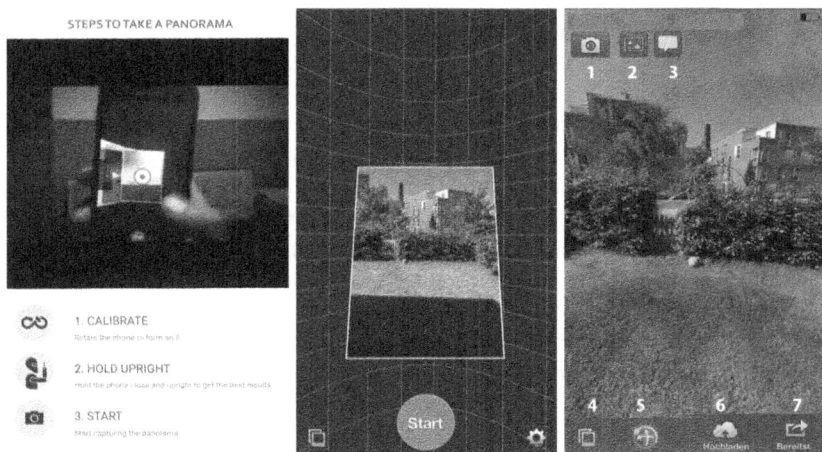

Abbildung 09-01, 02, 03

Zudem liefern die Apps „Photosynth" (auch erhältlich für Windows-Telefone)
und „360 Panorama" (nur iOs) gute Ergebnisse. Für die Aufnahme zeigt „360
Panorama" ein grau-schwarzes Raster an, auf dem nach und nach die Teilbilder

abgelegt werden *(Abb. 09-02)*. Die meisten Fotos legt die App für den Rundumblick um die vertikale Achse an, Boden und Himmel füllen sich verhältnismäßig
schnell. Das fertige Panorama kann in der App betrachtet werden *(Abb. 09-03)*.
Über das Kamera-Symbol (1) wird ein neues Bild aufgenommen, das Fotosymbol
wechselt zwischen den verschiedenen Darstellungen – der 360-Grad-Ansicht und
dem stereografischen, gestauchten Rundumbild (sehr effektvoll). Ein Titel lässt
sich über die Sprechblase hinzufügen (3). Die Bilderreihe (4) öffnet die Übersicht
über die bisher gemachten 360-Grad-Panoramen, deren Darstellung sich über die
Pfeilsymbole variieren lässt (5). Die Bilder lassen sich auf die Plattform der App
hochladen (6) oder für den Emailversand oder die Nutzung in der eigenen Gallerie
(7) bereitstellen.
Veröffentlichen lassen sich die Bilder auf Plattformen, die die Ansicht von
360-Grad-Fotos auch unterstützen. Zum einen bieten die Apps selber solche Plattformen, zu denen von Twitter oder Facebook verlinkt werden kann. Aber auch
Facebook selbst stellt 360-Grad-Fotos (in bestimmten Formaten) dar. Zudem bietet
unter anderem die App Thinglink (siehe Kapitel 8.2.) die Möglichkeit, 360-Grad-
Fotos hochzuladen und mit Text- und Tonanmerkungen zu versehen.

9.2   360 Grad – per Kamera

360-Grad-Kameras nehmen Rundum-Videos auf – oft schon bei einfachem
Knopfdruck. Zudem liefern sie Fotos in deutlich besserer Qualität als die oben
beschriebenen Apps, weil nicht Dutzende Fotos „zusammengenäht" („gestitcht")
werden, sondern meist zwei bis vier Aufnahmen von sehr weitwinkligen Linsen
zusammengefügt werden, die aufeinander abgestimmt sind. In den vergangene
zwei, drei Jahren sind die Kameras deutlich kleiner und deutlich besser geworden.
Die ersten Modelle bieten eine Auflösung von 2K (oder sogar 4K) für unter 500
Euro – der Markt entwickelt sich rasant. Weil dieses Buch „mobilen Journalismus"
beschreibt, konzentriere ich mich auf eben diese kleinen, günstigen Kameras, die
sich per Smartphone steuern lassen und deren Material sich über ein Smartphone
oft direkt auf verschiedenen Plattformen veröffentlichen lässt. Nach oben gibt es
kaum eine Grenze: Das Gestell mit sechs Actionkameras, deren Aufnahmen später
zusammengefügt werden müssen, ist der Anfang. Ganz oben schließt beispielsweise Nokias Ozo-Kamera für rund 60.000 Dollar das Segment ab.

Getrieben wird die Entwicklung der 360-Grad-Kameras derzeit auch von den
Smartphone-Herstellern, die ihre Produktpalette erweitern. Auf dem „Mobile World Congress" 2016 in Barcelona haben sowohl LG als auch Samsung ihre

360-Grad-Kameras vorgestellt. Die LG360Cam *(Abb. 09-04)* sieht der vom Kamerahersteller Ricoh auf den Markt gebrachten Theta S sehr ähnlich, die einige deutsche Nachrichtenmedien für ihre ersten 360-Grad-Videos genutzt haben. Zwei Fisheye-Linsen bilden eine 360-Grad-Sphäre ab, die direkt in der Kamera „gestitcht" wird. Dies macht die Produktion der Videos schnell und einfach. Beide Kameras liefern eine gute Fotoauflösung. Die Videoqualität liegt allerdings nur zwischen FullHD und 2K – bezogen auf die gesamte Sphäre. Weil bei der Wiedergabe auf dem Smartphone, in der VR-Brille oder auf Desktop-Computer jedoch jeweils nur Teile davon zu sehen sind (je nach Player ein etwa 40 Grad großer Ausschnitt der 360-Grad-Sphäre), reduziert sich die sichtbare Auflösung auf deutlich weniger als HD. Das ist auf dem Handy noch akzeptabel. Insofern sind die Kameras für kurze, programmbegleitende Projekte gut geeignet. Für die perfekte Immersion per VR-Brillen reicht das produzierte Material jedoch nicht aus.

Abbildung 09-04, 05   LG360 Cam (links), Bild: Björn Staschen; Samsung Gear 360 (rechts), Bild: Björn Staschen

Eine etwas bessere Auflösung verspricht die Samsung-Gear-360-Kamera *(Abb. 09-05)* mit 3840 x 1920 Pixeln, die allerdings bei Markteinführung nur mit Samsung-Handys genutzt werden konnte. Der Hersteller verspricht eine Erweiterung auf andere Modelle. Daneben gibt es mehrere Kameras, die zum Teil durch

Crowdfunding-Kampagnen unterstützt wurden, darunter die Giroptic 360Cam:
Sie produziert keine echte 360-Grad-Sphäre, sondern lässt eine Fläche am Boden
aus. Diese ist oft aber ohnehin entbehrlich, weil dort ein Stativ die Kamera hält.
Weitere Kameras sind die 360Fly-Kamera, die etwas größere ALLiecam, deren
Hersteller aus dem Bereich Hausüberwachung stammen, sowie teurere Modelle
von Kodak (die Kombination von 2 Actionkameras mit anschließendem Stitching).
Die „insta360 Nano Compact Mini"-Kamera lässt sich direkt auf das iPhone auf-
stecken und liefert immerhin eine 3K-Sphäre.

Problematisch bei den meisten Kameras ist die Audioaufnahme: Theta S oder
LG360Cam nehmen Ton eindimensional auf, sodass der Höreindruck das räumliche Bildempfinden nicht stützen und dazu beitragen kann, sich über Ton in einer
360-Grad-Sphäre zu orientieren. Die Samsung-Gear-360 hat zwar zwei Mikrofone
eingebaut, schafft damit aber auch lediglich Stereo-Aufnahmen ohne Raumwir-
kung. Sennheiser entwickelt derzeit mit „Ambeo" ein kleines Rundum-Mikrofon,
das räumliche Klangeindrücke aufnehmen kann. Die zweite Klippe für 360-Grad-
Audio wird jedoch die Wiedergabe sein: Wer kurze Nachrichteninhalte in 360 Grad
auf dem Mobiltelefon nutzt, wird Audio häufig gar nicht hören. Wenn doch, wird er
mutmaßlich keine teuren Kopfhörer dabei haben, die 360-Grad-Ton wiedergeben
können – wenn der genutzte Player überhaupt räumlichen Klang unterstützt. Zudem unterstützen lange nicht alle Player auch sphärische Audiocodecs, die in den
üblichen Videocontainern (wie dem MP4-Format) transportiert werden können.

9.3   360 Grad: Dreharbeiten und Storytelling

Wie sich eine Geschichte in 360 Grad erzählen lässt, wird heiß diskutiert. „What's
your story?" Gute Stoffe sind auch hier ein Selbstläufer: Bilder, die der Nutzer
in seiner Lebenswelt sonst nicht wahrnehmen würde (aus Kriegs- oder Krisen-
gebieten beispielsweise) werden häufig abgerufen. 360-Grad-Videos zu Action-
Sportthemen sind populär – das NDR Vorabendmagazin Das! hat eine Kytesurfer
durch isländische Eisberge surfen lassen. Wir haben im NDR zudem einige Versuche mit einem „Blick hinter die Kulissen" unseres Mediengeschäfts gemacht:
Wie sieht es im Studio aus, wie entsteht eine Nachrichtensendung? Auch das hat
Nutzer interessiert. Weil 360-Grad-Videos aus „mobiler Produktion" im aktuellen
Journalismus eher auf Smartphones konsumiert werden als mit 360-Grad-Brille
und aufwändiger Ausrüstung, sollte auch die Länge maßvoll gewählt werden: Gute
Erfahrungen haben viele Produzenten mit kürzeren Filmen mit bis zu 3 Minuten
Länge gemacht.

Auch ARTE hat sich trotz aufwändiger Produktion für ein nur siebenminütiges Video entschieden, das eine Arktis-Dokumentation des kanadischen Filmemachers Thomas Wallner begleitet (polarsea360.com). Der deutschstämmige Wallner beschäftigt sich mit seiner kanadischen Firma „Deep Inc." seit langem damit, wie sich Geschichten in 360-Grad erzählen lassen. Er hat einen eigenen Player entwickelt, der dem Zuschauer den Rundumblick gestattet, wenn Landschaft, Szenen, Bilder zu sehen sind. Spricht jedoch ein Protagonist (in Wallners Arktis-Doku beispielsweise ein Innuit), hebt Wallner den 360-Grad-Eindruck auf und führt den Zuschauer wieder „klassisch" enger zum Protagonisten, der gerade spricht: ein interessanter Ansatz, Zuschauer in einem 360-Grad-Erlebnis zu leiten, wenn auch der immersive Eindruck hin und wieder gestört wird.

Wie schwierig die Dreharbeiten waren, hat Thomas Wallner bei einer Diskussionsveranstaltung berichtet: Er und sein Team haben die Kamera aufgebaut und sich dann schnell versteckt, weil es bei 360-Grad-Videos ja eben kein „hinter der Kamera" gebe. Technisch ist dies möglich, weil die meisten Kameras sich per App vom Smartphone aus fernsteuern oder schlichtweg per Knopfdruck (und dann: verstecken!) auslösen lassen. Ein ethisches Dilemma sieht darin dagegen Sarah Redohl, die sich an der Missouri School of Journalism mit mehreren 360-Grad-Projekten beschäftigt hat: Ist es angemessen, sich als Crew zu verstecken – oder muss das Team sichtbar sein, um die Drehbedingungen transparent zu machen? Auch Sarah Jones, die an der Coventry University in Großbritannien Journalismus lehrt, hat sich intensiv mit VR beschäftigt: Für sie stört es die immersive Erfahrung und lenkt ab, wenn ein Reporter im Bild dessen Inhalt erklärt – ein Reporter im Bild beraubt das 360-Grad-Videos sozusagen seines Kerns – der immersiven Erfahrung, allein in einer ungewohnten Umgebung zu sein.

Ohne Reporter im Bild wird es jedoch schwer, den Zuschauer zu leiten: Wohin soll er schauen? Lässt sich ein Inhalt vermitteln, wenn jeder Zuschauer sich frei umschaut – und vielleicht entscheidende Entwicklungen im Bild verpasst, weil er gerade in die „falsche" Richtung blickt? Oben geschildert habe ich den Ansatz von Ryot News, Protagonisten aus dem Off per O-Ton berichten zu lassen, was bei in ruhigen, dokumentarischen Passagen funktionieren kann. Ansonsten scheidet Audio aus technischen Gründen (zumindest bei Produktionen mit „kleinen" Kameras), wie oben geschildert, als leitendes Element aus, weil sich sphärischer Ton bisher in der Regel weder zufriedenstellend aufnehmen noch wiedergeben lässt.

Besonderheiten beim 360-Grad-Film
1. Kamerastandpunkt – eher fest, selten bewegt
2. Einstellungsdauer – lang (oft 30 Sekunden oder mehr)
3. Schnittfolge – eher ruhig, wenig Schnitte
4. Gesamtlänge – eher kurz, bis 3 Minuten
5. Archivmaterial – eher nein, weil dies den immersiven Eindruck stört

Der Standpunkt der Kamera spielt eine wichtige Rolle: Denn zu allen Seiten muss etwas „zu sehen" sein, im Idealfall enthalten die kompletten 360 Grad um die Kamera herum Informationen, die zum Inhalt des Films beitragen. Meist wird die Kamera sich daher in der Mitte des Geschehens wiederfinden, und nicht mit dem Rücken zur Wand oder am Rand der Handlung *(Abb. 09-06)*. Zudem wird die Kamera dort für längere Zeit aufgebaut bleiben. Eher selten wird ein Reporter sie dagegen in der Hand halten und mir ihr herumlaufen, denn bei dieser Reporter-Bewegung bleibt zu wenig Zeit für die Bewegung der Zuschauer im Bild. Die Gehbewegung macht das Bild außerdem extrem unruhig und für den Betrachter schwer erträglich, der dieses „Gewackel" nicht am Fernseher aus sicherer Entfernung sieht, sondern abgetaucht ist und quasi mit der Kamera durch das Geschehen wackelt.

Abbildung 09-06   Kleine Kamera mit Rundumblick: Die Ricoh Theta S wirkt kaum wie eine Kamera, sieht aber alles.

Die Privatsphäre der Menschen im Bild muss beim 360-Grad-Dreh besonders beachtet werden: Denn hier filmt kein Team mit klassischer Fernseh-Ausrüstung in nur eine Richtung, was bedeuten würde, dass Menschen die Filmarbeiten wahrnehmen und sich gegebenenfalls dagegen aussprechen oder den Schauplatz verlassen könnten. Der 360-Grad-Film entsteht mit einer Kamera, die viele Menschen nicht als solche erkennen, die sie aber in jedem Winkel eines Raumes oder Platzes abbildet. Insofern sollten Journalisten sorgfältig abwägen, wie dicht sich beispielsweise Unbeteiligten kommen, und, ob sie diese über ihre Arbeit informieren.

Auch die Dauer einer Einstellung unterscheidet sich vom „herkömmlichen" nicht-immersiven Film: Damit ein Zuschauer sich im Bild umschauen und alle Details in 360 Grad wahrnehmen kann, muss eine Szene lange gezeigt werden, meist mindestens 30 Sekunden lang. Ein 360-Grad-Video hat daher eine sehr ruhige Schnittfolge – in einem 3-Minuten-Clip finden sich vielleicht gerade fünf bis acht verschiedene Einstellungen. Zudem wird ein 360-Grad-Film in der Regel kein Archivmaterial nutzen, weil der Wechsel den immersiven Eindruck zerstören kann.

9.4   360 Grad veröffentlichen

Die Bearbeitung von 360-Grad-Videos geschieht in der Regel zunächst mit den mit der Kamera gelieferten Apps. Die Theta S *(Abb. 09-07)* bietet beispielsweise die Möglichkeit, Material direkt aus der App auf der Theta-Plattform zu veröffentlichen oder von dort auf Facebook oder Twitter zu teilen. Die „Samsung 360 Gear" bietet Ähnliches an. Oft wird man gedrehtes Material jedoch auf eigenen Plattformen oder -Kanälen, beispielsweise auch bei Youtube oder Facebook, direkt veröffentlichen wollen. Dafür muss das Material zunächst von der Kamera heruntergeladen und oft bearbeitet werden.

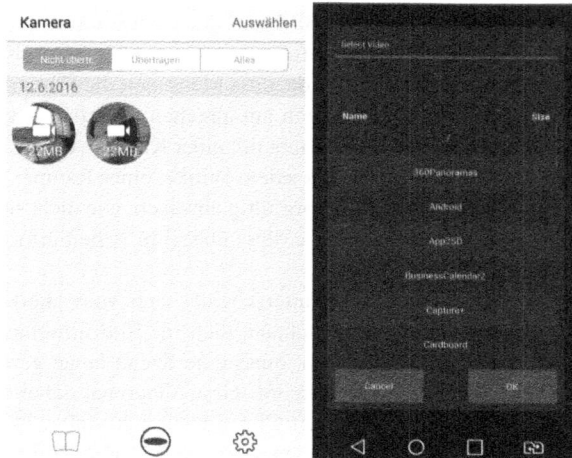

Abbildung 09-07, 08

Beim Download von der Kamera wird das Material oft gewandelt, um es meist im Format „MP4" auszuspielen, das viele Schnittprogramme und Player verstehen. Die Weiterverarbeitung kann mit vielen Programmen erfolgen, beispielsweise bietet Premiere Pro gute Funktionalität für 360-Grad-Videos an. Auch der Windows MovieMaker kann sphärisches MP-4-Material schneiden, wenn es auch beim Schnitt verzerrt dargestellt wird. Um eine Tonspur unter das Video zu legen, reicht der MovieMaker jedoch allemal. Nach der Bearbeitung erfolgt der Upload auf ein Videoportal – aber nicht jedes ist geeignet.

Denn 360-Grad-Videos brauchen einen Player, der den sphärischen Eindruck vermitteln kann, der also das 360-Grad-Bild „versteht". Youtube und Facebook haben solche Player implementiert. Andere Videoportale (wie vimeo) bieten diese Funktionalität (noch) nicht an. Entscheidend beim Upload ist es, die 360-Grad-Videos mit den entsprechenden Metadaten zu versehen, einer Art Türschlüssel: Wenn ein MP4-File diesen Türschlüssel mitbringt, wissen Youtube oder Facebook, dass ihr Player das Video in 360-Grad darstellen soll. Nach Abschluss der Bearbeitung muss das MP4-File also einmal mit Metadaten versehen werden. Auf dem Desktop-Computer besorgt dies die kostenlose App „360 Video Metadata".

Die Bearbeitung auf dem Smartphone steckt dagegen noch in den Kinderschuhen. Es ist aber möglich ein Video komplett über das Smartphone zu bearbeiten: Nachdem es mit der 360-Grad-Kamera gedreht wurde, wird es zum

Smartphone übertragen. Per App wird es dann konvertiert und in der Bildergalerie abgelegt. Dort kann es bearbeitet werden – beispielsweise mit PowerDirector (siehe Kapitel 6.3.). Der fertige Film wird wiederum ausgespielt und muss mit Metadaten versehen werden. Im Google Play Store gibt es die App „Vrfix", die die Arbeit schon auf dem Telefon erledigt. Paul Gailey hat sie programmiert – ein engagierter „Mobile Journalist". Allerdings ist das Programm noch ziemlich sperrig und erfordert einige Entwicklungsarbeit *(Abb. 09-08)*. Aus meiner Sicht ist es vor allem schwierig, fertige Videos auf dem Telefon zu finden, weil das Dateimenü der App sehr langsam reagiert und keine Vorschaubilder anzeigt.

Auf dem iPhone und Windows-Telefon ist die Bearbeitung von 360-Grad-Filmen noch nicht möglich: Hier würden Schnittprogramme zwar die Bearbeitung ermöglichen. Ich kenne jedoch bislang keine Apps für iOs oder Windows, mit denen sich auf dem Smartphone Metadaten einfügen ließen.

Weiterführende Links

Vice. „Marsch den Millionen", zuletzt abgerufen am 10. Juni 2016: https://news.vice.com/article/chris-milk-spike-jonze-and-vice-news-bring-the-first-ever-virtual-reality-newscast-to-sundance

BILD. 360-Grad-Video von einem Flüchtlingsboot im Mittelmeer, zuletzt abgerufen a 10. Juni 2016: http://www.bild.de/politik/ausland/fluechtlingskrise/das-dramatische-360-grad-video-von-der-fluechtlingsrettung-44571444.bild.html

Ryot News. „Welcome to Aleppo", zuletzt abgerufen a 10. Juni 2016: https://www.youtube.com/watch?v=Nxxb_7wzvJI

Immersiv.ly. „Hongkong Unrest", zuletzt abgerufen am 10 Juni 2016: www.hongkongunrest.com

Wall Street Journal. „Is the Nasdaq in another Bubble?", zuletzt abgerufen am 10. Juni 2016: http://graphics.wsj.com/3d-nasdaq/

New York Times Mag. „Walking News York", zuletzt abgerufen am 10. Juni: http://vrse.com/watch/nyt-mag-vr-walking-new-york/

Des Moines Register „Harvest of change", zuletzt abgerufen am 10. Juni 2016: http://www.desmoinesregister.com/pages/interactives/harvest-of-change/

The Guardian. „6 x 9: A Virtual Experience of Solitary Confinement", zuletzt abgerufen am 10. Juni 2016: http://www.theguardian.com/world/ng-interactive/2016/apr/27/6x9-a-virtual-experience-of-solitary-confinement

Migielicz, Geri & Zacharia, Janine. Stanford Journalism Program's guide to using virtual reality for storytelling — dos & don'ts. Zuletzt abgerufen am 4. September. https://medium.com/@StanfordJournalism/stanford-journalism-programs-guide-to-using-virtual-reality-for-storytelling-dos-don-ts-f6ca15c7ef3c#.1hzen8v6p

Madary, Michael & Metziger, Thomas K. „Real Virtuality: A Code of Ethical Conduct. Recommendations for Good Scientific Practice and the Consumers of VR-Technology". In: Frontiers in Robotics and AI. Zuletzt abgerufen am 26. Oktober 2016: http://journal. frontiersin.org/article/10.3389/frobt.2016.00003/full#

Interview mit Martin Heller

Martin Heller arbeitet als Journalist und Reporter in Berlin. Er hat die Firma „IntoVR" gegründet, die 360-Grad- und VR-Formate entwickelt. Zudem leitet er die Videoinnovation für die Mediengruppe WeltN24 im Axel-Springer-Verlag. Er hat das VJ-Team der Welt aufgebaut und neue Formen für „mobile journalism" mitentwickelt.

Warum sind 360-Grad-Videos und VR im Journalismus überhaupt interessant?

VR wird immer wichtiger in den kommenden Jahren, und Journalismus ist dann besser „drin" als „draußen". Immer mehr Menschen werden VR-Brillen zu Hause haben – ob das in einem, in drei oder in fünf Jahren ist, kann ich schwer sagen. Sie werden immer mehr Inhalte auf diesen Brillen konsumieren: Games, Unterhaltung, Kommunikation. Da dürfen journalistische Inhalte nicht fehlen: Journalismus sollte auf allen Verbreitungsplattformen präsent sein. Zudem hat VR einen besonderen Effekt, eine besondere emotionale Tiefe. Das viel zu viel zitierte Wort der „Empathiemaschine" stimmt wirklich: Menschen sind näher an Geschichten dran, weil sie ja praktisch in Geschichten drin sind. Wir können Menschen an Orte bringen, wo sie sonst vielleicht nicht sein könnten. Darum geht's aus meiner Sicht. Es geht auch darum, Geschichten von Menschen zu erzählen, aber der Ort ist immer ganz entscheidend. 360-Grad-Inhalte mit Handy oder am Desktop-Computer anzuschauen, halte ich für eine nette Spielerei, für einen guten Einstieg in die Form. Viele finden selbst das beeindruckend, aber die volle Kraft entwickelt das Medium erst auf der VR-Brille.

Kann 360 Grad den Medien auch in Debatten um Glaubwürdigkeit und Authentizität helfen, Stichwort: „Lügenpresse"?

Auf jeden Fall. Ich glaube, ich bin mir sicher, das VR die Glaubwürdigkeit im Journalismus erhöhen kann und es auch tatsächlich tut. Wir bekommen immer wieder Reaktionen von Zuschauern, die schreiben: „Das ist gut, auch auf die andere Seite gucken zu können." Es ist ähnlich wie beim Livestreaming: Auch 360 Grad ist ein besonders ehrliches Medium, weil wir das ganze Bild, rundherum, zeigen. Wir ziehen uns als Journalist zurück: Wir entscheiden zwar, wo der Zuschauer steht und von wo er etwas anschaut, aber was er da dann genau anschaut,

wie lange er was betrachtet, ist dem Zuschauer überlassen. Damit führen wir ihn
deutlich weniger als in herkömmlichen Geschichten. Der Zuschauer bekommt
mehr Eigenverantwortung.

**Was bedeutet es für das Storytelling, wenn wir den Zuschauer weniger füh-
ren: Wie lassen sich Geschichten strukturieren und erzählen, wenn unsere
Zuschauer quasi überall hingucken können?**

Zum einen muss ich den Zuschauern wesentlich mehr Zeit geben. Ein Schnitt ist
nicht drei oder fünf Sekunden, sondern 12 bis 30 Sekunden lang. Das heißt auch:
Wir müssen sorgfältiger nachdenken, wo dieses Bild stattfindet, wir müssen sehr
viel genauer planen. Eine 360-Grad-Aufnahme entspricht also ein wenig dem
Theater zum Beispiel, wo man eben ein Bühnenbild plant, einen Vorhang öffnet
und wieder schließt, und danach ein anderes Bühnenbild hat. Ich kann die Aufmerksamkeit der Zuschauer nicht durch Kameraarbeit oder Schnitte leiten, sondern nur, indem ich zum einen Orte auswähle und dann innerhalb dieser Orte
etwas veranstalte oder veranstalten lasse.

Es gibt Tricks wie man die Aufmerksamkeit der Zuschauer etwas leiten kann,
zum Beispiel durch Bewegung im Bild: Wenn ein Mensch sich im Bild bewegt, der
sehr präsent ist, schaut ein großer Teil der Zuschauer dieser Person hinterher. In
dem Moment, in dem eine Szene zu Ende ist und der nächste Aufzug beginnt, kann
ich also ahnen, wo ein Großteil der Zuschauer gerade hinschaut. Zudem kann ich
mit Ton sehr viel gestalten, in dem Moment ich in einer Gefängniszelle stehe und
eine Tür laut zufällt, kann ich davon ausgehen, dass der Zuschauer in Richtung
dieser Tür schaut. Für sphärischen Ton brauche ich aber Geräte, die diesen aufnehmen können, und die Zuschauer müssen den auch abspielen können.

Zudem kann ich als Redakteur mit einem Sprechertext arbeiten– auch damit
kann ich Aufmerksamkeit steuern. Aber am Ende hat der Zuschauer totale Freiheit, dort hinzuschauen, wo er möchte. Deswegen sagen viele, nachdem sie einen
360-Grad-Film geschaut haben, auch: Den könnten sie gleich noch einmal schau-
en, weil sie eben vieles noch gar nicht gesehen haben.

**Wo bleibt der Reporter bei 360-Grad-Aufnahmen? Im Bild, oder muss er sich
verstecken?**

Ich hab schon mal versucht, als Reporter im Bild zu stehen und zu berichten, in
dem ich direkt in die Kamera spreche. Ich halte das aber nicht für die reinste Form

des VR-Journalismus. Warum? Im klassischen Bericht ist der Reporter als Stellvertreter des Zuschauers vor Ort und sammelt Eindrücke, die er weitergibt. Bei VR bringen wir aber den Zuschauer vor Ort. D.h. der Reporter muss da nicht auch noch eine Rolle spielen. Meine klare Empfehlung in fast allen Situationen: Der Reporter sollte sich zurückziehen und quasi „verstecken". Es gibt allerdings Situationen, in denen man die Kamera nicht alleine lassen kann.

Sphärisches Audio ist sowohl in der Aufnahme als auch der Wiedergabe noch eine ziemliche Herausforderung. Welchen Rat würdest du also mit Blick auf die Tonaufnahme geben?

Ich verstecke in der Regel ein kleines Tonaufnahmegerät im Raum oder in der Szenerie. Warum? Weil der Ton der Kameras selbst oft nicht gut genug ist. Bleiben wir beim Beispiel Gefängniszelle: Da könnte man das Aufnahmegerät unter das Bett oder hinter das Klo legen. Der Ton muss stimmen, damit die Immersion nicht zerstört wird. Er muss aber nicht unbedingt räumlich funktionieren, obwohl das perfekt wäre. Ton ist nicht einfach, eine Herausforderung, aber ich glaube, dass wir mit kleinen Tonaufnahmegeräten arbeiten müssen derzeit, die man möglichst versteckt.

Dieses Buch kümmert sich vor allem um „mobilen Journalismus", also um den unaufwändigen Dreh, um Material, das sich mit dem Handy schnell hochladen lässt. Der Fokus liegt also auf kleineren Kameras wie der Theta S oder der Samsung 360. Sind diese kleinen Kameras aus deiner Sicht überhaupt sinnvoll?

Die Ricoh Theta S würde ich nicht empfehlen, solange sie als Auflösung nur „Full HD" liefert. Mit anderen dieser einfachen Kameras, die 4K oder nahezu 4K ausgeben, kann man Inhalte erstellen, die auf einer Website oder im sozialen Medium durchaus funktionieren, mit denen man aber keinen Preis im Bereich 360 Grad Video gewinnt. Grundsätzlich glaube ich schon, dass man nebenbei 360-Grad-Videos produzieren kann, wenn man weiß, wie, wenn man Routine hat. Ich habe eine Reporterin zu den Zeiten der Flüchtlingskrise auf den Balkan geschickt. Sie hat vor allem 360 Grad Videos hergestellt und mit dem Smartphone Livestreams und kleine mobile Videos. Sie hat in allen Disziplinen hohe Qualität abgeliefert – aber nur, weil sie das nicht zum ersten Mal gemacht hat. Also: Alle halbe Jahr mal ein 360 Grad Video nebenbei drehen, das ergibt in der Regel nicht die Qualität, die ich mir vorstelle.

Welche Qualität stellst du dir denn vor?

Das wichtigste ist eine hohe Auflösung – 4K im equirectangulären Panorama. Die Übergänge zwischen einzelnen Linsen müssen nahtlos sein. Und die Kamera muss in der Regel ganz ruhig stehen, in der Regel auf dem Stativ. Bewegungen sind denkbar, wenn der Zuschauer sie nachvollziehen kann: die Fahrt mit einem Schiff, einem Auto, oder einem Vesparoller zum Beispiel. Ich richte Produktionen danach aus, das sie auf einer VR-Brille, wie zum Beispiel der Samsung Gear VR, gute Erlebnisse erlauben. Ich sage bei Workshops immer: „Ihr müsst euch vorstellen, die Kamera ist der Kopf eures Zuschauers, und dementsprechend vorsichtig müsst ihr die Kamera behandeln."

In den 80ern hatten manche von uns Pappbrillen mit grün und rot auf der Nase. Dieses großartige 3D-Fernsehen hat sich nicht durchgesetzt. Warum sollte sich VR also durchsetzen, mit viel aufwändigerer Technik sowohl in der Produktion als auch im Konsum?

Das ist eine Frage der Zeit, nicht eine Frage, ob sich VR durchsetzt. Der Unterschied zum 3D-Fernsehhype ist groß. Denn wir haben es hier mit einer neuen Evolutionsstufe zu tun. Zunächst haben wir Bewegbilder ganz weit weg gesehen, mit vielen anderen Menschen: im Kino. Dann kam das Bewegbild nach Hause, in den Kreis der Familie: der Fernseher. Jetzt ist das Fernsehen in der Hand von einzelnen Menschen: das Smartphone. Der nächste Evolutionsschritt ist, dass das Bewegbild auf die Augen wandert. Der Zuschauer springt in das Bewegbild hinein. Diese elementare Evolutionsstufe kommt so oder so. Die Frage ist, ob in drei, fünf oder in zehn Jahren. 360 Grad wird ein ganz normaler Bestandteil des Medienmixes sein, wie eben auch andere Formen, beispielsweise Livestreaming. Ich glaube, dass das eine von vielen Disziplinen wird, die wir weder überbewerten noch unterschätzen dürfen.

Abbildung Martin Heller Ausrüstung   © Martin Heller / IntoVR.de

Martin Hellers Ausrüstung: Lichtstativ („möglichst schmal, damit die Beine nicht zu viel vom Bild verdecken" – „ein Stativ zu benutzen, das ist Pflicht"), Mehr-fach-USB-Stecker („unterwegs muss man immer wieder nachladen, und nicht nur eine Kamera"), Freedom360-Mount mit sechs „GoPro Hero 4 Black Edition"-Action-Kameras („wenn die Räumlichkeiten nicht zu eng sind, setze ich darauf, die Bildqualität ist top – natürlich mit Schraubenzieher, um Akkus wechseln zu können"), Kodak SP 360 Mount, („auch in etwas engeren Räumen einzusetzen"). Ersatzbatterien, Sennheiser EW 100 Funkstrecke mit Ansteckmikrofon, Zoom H2N Audiorecorder („weil er recht klein ist, kann man ihn bei der Videoaufnahme oft gut verstecken"), Back-to-Back-Kameraset auf Basis von GoPro-Kameras mit „Entaniya 250"-Extremweitwinkel Linsen („der große Blickwinkel der Kameras beim Filmen gibt vor allem in der Nachbearbeitung mehr Flexibilität. Die beiden Kappen zum Schützen der aufgesetzten Linsen nicht vergessen"), ein Smartphone („zum Kontrollieren der Bilder in Apps oder auch für Fotos als Thumbnails/Vor-schaubilder").

Nachwort

„**Mobiler Journalismus**" **bedeutet Freiheit,** insbesondere in Ländern ohne freie, unabhängige Medien. Aber auch hier bei uns schafft „mobile reporting" neue Räume für journalistische Freiheit – mehr draußen zu sein als Reporter, vor Ort, bei denen, über die wir berichten. Von Jobst Plog, dem früheren Intendanten des NDR und ARD-Vorsitzenden, habe ich gelernt, wie wichtig es ist, diese Freiheit jeden Tag wieder aufs Neue zu verteidigen und damit unsere Unabhängigkeit zu sichern. Es ist bedauerlich, dass dies heute zusehends in Vergessenheit gerät.

Ein Buch über #Mojo zu schreiben ist ein wenig, wie ein Buch über einen Himmel voller Wolken zu schreiben, oder, wie einen Pudding an die Wand zu nageln: Der technische Wandel ist schneller als jeder Buchdruck. Insofern habe ich versucht, nicht die letzte App oder Hardware im Detail zu beschreiben, sondern grobe Linien und vor allem Ideen vorzustellen, wie sich „Mobile Reporting" umsetzen lässt. Ich freue mich über jede Ergänzung oder Korrektur: bjoern@bjoernsta.de.

Freunde auf dem Weg: Dieses Buch gäbe es nicht ohne Glen B. Mulcahy (RTÉ), der meine Augen für mobilen Journalismus (#Mojo) geöffnet hat, und nicht nur meine: Mit unbändiger Energie verbreitet er seine Lehre, nicht zuletzt durch die Organisation der jährlichen „Mobile Journalism Conference" in Dublin. Er hat an das Potenzial von #Mojo geglaubt, bevor ich überhaupt davon gehört hatte. Und zusammen mit anderen hat er #Mojo vorangetrieben und Soft- und Hardware mitentwickelt. #Mojo-Vorbilder sind auch Nicholas Garnett (BBC), Marc Blank-Settle (BBC) und Philipp Bromwell (RTÉ).

Viele Tipps und Tricks in diesem Buch stammen von befreundeten Mojos wie Wytse Vellinga (Omrop Frieslan), Bernhard Lill (Hamburg), Yusuf Omar (Hindustan Times), Florian Reichardt (Smartfilming), Philipp Weber (stern.de), Paul Gailey, Mark Egan, Corinne Podger, Matthias Sdun, Angela Kae, Bianca-Maria Rathay und vielen anderen. Hier wird auch ersichtlich: Wenn in diesem Buch von „mobilen Journalisten" (#Mojos) die Rede ist, sind immer Männer wie Frauen gemeint. Danke für die vielen Gespräche, Ideen und Anregungen. Ohne den Norddeutschen Rundfunk und meine Chefs dort hätte zudem ich weder Raum noch Möglichkeiten gehabt, mit Mojo zu experimentieren. Nicht zuletzt die Crew des NDR „NextNewsLab" sowie viele Kollegen von NDR und ARD Aktuell (darunter Birgit Klumpp, Michael Wegener und andere) haben viele Impulse und Ideen gegeben. Als Modelle hergehalten haben unter anderem Susanne Stichler, Frederik Keunecke und andere. Benjamin Unger hat mir gute Beispielbilder geliefert. Danke!

Wichtiger noch als Journalismus ist in diesem Leben meine Familie. Ohne Jessica gäbe es dieses Buch nicht (wie so vieles andere). Gewidmet ist es meinen Söhnen Lasse, Joon und Maarten, damit sie Freiheit schnuppern, schätzen und verteidigen – und immer an sich glauben.

Hamburg, im September 2016
Björn Staschen

The manufacturer's authorised representative in the EU is Springer
Nature Customer Service Centre GmbH, Europaplatz 3, 69115 Heidelberg,
Germany. If you have any concerns regarding our products, please
contact ProductSafety@springernature.com

Printed and bound by CPI Group (UK) Ltd, Croydon, CR0 4YY
23/04/2026
02095645-0003